[德]史蒂夫·迈哈特 / 著

陈君洋 / 译

重启

中国华侨出版社

·北京·

图书在版编目（CIP）数据

重启 / (德) 史蒂夫·迈哈特著 ; 陈君洋译. -- 北京 :
中国华侨出版社, 2021.8
ISBN 978-7-5113-8407-2

Ⅰ. ①重… Ⅱ. ①史… ②陈… Ⅲ. ①企业升级－研究
Ⅳ. ①F272.5

中国版本图书馆CIP数据核字(2020)第226685号

北京市版权局著作合同登记号：图字01-2021-3996
Published in its original Edition with the title: Der Weg zum erfolgreichen Unternehmer
Author: Stefan Merath

This translation published by arrangement with GABAL Verlag GmbH
The simplified Chinese translation rights arranged through Rightol Media（本书
中文简体版权经由锐拓传媒取得Email:copyright@rightol.com）

重启

著　　者 / ［德］史蒂夫·迈哈特
译　　者 / 陈君洋
责任编辑 / 姜薇薇　桑梦娟
策划编辑 / 李梦黎
封面设计 / 扁　舟
经　　销 / 新华书店
开　　本 / 710mm×1000mm　　1/16　　印张 / 24.25　　字数 / 335千字
印　　刷 / 北京众意鑫成科技有限公司
版　　次 / 2021年8月第1版　2021年8月第1次印刷
书　　号 / ISBN 978-7-5113-8407-2
定　　价 / 78.00元

中国华侨出版社　　北京市朝阳区西坝河东里77号楼底商5号　　邮编：100028
法律顾问：陈鹰律师事务所
发 行 部：（010）64443051　　传　真：（010）64439708
网　　址：www.oveaschin.com　　E-mail: oveaschin@sina.com

如发现印装质量问题，影响阅读，请与印刷厂联系调换。

目　录

3月3日，星期五

前言　我和我的企业处于崩溃的边缘

　　我住的宾馆位于阿尔卑斯山下的贝希特斯加登。8月里，一个阳光明媚的日子，从宾馆的阳台上我能欣赏到上柯尼希峰独一无二的景致。不过，我不是来这里旅游的，也不想爬山。我来这儿是为了做出一个重要的决定。这个决定关系到我公司的未来，更关系到我的未来。

　　半年之前，这个决定还完全不在我的考虑范围之内。可是这之后发生了太多的事情！我竭力地回忆那段日子，把自己沉浸在过往中，并开始翻阅我的日记。从那时起我就养成了写日记的习惯。

　　半年前，我也是坐在一间宾馆的房间里。那天是2006年3月3日，星期五。我是那天晚上入住宾馆的。接下来的两天，我将要与一位企业教练一同度过。

　　说实话，我根本就不想见那位企业教练。我一向认为，企业顾问只会浪费我的时间和金钱。而我最初遇到的那些创业顾问们使我更加坚定了这一想法。他们中的大部分人从未自己创建过任何公司，却试图向其他人解释创业是怎么回事。

　　第一次与那位名叫拉迪斯先生的企业教练通电话的时候，我就表明了我对于企业顾问的抗拒态度。他却只是笑了笑，说我讲的有道理："的确，有90%的顾问都是那样的。就好像90%的电影、90%的雇员和企业也同我们理想中的不一样。您只要学会如何找到那管用的10%就行了。"我因此对他产生了好奇，并同意了这次会面。

　　我的思绪飘回到更久以前。其实一切得从4年前说起，也就是2002年

1

年初。那时我刚刚感受到新经济的冲击，我的老板破产了，我也因此而失业了。一开始我想去喜马拉雅山待两个月，期望一次徒步旅行能让我放松一下，找到新的方向。就在出发之前，前雇主的一位客户打电话找到我。他迫切需要升级我们以前给他做的一个软件。于是，我推迟旅行，接下了这单生意。就这样，我找到了我的第一份订单，或者确切点说，我的第一份订单找到了我。

我为他的软件增加了所需的功能。这份订单还没结束，另一位客户也找上门来，于是我也接下了他的订单。这之后我没再接到订单。其实我本可以去做徒步旅行，可是我担心将来再也接不到新生意，于是我留在了家里，以便招揽新的订单。最终，我得到了第一个"我自己的"客户。

我的才能得到了充分的发挥。为了按时完成任务，那时我的工作量已经达到每周 60~70 小时。在 2002 年，这是相当大的工作量，同时也证明了我最初的成功。2003 年年初，我不得不雇用一名员工，否则就没办法按时完成订单。于是我找到安，一个熟识的程序员，并询问她是否愿意为我工作。为了让公司成形，我用第一年的收入注册了一家有限责任公司——WWW 有限责任公司。这个名字是突发奇想的产物：威尔曼的疯狂网页[①]。托马斯·威尔曼就是我。不过，那时候我们还都沉浸在新经济浪潮中。

随后的 2 年中，我们依靠自己的力量取得了令人瞩目的成长。在新经济衰退的中期，我的公司成了一家充满活力的新经济型公司。我感觉自己就是一个王者，14 名员工的王者。毫不夸张地说，当时我觉得自己非常重要，意义非凡，我是无所不能的。于是，我插手每一件事情。我编程序，做会计，负责销售和售后。我雇用新员工，又解雇其他人。这期间我每周工作 90 小时以上，觉得自己很充实。是的，可以这样说，我那时为自己的成绩感到骄傲。

---

① "威尔曼""疯狂"和"网页"三个词的德文首字母均为 W。——译者注

2005 年，也是我的公司成立的第四年，一切都慢了下来。我们的员工人数稳定在 15 人。尽管是在经济繁荣期，我们的营业额却毫无增长，甚至出现了轻微的亏损。虽然公司账面有 10 万欧元现金往来账，现金流还很充裕，但我还是渐渐开始担忧起来。员工每个月的薪水和福利就占到将近 6 万欧元。

我经常夜不成眠，或者觉得自己万分疲惫。2006 年 2 月初，我那时的女朋友给我发了一封邮件。邮件中她告诉我，我们的关系到头了："我本想当面跟你谈，可你在过去的两周内忙得连谈话的时间都没有——就像过去的这 2 年一样没有时间。"

就在同一天，我惊奇地发现，我的书桌上放着客户经理贝恩德·沙德的辞职信。他已经很久没来上班了，因为他还有许多休假没用完。四年以来，我头一次这样干脆地离开办公室返回家。我需要一点时间。

还没到家，我的手机就响了。我的秘书玛丽亚告诉我，我们被一个客户投诉了，因为他对我们的成果不满意。我破口大骂，把手机扔到角落里，呆呆地瞪了它一会儿，然后抓起我的汽车钥匙。没时间考虑了：危机管理开始了。

接下来的几天，我接手了贝恩德·沙德的销售工作。如果不是所有事情都变了样，我的工作量可能会首次达到每周 110 小时。安走进我的办公室，并把她的辞呈放在办公桌上。她觉得一切都没有前景、很空虚。她准备同两个朋友一起，在 80 天内从柏林骑自行车到北京去。虽然她一向都有点疯狂，不过这次怎么如此疯狂，而且在这当口上？她只是回答道，在船彻底沉没之前离开甲板总归要好一些。

我有些吃惊地看着她。沉船？就在这时，桌案在我的视野里慢慢地从左边移动到右边，一直放在桌子下面的电脑出现在我面前。我觉得有些奇怪，然后我的眼前就一片漆黑。

我在医院里醒来，感觉自己像被绞肉机绞过一样。我，托马斯·威尔曼，刀枪不入的王者，居然晕倒了，就因为一封简单的辞呈！医生要我休息三周——没有工作，没有电子邮件，也没有电话。本来我试图敷衍一下，不过我的努力在玛丽亚面前失败了。她严格执行了医生的禁令。我被赶下领导岗位，管理员还锁死了我的邮件账户。我很虚弱，没办法反抗。不过我决定，回到公司以后，我要找她谈一谈。说到底，这是我的公司，不是她的！

接下来的一段日子里我安静了一些。终于，一个熟人来看望我，她也是一位企业家。我一向很钦佩她：她在领导企业的同时，还是一个贤妻良母，她的家庭同事业一样成功。我向她诉苦的时候，她向我介绍了这位拉迪斯先生。据她说，三年前她的情况也是一团糟，不过之后一切都在拉迪斯先生的帮助下被扭转过来。她说我应该给他打个电话，或许他也能给我提供帮助。刚开始，我拒绝了。因为，我10天后就能恢复健康与活力。可是，我的熟人拨了他的电话号码，然后，把电话塞到我手里。

于是，就有了2006年3月3日这个周五的夜晚。接下来的两天，我将与这个号称心理专家的拉迪斯共同度过，然后，下周一我就能重新回到原来的工作中去了，公司里肯定积压了不少事情。很好，我顿时感觉自己精神还不错。

第1章 是专业人员还是企业家

1.1 找出问题的关键性瓶颈——信条

第二天早上，我赶到玛丽亚在宾馆租借的会议室，稍稍迟到了几分钟。拉迪斯先生已经在那儿等我了。他大约55岁的样子，个子不高，体形偏瘦，虽然衣着价值不菲，打扮也很得体，但看上去总让人觉得有些奇怪。我相当谨慎地跟他打了个招呼。他目光清澈，从头到脚打量着我。看来，他至少感觉到，我对于与他见面并不是非常期待。

他转身走向窗边，一边透过会议室宽敞的窗户望着窗外翠绿的山谷，一边对我说道："让我们来做一个假设，如果您可以向仙女许愿得到一个人，这个人将会成为您在公司里的左膀右臂，那您需要一个什么样的人呢？"

"一个可以分担我大部分工作的人！"我毫不犹豫地说道。

"如果是这样，您直接雇一个人就可以，又何必有求于仙女呢？"拉迪斯先生不耐烦地说道，"我再问一遍，如果您能许愿得到一个'左膀右臂'，那您希望他能做什么？"

我思索了一下，答道："我希望他能帮助我将公司带回发展的道路上。他必须经验丰富，并且自身是一位企业管理者。如果他也曾经历过我目前的困境，那就更好。这个答案您满意吗？"

拉迪斯先生像一只敏捷的鼹鼠一般，走到白板前写道：

● 使企业发展；

- 经验丰富的管理者；
- 熟悉困境。

"还有吗？"他问道。

"暂时没有了。"我摇了摇头，感觉被他捉弄了。

"很好。鉴于您明显没有做功课，那我还是向您介绍一下我自己吧。"

"什么功课？"我疑惑地问道。

"您看，您本应该事先了解一下我，不然，您如何能够确定我就是那10%里能帮您渡过难关的企业教练之一呢？

"让我们从头说起吧。27年前，我创建了我的第一家公司，从事电子产品邮购业务。3年之后，我有了50名员工，但第4年我破产了。那时候，我在德国待得很不舒心，就去了美国，并在那儿成立了一家新公司，专卖苹果电脑。起初公司发展得很顺利，很快我就又有了30名员工，而且偿清了我在德国的债务。可不幸的是，我对市场判断失误，苹果在专用领域竞争不过PC，在民用领域又输给了Commodore和Atari。尽管如此，我还是一直忠于苹果，甚至在我的偶像——苹果公司的创始人史蒂夫·乔布斯被他自己的公司扫地出门之后也没有改变。我加倍努力地工作，试图挽回颓势，可没想到我的身体垮了。在这种情况下，我的公司被一个员工低价收购了。

"在接下来的几个星期里，我生平第一次什么事情都不想做。我觉得我的身体糟糕透了，心情也很沮丧，我开始强烈地怀疑自己不适合做一个企业管理者。于是，我开始周游美国。在此期间，我结识了一位颇为出色的企业家。整整三年，我从他那儿学到了许多企业管理的入门知识，也重拾了勇气。两德统一之后，我很快就回到了德国。在那之后，我一共创建了3家公司，其中一家时好时坏，另外两家都运作得很好。"

听到这儿，我有些好奇了。"您不会是心理疏导师吧？"我的目光扫到了白板，又微笑着补充道，"或者，您就是仙女派来的，这就另当别论了！"

6

看来，这一天可能会过得相当有意思呢。

拉迪斯先生转了转眼珠，摇头道："为什么您会需要一位心理疏导师呢？假如您是一名运动员，那您找教练的时候也会找一个从事过这项运动的人吧。不过，我们先不谈这个，您在电话里对我说，您已经快破产了，我也对您的公司做过一些调查。不过，您最好还是能够从您的角度向我描述一下公司的发展情况和遇到的障碍，好吗？"

我点点头，开始向他讲述我的故事。拉迪斯先生一直很认真地听着，并不时地在黄色便笺纸上记下一些关键词。其间，他还问了我几个问题，并重点做了记录。等我说完后，他把八张写得满满当当的便笺纸粘在了白板上。"这些是过去几周内失败的事情，或者说它们至少运行得不如您所设想的那般成功。您有没有注意到，这里面有一大堆问题？"

"是啊，我知道。"我回答道，"不过，坏事只是偶尔扎堆而已，有些时候好事也会接二连三地发生啊。"

"您也说了，有时候糟糕的事情会接连发生。从我的故事里，您不难看出，这样的结论我也有过。那么您有没有思考过这样一个问题，"他意味深长地停顿了一下，然后问道，"这到底是为什么呢？"

"事实上，我没想过那么多。"我有些惊异地承认道，"有的时候坏事会接连发生，有时候好事也会接连发生，我认为这都是理所当然的。"

"从我的角度来看，这里的问题可不是一般地集中。"他一边坚持这样说着，一边指着便笺逐条念道：

- 销售收入停止增长；
- 零利润；
- 每周工作 90~110 小时；
- 与女友分手；
- 员工流失；
- 客户满意度低；

7

- 没有徒步旅行或 4 年没有休过假；
- 身体状况糟糕。

"这些问题出现得如此集中，您难道不认为它们之间存在着某种内在联系吗？"

"嗯，可能存在吧。"我承认道，"每周工作 90~110 小时还没有休假，谁也受不了。可我不明白，利润的减少与分手又有什么联系呢？"

"其实联系很简单。减少的是'您'的利润，破裂的也是'您'的感情关系，您就是联系所在。我们先不说'您'，请您把托马斯·威尔曼看作一个有生命的体系，并且它能够与环境相互作用。任何一个有生命的体系都会生长，除非它遇到了瓶颈，这一点已经被李比希在植物身上得到证实。植物需要很多种营养物质，不管缺少哪一种，它们都无法继续生长——无论您如何改变其他营养物质的配比。植物都会变得无精打采，逐渐失去健康的色泽，对病虫害的免疫力下降，也许还会出现一些其他的症状。

"我们的关键问题是，任意一个体系在某一时间段总会遇到一个瓶颈。如果这个瓶颈被消除，那么该体系就会继续发展，直到它遇到下一个瓶颈为止。正如我们所见到的，一旦所缺乏的营养物质得到补充，瓶颈就会转移到其他位置，然后因此而缺乏另一种营养物质。一些专家已经把这一概念引入企业管理领域，例如，'最小因素聚焦战略'EKS 理论的创始人沃尔夫冈·梅韦斯，还有'TOC 制约法'的创造者艾利·高德拉特[1]。

"我想要说的是，如今在'托马斯·威尔曼体系'中也存在着瓶颈。正是这个瓶颈造成了您的一系列问题，我们必须找到它。"

"那么，现在需要我评价一下，这八个问题中哪一个最重要吗？我们从这个问题开始着手。"我问道。

---

[1] 艾利·高德拉特：以色列物理学家、企业管理大师，"TOC 制约法"的创造者。——译者注

"不，我们不能那样做，"拉迪斯先生断然地摇头，"这虽然是最常用的处理方法，但其实它毫无用处。您看，我们写下的这些东西，其实就是症状。当植物无精打采的时候，我们总不会首先用绳子把它撑起来吧？我们也绝不会把它涂成绿色，即使我们认为这是最亟待解决的问题。只有在极少数情况下，那些看起来最紧迫的问题才真的是体系的关键瓶颈所在。如果不是这样，那我们的大部分问题早在情况恶化之前就能得到解决了，因为我们立刻就能知道该从哪儿入手和必须做哪些事情。

只有在极少数情况下，那些看起来最紧迫的问题才真的是体系的关键瓶颈所在。

"我们现在要做另一件事。让我们遵循爱因斯坦的一个建议，'如果有人给我1小时，让我解决一个性命攸关的问题。我会花40分钟研究这个问题，15分钟检验解决的可能性，最后花5分钟解决它'。所以我们应该先研究问题，并且尝试找到您的瓶颈，您觉得怎么样？"

"好的，这个开端令我好奇，虽然实际上我还是不相信有什么'瓶颈'。不过我们还是来试试吧！"

"很好。请您明白，我的方法总体而言也建立在对关联性的理解之上。我们的合作中很大一部分就是研究关联性，这之后解决方法会自行出现。

"第一步我们会用到艾利·高德拉特创造的行事方法，不过形式上稍微有些调整。这就要发挥您程序员的才能了。我们试试在您的症状间建立因果逻辑关系，这样体系的网络关系就会自然显现出来。然后，您就能认识到那个瓶颈，并开始行动。让我们开始吧！

"如果您觉得两张贴纸中的内容之间能建立因果关系，那您就把它们粘在白板上，然后在它们之间画一个箭头。比如对我来说，合作伙伴关系破裂和每周工作90~110小时就是其中之一。"

"对，这肯定是我时间紧张的一个原因。"我肯定道。

"那您就粘上。"拉迪斯先生催促道。

接下来的5分钟我都在忙着往白板上粘贴不同的因果关系便笺和画箭

头，然后，我就得到了下面这幅图。

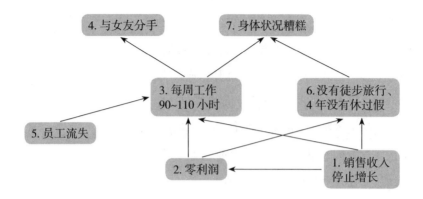

我后退一步，仔细察看我的成果。一方面，我觉得所有事情看上去都很容易解决。一些问题仅仅是另一些问题的后果而已。然后我注意到，"您看，拉迪斯先生，您的理论不管用，客户满意度的下降还没有包含在其中，而且这里出现了两个根本原因。我的员工不应该离开我，并且我应当提高公司的营业额，然后一切就会回到正轨。您觉得呢？"

"不。我觉得您的工作还不完整。让我们来看看那些不满意的客户，他们为什么不满意呢？"

"嗯，我的员工没有动力，我也没办法平衡所有事情。可是我们没有写这张纸条啊。"

拉迪斯先生微笑着指着我的笔："那您就干脆把那些都画上吧。"

"您早就该跟我说，我还得写一些新纸条。"我一边有些生气地回应他，一边把两张新纸条粘在白板上。然后我注意到，没有动力的员工和员工流失之间也有些关系。我让拉迪斯先生注意这一点。他认为，那些员工可能也不满意，所以才没有动力，都想着离开。于是我又粘了一张纸在白板上。

"那么为什么您的员工不满意呢？"拉迪斯先生问道。

其实我也不知道。安说了一些"沉船"之类的话语，于是我猜测，这有可能与利润的下降有关，不过具体的原因我也不清楚。我把这个猜测告诉了拉迪斯先生。

"那么您怎样才能弄清楚,您的员工为什么不满意呢?"

"我可以问他们。"我建议道。

"好主意,"拉迪斯先生高兴地说,"那么您为什么到现在都没有这么做呢?"

"我不是没时间嘛!"我有些烦躁地说道。

"好的,那么请您再写张新纸条,'没时间留给员工'。"

当我把那张纸条粘到白板上的时候,我的目光一顿:顾客不满意造成了营业额的停滞。于是我在二者之间也画了一个箭头。

"这是销售增长停滞的唯一原因吗?"拉迪斯先生问道。

"不,我们有不少强有力的竞争者。"我把这一条画出来,自认为找到了原因。激烈的竞争导致营业额停止增长,因此我的工作越来越多,于是剩下的问题都出现了。"可是我要怎样才能够消除竞争呢?"

"哎,这很简单,"拉迪斯先生说道,"只要通过更好的战略和定位就可以做到这一点。遗憾的是您自己没办法做这件事,"他摇摇头,一副无奈的样子。然后他幸灾乐祸地说:"因为您没时间嘛。"

我把这些都画了下来,现在摆在我面前的是下面这幅图:

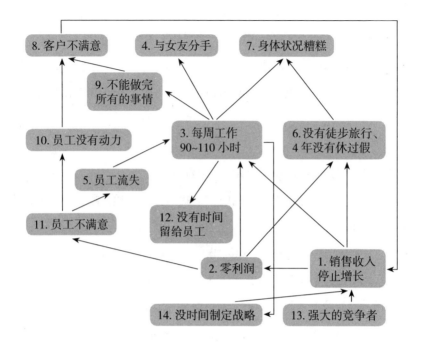

我久久地看着这幅图，越来越困惑。"现在每一件事情都互相有关联了。此外我还有个死循环，这下我更加不知道该从哪里开始了。这根本就是胡扯！"

"胡扯？我觉得现在有一个词能够相当贴切地描述您的状况。您太没有耐性了，威尔曼先生，"拉迪斯先生摇着头，"现在让我们来点亮黑暗吧。这里有没有'只是结果，而不是原因'的分支呢？"

"有，女朋友和健康状况。"我点点头。

"好的，您可以先把这些忘掉了。"

"但是这些分支也可能是某些事情的起因啊。"我抗议道。

"的确，您说得有道理。如果我们想要完整地描述'托马斯·威尔曼体系'，那的确会是这样。不过我们的任务是为既定的一些问题寻找原因。就目前的图表看来，与女友分手没有对剩下的问题造成巨大的影响。所以我们可以把它放在一边。"

"好极了。那么我们就只剩下11个中心瓶颈的候选了。"我有些挖苦地总结道。

"好的，下一步。从原则上来说，问题一共有三类。第一类问题能够直接造成影响。如果您把手放在烧热的灶台上，那么您直接把手拿开，问题就解决了。这是您的控制范围。

"在第二类问题中，您可以间接地施加影响。如果您想解决女朋友的问题——前提是，您还希望同前女友复合——您可以要求跟她谈一谈。至于她愿不愿意与您谈话，这就不是您能够左右的了。您对此有一定的影响力，但您对于结果没有直接的控制权。这是您的影响范围。

"第三类问题就是您完全无法产生作用的问题，比如，世界经济形势或者父母对您的教育。前者受太多事情的影响，以至您的行为只是偶然能产生作用。后者发生在过去，而且不能够再被改变。这些领域对您来说是个体的宇宙。大多数人最喜欢在这里寻找他们的问题。因为在这里他们无法改变任何事情，所以他们什么都不用做。而我们今天要关心的是第一类问题，那些您能够直接影响的问题。您发现什么了吗？"

"为什么我们直接关注这些问题？这是不是有些专断了？"

拉迪斯先生微笑了一下："如果您只是想抽象而理论地描述您的状况，那的确是有些专断。可您是想改变您的状况！不从您能够直接施加影响的地方着手，您还想从哪里开始？"

我点点头："我只对两点有直接的作用，徒步旅行和我的工作时间。可是这样不行！我不能就这样去度假，所有事情都会乱套的！"

"我能让您平静下来，威尔曼先生。"拉迪斯先生笑了起来，"您根本就不用去度假，虽然您糟糕的身体状况与缺乏度假有很大的关系，却并不是造成其他几项问题的原因。那么现在只剩一点了。"

"是啊，好吧，但这还是行不通啊！我必须解决公司里的所有问题，这一切都是我的职责。"

"我们先不要管这行不行得通，假如这能行的话，那您的问题能够得到解决吗？"

拉迪斯先生不肯让步。于是我再一次细看我的"作品"。"假设，我有足够的时间，那么我就能够关心我的员工，我还可以制定发展战略；然后我的员工和客户就会满意，我就可以超过那些竞争者；接着我的营业额会提高，会有更多的利润，最终又会有更多的时间；然后我就可以去做徒步旅行了，说不定还能找个新的女朋友。对，我想，这样我的所有问题就都能得到解决了。可是这行不通！"我渐渐对这个不实际的设想失去了耐性。

拉迪斯先生就像没听见似的，他满怀信心地总结道："那么我们已经找到了中心出发点。现在我们只需要看看，这为什么行不通和怎样让它能够行得通。并且，"拉迪斯先生说道，"您刚才其实已经给出答案了。"

我一头雾水，连连摇头。拉迪斯先生一直看着我，可我还是不明白他说的"答案"是指什么。于是我又摇了摇头。

"您看，威尔曼先生，您刚才说了，您必须解决公司里的问题，对所有事情负责。"

"本来就是这样啊！"

"是的，不过您再假设一下，假如那个好心的仙女又来了——顺便提一句，我可是仙女的铁杆粉丝，"他笑道，"一个能用其他办法帮您完成订单的好心仙女。请您尝试真的把自己带入这种情况里去！那么现在事情能成吗？"

"是啊，有仙女什么都能成。"我挖苦道。

"哦，也许您的好心仙女知道一个用其他方式解决问题的办法，"他像跳舞一般地晃动着，"她能向您提供您需要的时间。感兴趣吗？"

他真是一个怪人。不过他现在确实让我感到很好奇，于是我点了点头。

"好，"他也点头道，"首先我要完成我们的图表。到目前为止，妨碍您改变行为模式的东西是您的信条。尤其是您认为应当对一切负责，并且公司面临的挑战能通过加大您个人时间上的投入来解决的时候。"

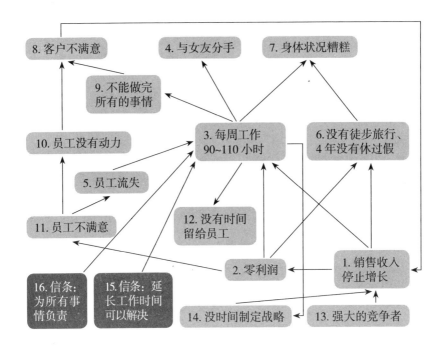

"只要您还抱有这两个信条并在内心赞同它们，那么其他一切解决问题的尝试都是在浪费时间；或者，假如无论什么时候，一旦问题出现，您就试图通过加大工作量来解决它们，那么只要您还在这么做，这个循环就会一直继续下去。

"现在我们该做的是以下几件事。首先，我们先休息一下，好让您把所有的事情再回想一遍。如果您还有异议或还有没彻底信服的事情，那么我们就在休息之后再来讨论它们。如果您没有异议了，那我们就先从讨论这些信条的成因开始。其次，我会跟您介绍一些可供选择的最基本的行事方法，然后让我们仔细讨论一下您的时间表。最后，去吃午饭。您看怎么样？"

"嗯，就这样吧。一个人真的能改变他的信条吗？"

"当然能。信条也就是您个人所坚信的一些认识，而这些认识通常只是建立在个别事例之上。

"基本上，对于所有的认识我们都可以找出几个反例。您在日常生活中肯定也经常改变自己的认识，大部分情况是因为您在日常生活中经历了一些与原先的认识背道而驰的事情。

"到目前为止，我们还得再做几件事。首先，您得决定，您是不是真的想要完全改变这些信条。为此您得想清楚，您究竟是在哪些东西中间做选择。我建议您稍微耐心一些，今天，我们就先讨论这几件事情，好吗？"

我点点头，接下来的 10 分钟，拉迪斯先生暂时离开了房间。我打开门，走到阳台上。3 月的这个早晨有些寒冷，不过阳光明媚。

到底发生了什么事情？我本来对于这次指导完全没有兴趣，现在我们却相谈甚欢，而且我感觉我确实理解了某些东西。那些过去我觉得风马牛不相及的问题，现在居然相互之间产生了某种联系。

上周贝恩德·沙德辞职以后，我对于如何促进我们的销售做了一些设想，现在我忽然发现，这些设想的出发点完全是错误的。如果先前的那个逻辑是正确的——至少我觉得它没有错——那么销售额的增长不仅不能解决我的问题，反而会使它们恶化：我的时间会更紧张，客户会更不满意，然后营业额就会再一次下降。相同的事情会发生在针对其他症状所采取的每一个改善措施之后，唯独在关于工作时间的问题上不会发生这样的事情。

对于我的那位"好心仙女"现在到底有什么好主意，我简直是一头雾水，心里忍不住暗暗发笑。不过我直觉地认为，如果采用这种思考方式，我肯定受益匪浅。我不得不承认，我已经开始喜欢这个怪人了。唯一令我感到困惑的是，他自己已经破产过两回了。

1.2　企业家及其任务

不一会儿，拉迪斯先生就回来了。"现在，您对之前所说的那些还有疑问吗？"

"我还有一个问题，"我说道，"如果您是一位真正成功的企业家，而不是自己也经历过破产，那我是不是能学到更多呢？"

"这事儿啊！"拉迪斯先生笑了起来。"破产也是企业家成长的一部分嘛。很多著名的企业家也曾破产过不少次。您是从您的父母那里学会走路的，虽然他们在孩提时期也总是摔跤。不过这些都不重要，最重要的是，只要不面对失败，您就可以不用做出改变，因此您就不会被迫去学习和探究。当然，如果您足够明智的话，即使不经历失败，您也会去努力学习。

"不过失败对您来说是最佳的学习机会。我必须说，在我的整个企业家生涯中，那两次失败的经历使我受益最多。如果没有那些经历，我也完全不能成为企业教练，并且我相信，如果您不是快要支撑不下去了，您也绝对不会出现在这里。"

我若有所思地点点头。的确，如果不是情况不能再糟了，我的确不会待在这里。"不过这世上也有那种一眼就能被认出来的职业破产者，我可不想跟他们学什么东西。"我还在嘴硬。

"的确，"拉迪斯先生点点头，"我也不想。面对破产会有三种人出现，第一种人会从此消沉下去，把整个下半辈子都花在舔舐伤口上。这些人决定把破产的原因归结到自己的身份上，他们认为，他们的身份是糟糕的企业家。从这些人身上您什么都学不到，不过他们有一点还是说对了，他们就是糟糕的企业家。

"剩下的两种人也很好区分。如果您向他们询问破产的原因，您刚刚提到的那种人会回答说，破产是因为经济形势不好，或者是因为竞争太激烈了；要么就是因为客户拖欠货款，员工不老实，银行、政策或者其他的原因。对这些人来说，他们永远也不会在自己身上找原因。一方面，这样比较轻松——他们什么都不需要改变，也不需要学习；另一方面，却也于事无补，经济形势总归会有不景气的时候，客户拖欠货款或者员工心术不正也时有发生。到那个时候这些人又会破产，于是更加坚定了他们的想法。从这些人身上您也学不到什么东西。

"最后一种人会在他们的行为和态度中找原因。他们能清楚地认识到错误，并且连续好几个月甚至一年夜以继日地苦思冥想，寻求解决之道。这些错误有可能是一个错误的战略、错误的观点，或者是错误的信条。这类错误我犯过不少，您应该也能想到，对于有些错误我差一点就放弃了。不过事后发现，我从中吸取到的教训还是很物有所值的，失败是成功之母嘛。

"您觉得，从这种人身上您是不是能学到一些东西呢？"

我缓缓地点了点头："对不起，我可能伤害到了您的感情，我并无意冒犯您。"

"您也没做错什么！不然的话，您要怎样才能了解到这些在德国一般听不到的事情呢？我觉得您的问题我都已经解答了，那么我们可以继续了吗？"

"是的。"我回答道。

1.2.1 职责概况

拉迪斯先生思索了一会儿，然后说道："很好。那么，首先请您列一张单子，写清楚您一直以来所肩负的职责都有哪些。然后我们来看看，您当初为什么会揽下这些工作。接下来的这部分内容有一些抽象，不过它会帮助您认识到，您作为企业家有哪些任务。在这个基础上我们再回来看您列的单子，您觉得怎么样？"

我点点头。

"好的，如果您要解决您的工作时间问题，那我们必须首先搞清楚，您每天到底都干了些什么。"

听他的语气，我隐隐觉得他好像在指责我浪费时间似的，不过我没说话。

"现在请您做一张包含三个栏目的表格。第一栏是职责；第二栏是您每月在这些职责上花费的时间；第三栏可以画窄一些，先空着。按月来计算工作量您可能有些不习惯，不过对于企业家来说，单独的每一个星期基本上都有差别。如果以一周为单位，我们有可能会得到一张不真实的表格，在一个月的时间内，各项职责互相之间会平衡一些。我们现在做出来的内容只是一个大概的总结，等之后讨论细节优化的时候，我们还需要一张更加细化的表格，比如，以两分钟为单位。虽然我们现在只需要一张粗略的表格，不过如果某一件工作您经常会做，或者总是会随时出现打断其他工作，那么您还是把它写出来吧。"

一开始我觉得很困难。只有一些诸如售后或是软件开发等工作，我能够通过计算客户来得出比较准确的时间；而且我对于自己做了哪些事情根本就没有一个清楚的概念。所以我不得不在许多事情上依靠猜测。15 分钟后，我做出了下面的表格，它看上去还算比较符合实际情况。

编 号	任 务	小时 / 每月	
1	客户行销	70	
2	软件开发	40	
3	收发邮件（每天大约 50 封，随时出现）	40	
4	回答员工问题（每天大约 20 次，随时出现）	25	
5	回答售后问题（每天 4~5 次，随时出现）	24	
6	电话（每天大约 15 通，随时出现）	24	
7	产品生产	24	
8	信函回复（每天大约 6 封）	20	
9	项目领导	16	
10	人脉交际（每周大约一个晚上）	8	
11	会计、财务和审计	6	
12	开会	6	
13	法律和合同问题	4	
14	广告和公关工作	4	
15	编写文案（宣传册、传单、一些网页）	3	

16	招聘面试	2	
17	顾问咨询谈话（税务、法律、银行）	2	
18	其他	20	
每月工作总计		338	

当我把小时数都汇总后，我有些吃惊。纸上的数字比我想象中的更惊人。拉迪斯先生看到我已经写完了，就说道："请您给我看看。"他大概浏览了一下那张表，点了点头。"从这张单子里，您看出了什么问题，威尔曼先生？"

"哎，我的工作的确很多，"我说道，"比我想象的要多，我仅仅是跟您谈起它们的时候，并没有觉得会有这么多。"

"还有呢？"拉迪斯先生问道。

"也许我可以把项目 3~6 更好地规划一下，使它们不致总是突然出现，并打断其他工作。"

"如果这样改动，您能节省多少时间呢？"

"也许每月 20 小时？"我思考了一下答道。

"好极了，这样的话，只要您能再复制出一个自己来，您就能应付这些工作了。不过，前提是您永远也不能去度假，而且从现在开始绝对不可以再生病。"拉迪斯先生连连摇头，"威尔曼先生，您现在需要的可不是什么微小的改动，而是一场革命！让我们从头开始看看这张单子。"

1.2.2 专业人员、经理和企业家

"公司最初成立的时候，您是一个人，对吗？"

"是的。"我说道。

"那么这个公司就是您本身。所有您做的事情，同时也是公司做的事情。如果您去山中旅行，那么您的公司也在度假中。如果您减少工作量，您的收入就会下降，当然工作得多您赚得也就多。如果您把什么事情都搁

置在一边，那就意味着没有人会去完成它。我们可以这样理解吗？"

"嗯，差不多吧。也有一部分工作不能够直接给我带来收入，比如，会计或者推销。不过大体上是这样。"

"好的，那么现在请您与您刚刚写下的那两个信条相联系：信条一，您对所有事情负责；信条二，加大工作量可以解决问题。我们就此可以得出一个新的结论：工作得越多，就越成功，您觉得怎么样？"

"对呀，就是这样！如果我不认为自己应当对一切负责，那么许多事情就没有人做。如果我不努力工作，我也不会那么成功。"我又自信满满地补充道，"我一直就是这么跟您说的。"虽然嘴上这么说，我的内心却有一些动摇：拉迪斯先生肯定不会无的放矢。

"完全正确！如果您想建立一家公司，这些信条是不可或缺的。"拉迪斯先生附和道，我的脸顿时涨得通红。过了一会儿他又补充道："这就好像飞机离不开起落架一样。没有起落架您无法起飞，没有您的那些信条您也没办法出发，不能够加速。可是一旦您飞行在空中以后，起落架就会产生阻力。如果您在公司起飞以后还不把那些信条收起来，您就会有麻烦了。

"为了继续下面的内容，我们需要弄清楚一些东西的区别。您现在可以稍微放松一下，听我说。这些区别都建立在美国著名作家和企业顾问迈克尔·格伯①的理论之上，可惜这个理论在德国鲜有人知。他是最早发现专业人员、经理与企业家之间存在区别的少数顾问之一。②

"专业人员是实干家，他们对于突发事件或是亟待解决的事情反应迅速。一旦有事情发生，他们会自己动手解决。他们活在当下，对于任何预

---

① 迈克尔·格伯：美国人，他是 E-Myth Worldwide 公司的创始人兼首席执行官，优秀的小企业咨询专家，成功地掀起了全美小企业革命的浪潮。——译者注

② 这个理论最初可以追溯到美国经济学家约瑟夫·熊彼特。但是如今人们通常只是将员工与管理层作区分，而忽视了最重要的部分。仅仅只有屈指可数的一些科学研究关注过经理与企业家之间的区别。更多相关内容请看章节 3.4。——原注

见或是新的想法都持怀疑态度，墨守成规。如果他们能够完成任务或是解决问题——最好是用最快和最直接的方法——他们就会很高兴。可惜他们遵循的规则体系是由经理制定的，而企业家也会时常打断他们的工作，分派别的任务，因为他又想出了一个好点子。

"经理是那些建立规则和秩序的人，为此他制定出了各种体系。他的工作就是引入一个体系并控制它，在这个体系之内最优地完成各项任务。他定义流程、结构、标准并确保它们被遵守。如果他的体系运行良好，那么他就会很高兴。可惜总会有专业人员不照章办事，企业家有时也会因为新点子而打乱体系的节奏，甚至时常彻底破坏它。

"企业家则是做出预想和预见的人。他是梦想家，是一切事物发展的能量，他活在未来。迈克尔·格伯对此做出了精妙的描述，对企业家来说，世界'由两种事物构成，大量的机遇和追寻机遇的脚步'。对企业家来说，最令人欣慰的事情是他的梦想实现了，或者能够被实现。可惜在企业家身后总有一群拖后腿的专业人员和经理。

"我们的困难是：您的公司需要所有的这些角色——而他们互相之间又存在着矛盾。因此，您永远不可能同时扮演好每一个角色，您一人分饰多个角色的这些时期绝对只能是例外的状况。

"我想形象地来说明一下这个问题：您现在身处一座热带丛林里，您会需要用大砍刀开路的人——那就是专业人员。此外您还需要有人来分配工作，这样才能够保持进度，同时又不致让人太过劳累。这些人也负责审查专业人员的效率是否有所提高以及为什么会提高，并最终为其他人找到最优化的工作方式，这些人就是经理。最后，也是最重要的，是那些高高坐在树梢上，冲着下方喊话的人，'小伙子们和姑娘们，听我说！我们进错林子了！'这些人就是企业家。您不能够既清除路障，又分配工作，同时还想坐在树梢上。

"这就意味着，您必须把所有的工作都区分开，您完成它们的动机是什么，目标是什么，到底什么是工作，应该采用何种工作方式，会有什么样的结果，这些您都要区分清楚。而且正如您所见到的那样，各项工作很多时候不仅互不相同，而且会互相矛盾。有些事情对于某一些人来说是工作，对于另一些人来说却不是。比如，那些砍树的人就不会认为坐在树梢上是一种工作。有些事情对于某些人来说很重要，对于另一些人来说却毫无意义。比如，对于砍树的人来说，树上开阔的视野完全无关紧要，但对于在树上坐着的人来说，却非常关键。有些事情对于某些人很有价值，对于另一些人却是负担。"

我听得有些头晕，但拉迪斯先生说的这些东西与我的公司大有关系。

"拉迪斯先生，这能解释太多东西了！我现在突然明白，为什么每当我不断有新点子的时候，或者每当项目经理做出了新的项目规划，我的程序员们就会精神紧张。我也明白了，为什么一旦程序员们开始实施一个新的、没有规划的想法的时候，我的项目经理也会精神紧张了。我还明白了，为什么售后部门的员工不喜欢第二个项目经理提出的新售后体系，也明白了为什么他会因此很沮丧。而且，我经常教育那些售后的员工和其他项目经理，售后服务会给我们带来新的商业机会，可他们总是不会认真听我说。

"最重要的是，我终于明白为什么我总是自己跟自己做对了。作为经理，我期望着条理分明的流程；而作为专业人员，我却又抵制它们。

"我作为经理时建构的少得可怜的组织结构总被作为企业家的我用新想法摧毁。诸如此类，不胜枚举。而且到今天为止，我还一直以为企业家和经理没有区别。"

拉迪斯先生高兴地笑了："您已经认识到了您可能遇到的最重要的区别之一。企业家和经理是完全不同的^①——尽管它们通常都贴着'领导人

---

① 这里所指的不是广为流传的关于领导者与经理之间的区别。领导者本身也是经理，但他与普通经理的区别在于，他在关注事务的同时也关注人，而本文中的企业家与经理却有完全不同的任务。对于本文中的企业家与经理来说，同时关注人与事务是最基本的要求。——原注

员'的标签，总是被混为一谈！这一点我们将来会经常提及。"

我继续说道："您刚刚所说的确实非常正确。一个人认为很重要的事情，对于其他人来说也许毫无意义；一个人觉得很有价值的东西，对于其他人来讲也许意味着负担。这或许还能够解释，为什么我常常晚上回到家，感觉自己这一天一事无成。我觉得我同时担任着三个角色，而它们之间又互相掣肘。"

"是啊，这种情况经常会发生在企业家身上。您在劳累了 16 小时之后回到家，却觉得自己什么事情都没做。如果您正在制定战略，那么作为专业人员的那部分让您会说，这样不会带来任何好的结果和盈利。当您做程序员工作的时候，作为企业家的那部分让您又很生气，因为他无法去处理那些最重要的事情。这实在是很混乱，不是吗？这种状况之下您不头痛才怪呢。"

"那么，我现在该如何解决这些问题呢？"

1.2.3　独立职业者与企业家

接下来，拉迪斯先生又介绍了独立职业者与企业家之间的区别所在："独立职业者或者说自由职业者是一名专业人员，他同时会承担一部分经理和企业家的工作。有时候他也会做其他专业人员的工作，比如，会计或者销售之类的人员，因为他需要孤军奋战，也因为自由职业者或是独立职业者非常热爱自己的专业技能，不愿意放弃它们。由于独立职业者承担了许多专业人员、经理，甚至企业家的工作，他们很快会不堪重负。因此，很多调查数据都表明，自由职业者或独立职业者对于生活的预期是最低的。

"与此相反，一位企业家仅仅只需要完成企业家的任务。为此他必须用不同于独立职业者的另一种方式来思考、感受和行事，我把这称为企业家的第二重成长障碍。第一重障碍在进入跑道开始加速的过程中，而第二重障碍则是起飞并开始运转发动机的时候。在跑道上和在空中所适用的规则和定律是完全不同的。"

我的脑中像突然划过一道闪电："现在我终于懂了！到目前为止，我的行为方式都像是一个自由职业者或独立职业者，一旦我的发展超过了某一个界限，我就会不堪重负，被重任压倒。这就好像我背负了300件货物在跑道上滑行，却不能起飞，因此我扮演的所有角色都在同一时间遇到了冲突和问题。而解决这一切的办法就是成为企业家，对吗？"

"完全正确。而且这条跑道也快要到头了——接下来会发生什么，我们就不在这里展开想象了。"

"很好，那么您现在就教教我，该怎么起飞？"我高兴地问道。

"还没那么快，您真是太没有耐性了，威尔曼先生。您真是像年轻人一般鲁莽而轻率，要知道您现在所期待的，是一次完全的职业转换，或者说得再深入一点——是一次对于您人格的重新定位。这是与风险和危机联系在一起的，您居然丝毫没有怀疑过，自己到底是否能够接受这种改变。并且，"他强调道，"如果您不情愿选择这样一条道路，那么我是绝对不会陪您在这个方向上开足马力前进的。

"到目前为止，我们的发现已经不少了。简而言之，您会遇到问题都是因为您像一个独立职业者那般思考、感受和行事。在您创业之初，这种行为方式是完全正确的，可是到了后期，您就不能再这样做了。

"如果您希望您的公司继续发展，那么您就必须变成一位企业家。这是您不得不做出的选择。而为了能够做出这一选择，有两点对您来说是不可或缺的。第一，您必须对企业家的任务到底是什么有一个粗略的了解；第二，您还要清楚地知道，您究竟期望怎样的人生。

"关于第一点，我们接下来就会展开讨论。对于第二点的讨论，我们将放在今天下午。如果一切顺利，今天晚上我们就需要做出以下的选择，即：'在未来，您是想成为独立职业者，还是想成为企业家？'您同意这个流程吗？"

"不，我可不觉得我还需要这些过渡环节！"我反驳道。我忽然觉得这个进程对于我来说有些慢。

"不好意思，"拉迪斯先生拒绝了我，"您有整整四年的时间都在做独立职业者，那么也就没有必要在乎这几个小时了。我想您一定愿意了解一下，您将会面临哪些新的问题。"他笑道。

我稍微压抑了一下兴奋的心情，点头道："好吧，那么就先进行这些过渡环节吧。"

拉迪斯满意地笑了。

1.2.4 企业的用途

专业人员在企业中工作，而经理和企业家的工作对象是企业本身。

"我之前提到的那位迈克尔·格伯曾经对专业人员、经理和企业家做出过一个极为简单却非常聪明的区分。专业人员在企业中工作，而经理和企业家的工作对象是企业本身。比如，专业的铁匠生产犁，而经理和企业家负责照料生产犁的企业，即管理铁匠。这其中，经理精于内部，而企业家关注外部。关于这一点我会在之后的环节里做出更详细的解释。

"如果某个人以一件事物为工作对象，那么他应当了解这个事物的意义和用途。如果一个铁匠不了解他正在生产的工具的用途，那么他几乎不可能生产出一件好工具，更不可能对这件工具做出改进，因为他不能找到正确的改进方向。虽然用聚苯乙烯① 做成的犁很轻，而且不会让人肌肉酸痛，可是这个犁已经不能发挥它的功能了。与此类似，一名企业家也必须首先了解企业的用途。

"那么您觉得，您的公司有什么用途呢？"

"这个，我一直靠它养家糊口，不过我也从来没有具体思考过这个问题。我就是觉得它给我的生活带来了乐趣，为它忙碌我感觉很充实。"

---

① 聚苯乙烯：一种无色透明的热塑性塑料，具有高于100摄氏度的玻璃转化温度，常用来制作泡沫板、一次性饭盒等。——编者注

26

"拥有这间公司让您感觉自己像一位国王，"拉迪斯先生笑了，"这也是一种用途，不过我们通常不把这一条计算在内。

"那种比较软弱的人最经常给出的答案是'为了生计'，而那些目的明确的人会说'为了赢利'。基于这种观点，我们可以说公司的用途就是获得利润，增加股东或者所有者的财富。这个概念正是在美国广为流传的股东价值理论的基础。"

"明白了，"我说道，"企业家应该变得富裕。那么我们就应该以营利最大化为目的来建构企业，是这样吗？"

拉迪斯先生缓慢但坚定地摇了摇头："我们现在暂时还不用做决定。在您做出任意一项决定之前，您应当首先了解一下您都有哪些选择。"他走向白板，"现在我们有以下几种可能的用途。一是找到国王般的掌控感；二是赢利。您还能想到其他可能的用途吗？"

我思索了一下："不管什么时候打开收音机，人们总是能听到，经济和企业应当创造新的就业岗位，这也有可能是一种用途。"

拉迪斯先生点点头，写道："创造就业岗位，您还能再想到什么其他可能的用途吗？"

我站起身来，望着窗外，可是我想了整整一分钟也没能再想出一种用途，于是我摇了摇头。

"威尔曼先生，现在请您告诉我，您到底是为了什么人在工作呢？谁使用您的产品，接受您的服务？"

我知道，这是指我的客户。我走向白板，在上面写道："使客户受益。"

拉迪斯先生总结道："现在我们有了四种选择。一家公司可以拥有四种可能的用途。一是企业家本身的良好自我感觉，国王般的掌控感；二是赢利；三是创造就业岗位；四是服务客户。如果您再也想不出别的用途，那么您会选择其中的哪一种呢？"

我站在白板前，陷入了沉思。对于我来说，每一种都很有意义，也值得追求。最后我回答道："我没办法决定，我觉得每一种用途都很不错。

我们不能四个都选吗？"

拉迪斯先生微笑着摇了摇头："大部分人都很难抉择，因此在20世纪20年代，出现了利益相关者这一理论。在企业主、投资人、员工和客户之外，这一理论还囊括了供应商、银行、顾问、公众和其他群体。根据这一理论，企业的用途就是尽可能地照顾到所有人的利益。如果要把它表述得漂亮一些，我们可以用'平衡'或是'利益均衡'来描述。这样大部分的人就会很高兴。可问题是，'人人所爱亦是人人所恶'这句话在这里也是适用的。

"对于用途的寻求主要涉及公司是如何建立的，以及在特定情况之下人们偏向于采取什么样的行动。假如一家公司正陷入危机，那么寻求良好自我感觉的那个人可能会寻找一个商业伙伴，或者干脆去度假；而致力于赢利的那个人会尽力节省开支，直到再次出现盈余；关心就业机会的人会为了保证就业岗位而寻求援助；而重视客户利益的人会努力提升自己产品的功能和价值。对于那些没办法做出抉择的人来说，他们要么就是基本什么都不做，整天没完没了地开会，试图均衡各方利益，或者不抱希望地浪费时间；要么就是因为需要采取的行动之间互相矛盾而耗尽了耐心，被动地等待着一切赶紧结束。大部分情况下，他们的确也就这样结束了。

"根据企业用途的不同，您也会有不一样的行为偏好。因为不同的用途，您在运作企业的时候就会在不同的方向上追求最优，因此，您作为企业家也会因为不同的企业用途而拥有不一样的任务，"他鼓励地冲我点点头，"那么您要不要再试一试？"

我只能靠猜了："在大众媒体的经济板块中，大家似乎都认为企业应当以赢利为目的。"

拉迪斯先生反驳道："这是最通常的答案。正如家族企业基金会[①]所发现的那样，90%的媒体会关注那些上市公司，尽管它们只占经济产出的

---

① 家族企业基金会：2002年成立，总部设在德国斯图加特市，基金会成立的目的是为了在欧洲范围内促进家族企业领域的信息、教育和科技的往来交流。——译者注

10%。而在绝大多数人的眼中，上市公司只为一个目标而存在，那就是'盈利'。在那些管理学丛书中您也会发现同样的情况，90%的书都只关注大型企业的管理模式，通常是大型上市公司的管理模式。这又会让人产生一种误解。

"不过我不想再继续折腾您了。对于我来说，在这个练习中有两件事情非常关键。第一，您认识到自己必须做出抉择，不然您的公司就要破产了。第二，在没有标准的前提下，您没办法有针对性地做出选择。一家企业并不能完全独立地存在，它必须存在于某一个社会环境之中。在历史发展的过程中，企业也在向前发展，从而使自身能够在社会中承担相应的任务。让我们来回顾一下历史，看看企业是怎样产生的。"

我转了转眼珠："历史？您的意思是回溯到亚当和夏娃的时代？在这么长的时期里很多东西都会发生改变的！"

"这个改变并不像许多人认为的那么大，特别是不像那些依靠改革和创新为生的人试图向人们灌输的那样，例如，顾问行业、软件产业或者媒体等。"拉迪斯先生连连摇头，"我说得简单点，公司是从社会生产大分工中产生的，特别是手工业和商业。在人类文明的发展史上，社会生产大分工的优势，或者说出现社会大分工的原因非常明了，那就是因为社会大分工更有效率。

"如果社会中的一位成员尤其擅长加工金属，那么让他成为一位'全职'铁匠显然效率更高。他的任务就是为集体提供农用和家用的各种金属工具。为此，他将从集体财富中获得一部分。他的才能只有一种用途，那就是为集体，也就是他的客户，创造价值。"

"您的意思是说，企业的功能是为它的客户创造价值？"

"您还能看到别的功能吗？"

"至少在您的例子里还有维持铁匠的生计。"

拉迪斯先生摇头："没有这种用途。铁匠以前是农民，他本来就能够维持生计。既然他的生活有保障，那么就根本没必要去冒风险改行，也许他为别人做犁根本就赚不到什么钱呢。如果从集体的角度来说，付给铁匠的生活费只要能够保证他在未来还能生产犁就够了。因此从这一角度而言，它并不构成一个独立的用途。"

我还是不想认输："是啊，可是自从亚当和夏娃的时代以后，这个世界很明显改变了许多。"

"好吧，我们来让这个村子继续成长，对于工具的需求越来越大，于是我们的铁匠需要伙计了。在企业的用途这一点上，铁匠本身并没有改变，他的任务一直就是为集体提供工具，而并不是养活他的伙计——即使伙计从主观上来说很可能是这么想的。

"假设，这个村庄现在正在飞速发展，对于工具的需求量有了大幅的增加。铁匠很想生产更多的工具，可是他做不到，因为他没有钱再添置一个铁砧，或者买一个更大的锻炉。于是他向放债的人借了一些钱，扩建了他的铁匠铺，然后开始生产更多的工具。

"可是铁匠这个企业的功能一直还是为集体提供工具，而不是为放债的人生产利息，即使放债的人主观上这么认为。只要铁匠为集体提供工具，或者说他的工具能够销售出去，他就能获得利润。"

拉迪斯先生的脸色有些严肃地说道："因此我很认真地告诫您，请您永远永远永远，不要从利益相关者，也就是那些员工、投资人、供应商等的角度来决定您企业的意义所在，否则您会得出错误的结论。您最好也不要同别人讨论这个话题，不然只能把自己弄糊涂。企业只有唯一的一种用途，那就是服务它的客户。"

这对我来说实在是有一些偏激。"拉迪斯先生，您不觉得您的观点有些专断吗？您要求别人承认，您在这一点上占有绝对的真理！"

"我可没有这么做。我给您举个例子吧，也是一个跟历史有关的例子。我希望您能够稍微容忍一下我过多地提及历史。"拉迪斯先生笑着说，"16世纪早期，在德意志北部的低地上，那里的农民认为地球是平的，是一个圆盘。这对于他们来说足够了，当他们站在那片土地上，眺望远方地平线的时候，他们目光所及的一切都是平的，他们的认知完全正确。

"如果您想抱着这种世界观驶向美洲新大陆，或是像麦哲伦一样环游世界，那么问题就出现了。您需要提高对事物的认识层次。作为船长，您虽然可以向农民购买所需的物资，但是您绝对不能够同他们讨论地球到底是平的还是圆的。如果您这样做了，那么可能会有两种糟糕的结果。假如您相信了农民的话，那么您会淹死在路上；而如果您不相信农民的话，那么您将被烧死在柴垛上。所以永远不要讨论这个话题！

"通常在投资人眼中，情况也是这样的。从投资人的角度来说，企业只要能够保证利润率就足够了。但是从这个角度出发，您是没办法建立一家企业的，因为盈利并不是企业的用途。所以您千万不要同投资人谈论企业的用途，也不要同其他的利益相关者谈论，好吗？"

我缓缓地点了点头。我感觉到，这个选择似乎会带来影响广泛而深远的结果，尽管我现在还不能具体说出会有哪些后果。不过我感觉身上的压力正在逐渐地减轻。我很喜欢用宇宙飞船来比喻公司，以前，我总觉得自己独自一人在浩瀚的宇宙中为我的公司领航，这让我感到很孤独。而现在，我觉得我的公司获得了新的意义，这使它能够进入更广阔的地方。我向拉迪斯先生请求休息 5 分钟。

1.2.5 企业的客户

几分钟之后，我从晴朗而寒冷的屋外走回到屋子里，对拉迪斯先生点了点头，总结道："现在我们得出了以下结论——企业唯一的用途是满足客户的需求，哪怕投资人、员工、社会福利家、工会或者供应商对此颇有微词。那么我们现在要做些什么呢？"

拉迪斯先生补充道："对于任何一家企业，我们现在都清楚地了解了它的意义所在。不仅如此，我们还知道，企业家的任务就是运作企业。正如铁匠以工件为工作对象，企业家正是以企业为工作对象。企业就是企业家的产品。一个鞋匠生产鞋，一个程序员制作程序，而一位企业家则创造企业。"

我有一些疑惑："可是，假如鞋匠、铁匠，还有其他的那些人，他们的作用都是为客户生产有用的东西。那么企业家在为谁生产企业呢？谁才是企业家的客户？"

"很聪明的问题！"拉迪斯先生夸赞道，"我一直希望我指导的这些企业家们能够自己想到这个问题，不过您却是第一个真正提出这个问题的人。即使在管理类的书籍中，这个问题也从没被提起过。我想，您已经完全理解了这个理念！"

他的赞扬让我感觉很不错，然而我还是不能抑制自己的好奇心："那么企业家的客户到底是什么人呢？"

拉迪斯先生解释道："这其实很简单。您看，您不可能永远领导您的企业。您总有一天会变老，或者您想要为自己寻找新的挑战。于是您会把企业交给一个继任者，这个人可能会从您的家庭或者员工内部产生，也可能是外来的并购者。而这个人，就是企业家的客户。

> 一位起作用的、高效的企业家能够为他的继任者提升企业的价值。

"作为一个群体，企业家的任务是为他们的客户提供最大化的效用；同理，作为个人，企业家的任务就是为他的继任者提供最大化的收益。在出售企业时，这能使企业大大升值，但是完全不同于主动追求股东价值或企业价值的增长。企业家的目标是为继任者创造和提升收益，为此企业必须能够在没有您的情况下正常运转。不过这个目标在 95% 的案例里都不能够实现，因为 95% 的企业家是企业的奴隶，而且 95% 的企业家都不能正确地完成他们的工作。如果从正面来表述的话，一位起作用的、高效的企业家能够为他的继任者提升企业的价值。"

现在我又有些糊涂了，这对于现阶段的我来说似乎并不重要。为什么我要关心自己能不能在三十年之后把我的公司交给一个继任者呢？我向拉迪斯先生提出了这个问题。

"您看，这其实很简单。"他走到白板前，迅速画了下面这张草图。

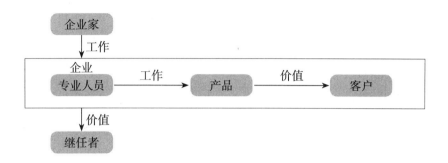

"请您看一看这张草图。这对您来说并不复杂，只是有一些陌生。这里有两个不同的维度。其中一个是产品的生产过程，即为客户带来成果的过程，也就是横向的内容。此外是纵向的内容，那就是为了继任者而发展企业的过程。

"让我们回到我们的铁匠那里。他的任务也并不仅仅只是为农民生产犁，此外他必须关心一个问题，那就是谁能够在他死后将铁匠铺继续经营下去，确保社会化大分工能够顺利进行。在比较小的组织，也就是小型企业中，这两项职能可以由同一个人完成，而在较大的组织中，它们会彼此分离。

"这个过程会持续非常长的一段时间，正是这一事实使我们在理解上出现困难。一个公司为客户生产的产品，根据行业的不同，会即刻、在几个小时内，或者最迟在几个月之内交付给客户。可是通常情况下，一家企业——除少数的一些新经济型企业外——在十几年甚至几十年之后才会被交给继任者。在这样长的一段时间里，外部世界会发生变化，因此您也必须相应地改造您的企业。对于我们人类来说，思考那么遥远的事情，同时基于这个预想安排当下的行动是一件非常困难的事情。通常只有在那些历史悠久的家族企业中，企业家们才会学习用这种方式思考问题。

"在交接班之前对企业进行改造的想法在现实中是行不通的。如果您不为继任者着想，那么您将会面临一个很大的诱惑，那就是在企业的建立中把作为企业家的您放在企业的中心位置——这样会使人觉得自己更加高大，也更重要。正如您刚才所说，就好像是一个国王。如果考虑到交接的问题，那么您就不得不用另一种方式来构建企业，使它在没有您的情况下也能够正常运转，没有'企业家国王'。

"如果您已经用一种方式建立了企业，那么您就绝不可能在交接的前一年才开始对企业进行完全改造。这并不仅仅是因为结构性的困难，还因为您自己根本就不能接受。如果您整整二十年的时间里都在为保持自己的中心地位而努力，那么您根本就不可能在心里接受这个转变，使自己在一年之内成为一个多余的人。

"这个决定性的点其实很简单，如果您想成为企业家，您就必须用这种方式来思考问题。否则您只能是专业人员，也许您还可能是投资人或者经理，但绝对不会是企业家。"

我静静思索着，拉迪斯先生一直在观察我的反应。虽然我已经能够从理论上理解这个模型了，但是我还是不能真正地在实际中把它运用在我的公司上："嗯，我差不多能理解，可是这对于我来说还是太快了，请您再往回退两步。我还是没办法让自己做到全心关注客户的利益，很多客户实在是太得寸进尺了，这让我很吃不消。归根结底，我和我的员工总要养活自己吧。我至少需要两条行事准则！"

拉迪斯先生摇了摇头："我们先前已经说过了，如果您持有两条行事准则，那么您就会遇到一个问题，即您不可能在两条准则上都投入全部的精力，而只能各占一半。如果事情进展不顺利，这两部分精力还有可能向各自不同的方向发展。有一句名言说得很有道理，'投入全部的精力就能收获完整的成功，投入一半的精力就什么也得不到'。您应该尝试着依靠一条行事准则走出困境，只要还存在一丝的可能性都不应该放弃。不过我能够理解您的反对，解决问题的办法其实已经写在白板上了。"

我瞪着拉迪斯先生画的那张草图，然后疑惑地把目光转向他。

"您看，相对于您现在为客户所带来的收益，您的继任者如果能够在未来创造更高的价值，这就是您带给继任者的收益所在。草图中纵向的维度可以将您从过度的消耗和劳累中解放出来。您不用再忍受当前的目标群体，甚至是单个客户的压迫，而是更多地关注您未来目标群体的未来预期收益。"

我连连摇头："我感觉这听起来就像一个让人讨厌的文字游戏！"

拉迪斯先生笑了："好吧，那我换一种方式来解释。这里牵涉的问题是路径与目标的统一性。举两个例子。甘地的目标是解放印度并建立一个没有暴力的社会，而他采用的路径就是非暴力；耶稣的目标是使人间充满仁爱，而他的路径也是仁爱。那么作为企业家，您的目标是客户的利益，因此您的路径也是为客户提供收益，我这样说您能理解吗？由于这个统一性的存在，您可以清除阻碍您行动的大部分反对意见，而且您不用把时间浪费在互相矛盾的目标体系中。路径与目标的统一性能够产生动力，那就是自由流动的能量！

"请您忘掉额外的那些对于利润的关心吧。只要您希望在未来创造比现在更多的价值，那么就必然创造利润。如果没有利润，您将很难创造额外的价值。因此你完全没有必要因为刻意追求利润而偏离了您的路径与目标。此外，未来创造更多价值这一目标还内在地包含了满足生计，以及你同员工未来的发展。

"盈利是企业不可或缺的功能，因为企业的用途不仅仅是现在为它的客户提供收益，还包括在未来也能提供更多的收益。我们可以用血液循环系统来作一个比喻。血液循环系统对于身体的正常运转是必不可少的，可是它既不是生活的目标，也不是生活的意义，更不是人生的美好所在。恰恰相反，如果您在醒着的时候把50%甚至100%的注意力都放在血液循环上，那么您的生活

> 在关注客户利益的同时，您无须再分神去关注利润：在未来比现在创造更多收益的目标中，已经内在地包含了利润。

就会失去乐趣，变得毫无意义，而您也会变成一个妄想症患者。只有一种情况例外，如果您受了很严重的伤，那么您自然应该关注您的血液循环。

"从这个角度您已经能够了解到困扰大部分企业家的恐慌情绪——很多人觉得，他们已经患上了那种妄想症。作为企业家，您有机会，也有责任克制自己对于利润的需求。当然，在公众持股的上市公司里您可以不用关注这一点。因为那些投资人不会关心客户的利益或者公司的利益呢，他们唯一关心的是，他们的投资能不能够以最小的风险，获得最高的收益率。如果您允许那些投资人对企业施加影响，那么您肯定会得妄想症。在过去的 20 年中，尽管那些家族企业的企业价值受到重重压制，它们的业绩依然比公众持股的上市公司出色。

"当然啦，要想压制自己对于利润的兴趣并不容易。我们可以用竞技体育来类比，您必须学会克服疼痛。如果您让您的（可能的）疼痛有发展的空间，您就已经输了。"

"可是我该怎么做呢？对于利润的需求难道不是自动产生的吗？"

"四个步骤。第一，您要把注意力集中在对您最重要的事情上，也就是您的价值。这会使对于利润的追求相形见绌，您会觉得利润并没有那么重要。或者确切地说，只有在您能够实现自身价值的基础之上，利润才会有价值。当然有利润还是很不错的。

"第二，您要学会相信。只要您坚持把客户的利益作为焦点，您就一定能得到足够的回报。这又与竞技体育有相似之处了，随着时间的推移您会发现，如果您全身心地投入比赛当中，您的疼痛感就会减轻。如果您能为客户生产有用的产品，那么他肯定不会希望您明天就关门大吉。

"第三，您要积累私人的财产。简单地说，您除了公司以外的那些个人财产是可以产生收益的，您要用这些收入来满足您金钱上的愿望和需求。一方面这意味着您个人财产的积累，另一方面也意味着您必须克制您的需求。一旦需求的增长速度超过了财富积累的速度，您就会被迫去关注企业的利润。

"第四，实现路径与目标的统一。许多企业只是通过表面的或短期的努力来造福客户，他们长期所追求的仍然只有利润。与这些企业打交道的大部分人也能够注意到这一点。因此这些企业会让人觉得不可信赖，客户和员工也开始持有相同的态度，纷纷变得以利润为中心，于是企业就慢慢失去了生命力。正如上图中第二个维度所显示的那样，您必须将路径与目标统一起来，只有这样，您才会变得坚强、可靠，并充满力量！这是我所要教给您的最重要、最核心的理论之一。"

我若有所思道："这个理念的确非常简单，它只不过是与我到目前为止所接受的理论完全不同而已。然而，这难道不会过于理想化吗？"

拉迪斯先生摇头道："我知道，很多企业家，尤其是相当成功的企业家不是如此行事的，不过也有相当大的一部分企业家正是遵循这一理念。戈特利布·杜德维勒①是20世纪瑞士最成功的企业家之一，他把他的公司送给了客户；山姆·沃尔顿②是世界上最富有的人之一，他却开着一辆破破烂烂的皮卡，住着一幢小宅子；安德鲁·卡内基③是美国工业巨头，他几乎为美国的每一座大城市都捐赠了一座公共图书馆。他们其实与大众认知中史高治④的形象并不相符，绝大多数真正成功的企业家不会把他们的财富花在私人享乐之上。

"以前有人曾经调查过企业家们的动机，是为了财富，还是为了自由，抑或是想让自己的理论变为现实，等等。调查的结果显示，在全部11个选项中，赚钱排在了最后一位。那些承认自己就是为了赚钱的企业家虽然很坦率，也常常容易被媒体所诟病，可是他们毕竟还是少数。忽略掉他们不

---

① 戈特利布·杜德维勒（1888～1962）：瑞士著名企业家和政治家。——译者注

② 山姆·沃尔顿：美国富豪，沃尔玛连锁超市的创始人。——译者注

③ 安德鲁·卡内基：美国钢铁大王。——译者注

④ 史高治：动画片《唐老鸭俱乐部》中唐老鸭的舅舅，一个一分钱都不舍得花的亿万富翁，是世界上最有钱的鸭子。——译者注

提，绝大多数的人认为，仅仅因为财政的原因而成为企业家实在是太傻了。B.H.汉密尔顿在2000年作的调查显示，在创业的头十年里，独立职业者和企业家与同等职位的企业雇员相比，获得的收入平均要少35%。"

"这的确与大众的认知不相符，也同我到目前为止的认知不一样。不过我现在就相信您吧，反正利润对于我来说一直也不算很重要。"我停顿了一下，接着补充道，"我现在的问题在于，对于接下来到底需要做些什么，我完全没有任何灵感。"

1.2.6　企业家的职业范围

"接下来的事情就很简单了，"拉迪斯先生笑道，"当铁匠认识到犁的用途之后，他就可以开始规划他的工作了，生火，烧热铁块，然后加工，等等。对于我们来说，现在只要弄清楚为了给继任者生产具有很高价值的企业，企业家都需要做哪些工作就可以了。企业家总共有七大职业范围。"

"只有七个不同的职业范围？"我有些疑惑。我觉得到目前为止，我承担了超过40项各种类型的工作。"如果这是真的，"我思考着，"那么我将会有一场时间的革命。我渐渐有些明白，您到底想说什么了。"

"这七项任务，"拉迪斯先生继续说道，"不管您制造什么产品，它们都会存在，哪怕是制造一家企业也是一样的。您必须了解这件产品的功能和意义，您需要制订目标明确的计划，您需要获取能源和原材料，您需要空间和时间来进行生产，您必须开展生产，您得学会所需的各种技能，最后您还得将产品交付给客户。我们最好按照顺序一个一个地解释这些任务，所以接下来的讨论时间里我们将对各项任务进行细节性的分析，可以吗？"

"行。"我点点头。

"很好。第一项任务是愿景与价值。如果您想建立一家企业，那么您首先需要设想一下，您的企业能够长期为集体做出什么样的贡献，以及企业将要依照哪些基本原则运行。我们也可以换种方式来表述：您需要设想一下，您希望给继任者留下些什么。

"这里指的可不是那一套老生常谈的预期，比如，服务客户什么的——企业的功能本来就是服务客户——这一点没必要在预期中再一次重复。微软的愿景就是一个相当不错的例子——'让每一个客厅里都有一台电脑'。

"在建立企业的过程中，您对企业存在的意义认知得越清楚，您就会越有目的性，也越省力；反之，假如在开始的时候，您作为建筑师不清楚自己想要建一幢古典的别墅，还是想要建一间出租公寓，那么您肯定会走许多冤枉路。

"当然，愿景与价值并不是一成不变的。这个世界每时每刻都在变化，所以企业的机遇和发展可能性也在不停地变化。因此这项任务是一项持续的工作。

"第二项任务是战略与定位。第一项任务主要是为继任者考虑，而第二项任务则涉及企业的客户。这二者之间当然有内在的联系，我们稍后会进行讨论，不过现在我们可以说，战略与定位从时间范畴这个角度来说相对较短。在第一项任务中，您需要为几十年之后的事情提前作规划，而关于战略和定位，您最多只需要为十年之内的事情作规划。"

"在新经济中我们的周期明显要短一些，"我反驳道，"您没办法制订长达数年的战略计划。"

"我们可以！"拉迪斯先生坚持道，"否则这个战略就是错误的。不过关于这一点我们在后续内容中还会讨论到。

"从原则上来说，战略关注的是您如何用最小的投入获取最大的收益。这个收益越大，您所获得的能量就越多。

"如此我们就进入了第三项任务，即外部能量与成长。这里不是指明年您的账户里会比今年多出多少钱，而是涉及两个主题区。

"您当然可以独自一人完成前两项任务，那样您将会是一位眼界开阔的独立职业者。可是，如果您想建立一家能够传给继任者的企业，那么它就必须能够在没有您的情况下生存。因此除了您本人之外，我们还必须获

39

得一些东西。这就是说，为了您的成长，您必须获得外部能量。"

"您所说的'外部能量'是指什么？"我疑惑地问。

"外部能量就是指企业有机体在成长过程中所接受的一切：客户的热忱、员工、资本、热烈的舆论氛围等。和其他有机体一样，企业也需要不停地'吸收'养分。这就是说，您必须保证外部能量持续不断地流入。"

"第三项任务的第二个主题区比前一个更加重要，因为这关系到成长的法则。当您雇用了一位新员工，您怎样才能让他融入企业中去呢？您将用怎样的激励措施去鼓舞您的员工？您又将如何进一步促进这种推动和鼓励？您要用什么样的条件来决定辞退哪些员工呢？

"您觉得您的成长战略是什么？您可以同大部分企业一样有机地成长，不过您将会不停地面对企业重组和改造。您也可以采用分支结构、特许经营模式或者多级市场，您还可以采用细胞分裂模式使企业成几何式地增长，比如，德国福士集团公司，如果在这一点上您没有明确的概念和准则，那么您的企业就会失去统一性，肆意生长，最终患上癌症并死亡。

"第四项任务是持续不断的'废物处理'。每一家企业都在不断地积累客户、信息、项目、资金来源、产品、企业文化和员工等。能够得到这些东西自然很让人开心，可是随着时间的推移，它们渐渐不再对企业有所裨益。所有多余的脂肪都会消耗能量，为了限制它们的增长，您需要一个能够系统地处理废物的进程。这个废物处理的进程可能影响到每一位员工，比如，有的人会失去他最喜爱的客户，这还只是金钱上的损失；更极端一些，有的人会丢掉他到目前为止的工作职位，这些人就会阻挠或破坏进程的实施。因此，只有一个人可以负责开展这项工作，他拥有一直独立于企业之外的超然地位，那就是企业家。"

"独立于企业之外？"我奇怪地问道。

"当然是独立于企业之外。企业家并不是在企业中工作，而是以企业为工作对象，所以他自然不在企业之内。关于这一点我们稍后还会谈到。

"第五项任务是确保执行力。您的确可以制定出令人赞不绝口的价值定位和战略。可是，如果您不能切实地把它们从理论变为现实，那么您其实完全不用开展前四项工作，您将会在灿烂中死去。对执行能力的确保包括集中的规划和监督，而规划和监督都需要在不同的时间层面上展开。

"在这一项工作中您还必须监控风险。如果不对风险进行监控，那么就不会有执行力；没有执行力，企业的意义也不会实现。

"第六项任务最为重要，但人们经常忽视它，那就是自我塑造。威尔曼先生，企业就是一面镜子，它能够反映企业家的人格，二者必须共同发展。企业家是企业能够成功发展最重要的原因，大部分企业的失败应该归因于企业家。

"随着时间的推移，您会不断遇到新的挑战。有专业技术方面的，有涉及职权范围的，还有可能牵涉您的观点和态度。同其他任务一样，对于这项任务您也必须有明确的目标。在企业的成长过程中，您会有两种选择。要么您与企业共同成长，并最终获得成功；要么您的企业会超过您，然后您就此走向末路。

> 企业就是一面镜子，它能够反映企业家的人格，二者必须共同发展。在企业的成长过程中，您会有两种选择：要么您与企业共同成长，并最终获得成功；要么您的企业会超过您，然后您就此走向末路。

"第七项任务是企业的传承。这里所讨论的不是具体的交接过程，对于企业的收购者或者继任者来说，有专业的人员可以帮助他们完成这项程序。这里所讨论的关键问题，是您在建立企业之前就必须提出的——您到底为了谁在做这一切的事情。从某种形式上来说，这又回到了我们先前提出的愿景与价值问题。

"这一项任务不仅包括了确定继承人，还要求您不断地自我审查，确定您是否在正确的道路上前进，最后，您还要使自己失业。"

我恍然大悟。"作为企业家，我的工作就是为继任者建立一家企业，使他能够获得最大的利益。为了达到这个目的，我从一开始就必须完成某些特定的工作，放弃其他工作。这个目标内在地包含了实现我个人的小康，因此我不必再为此劳神，因为如果我不能养活自己，那么我也不可能为继任者提供利益。您直接这样说，我不就能明白了么。"

拉迪斯先生翻了个白眼："因为日常的理解和认识会给思维造成许多障碍，以致您不能立刻得出这一结论。只要您还认为，企业的作用是为了维持您的生计，或者是得到国王般的掌控感，只要您还不能够理解继任者的重要性，只要您还在制订'平衡各方利益的目标体系'，您就没办法正确地认识到上面的那个结论。不过您能跟我走这么远，我觉得很欣慰。"

他的话让我觉得有一些狂妄，无论如何，我都得向他证明，我已经领悟了这些道理。"如果企业家的工作是使自己失业，那么这七项任务也得有人接手才对吧？"我充满希望地问。

拉迪斯先生笑了："您学得可真快！对于其中的一部分任务，您可以建立起自主运转的体系，而对于另一些任务，只要您对它们有一个清晰的设想，您就可以将这些订单给别人。还有一部分任务您应该在专业顾问的指导下进行。不过只要您还是企业主，这七项任务的最终责任还是担在您的肩上。我们其实已经开始进行这些工作中的一小部分了。我给您画一张图。"

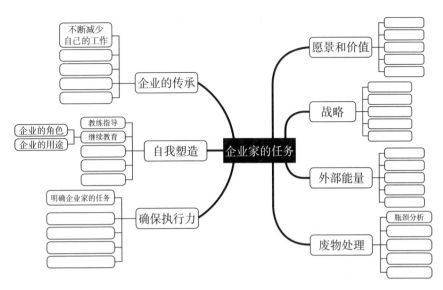

我叹气道:"这大部分还都是一片空白嘛!"

"您不需要一下子全都学会,"拉迪斯安慰道,"在接下来的时间里,我们会一起把这张图填满,以此找到一个适合您的体系。不过我们将不会按照图中标示的顺序来进行讨论,也就是说不会从右上角开始,顺时针进行。相反,我们会从您的各项问题和瓶颈来入手。最后,我们再来考虑您目前所遇到的问题,以及在目前的情况下,哪一些总任务和分任务是必须进行的。这样我们就能够逐渐把这张表填满了。这将比任何一种预先定义的教学大纲都更有效率。在这个过程中,您所学到的内容能够直接使您受益,并且立即投入使用。

"此外,这样的方式还为许多事情留出了余地,如果我们遇到的问题不在这七项职能范围的框架中,我们还可以对这个模型进行批评和修正。所以我们也需要您的思考,决定是否还有别的任务需要纳入考虑范围,您觉得怎么样?"

我点了点头。

1.2.7 时间革命

拉迪斯先生看了看钟:"现在,我们距离午饭大约还有一刻钟的时间,该进行一些实际的工作了。我向您保证，在我们接下来的合作中，不会再出现比之前的部分更加理论化的内容了。"

我做了几次深呼吸。"那么我们现在该做些什么？"我跃跃欲试地问。

"现在，很简单。先前您曾经做了一份您的职能一览表，表中的第三栏还空着呢。现在请您运用新学到的知识填满这一栏，'F'代表专业人员，'M'代表经理，'U'代表企业家。如果您不清楚某一栏到底该填什么，您可以把几个字母都写上去。"

我埋头开始填写下表。

编　号	任　　务	小时／每月	F/M/U
1	客户行销	70	F
2	软件开发	40	F
3	收发邮件（每天大约 50 封，随时出现）	40	F/M
4	回答员工问题（每天大约 20 次，随时出现）	25	M
5	回答售后问题（每天 4~5 次，随时出现）	24	F
6	电话（每天大约 15 通，随时出现）	24	F/M/U
7	产品生产	24	F
8	信函回复（每天大约 6 封）	20	F/M
9	项目领导	16	M
10	人脉交际（每周大约一个晚上）	8	F/U
11	会计、财务和审计	6	F/M
12	开会	6	M/U
13	法律和合同问题	4	M
14	广告和公关工作	4	F/U
15	写文案（宣传册、传单、一些网页）	3	F/U
16	招聘面试	2	M/U
17	顾问咨询谈话（税务、法律、银行）	2	M

18	其他	20	F/M/U
每月工作总计		**338**	

过了几分钟，我的脸红了："这些根本就不是企业家的任务呀。如果我只计算那些属于企业家职能范畴的工作，"我算了一会儿，"那么它们加起来才只有 67 小时，还不到全部时间的 20%。"我又深吸了一口气。"到目前为止，我所做工作的 80% 都是在浪费时间？"

"这不是在浪费时间，那些专业人员和经理的工作总归是要有人来做的。不过这是浪费您的时间，是浪费企业家的时间。而企业家的时间又是您在企业中所拥有的最宝贵的东西。"

然后拉迪斯先生又提了一个问题："只要您的思维能够跟随前进到这一步，那么您就已经在革命了，并不是只有结果才重要，"他咧嘴笑着，"那位好心的仙女已经把您目前面对的瓶颈问题解决了，现在您觉得怎么样？"

"这对于我来说还是进行得太快了！"我抗议道，"我没办法仅仅只关心企业家的那些任务，而把其他所有事情都放在一边不管！"

"对不起，是我没有表述清楚。我们当然现在还没有开始解决现实的问题，不需要考虑如何把这些工作交回到相应的责任人手中，这些我们稍后会讨论。这里也并不牵涉，您是不是想要把您独立职业者的角色同企业家的角色进行交换。到目前为止，这里只牵涉一个问题，那就是您的思维能否跟得上这个理念，以及设想一下，假如您可以把眼前 80% 的工作放下，您感觉会怎么样。"

我把所有的内容在脑中又梳理了一遍，感觉一切都清晰了许多。"从一方面来说，您在这里所描绘的一切，尤其是缩减时间表，的确非常诱人。这些内容的内在逻辑我也都明白了——如果我切实跟随您的思维进程。可从另一方面来说，对于您所说的这一切，我确实没有任何经验。还有一点很重要，我喜欢编程，我会想念这项工作的。"

拉迪斯先生点了点头："正因为如此，这项抉择才会显得如此困难。

说到底，这需要您彻底转变职业。您必须放弃您擅长并感兴趣的东西，去交换另一些东西。虽然目前您对这些东西有一个大概的印象，可是您并没有真正地完全理解它们，因此您会觉得缺乏安全感，内心很不安定。为了做出这个抉择，让我们在午餐之后先来谈一谈您的价值和梦想吧。我相信，有它们作为基础，您今晚可以相对容易地做出选择。您觉得这样如何？"

我问的问题已经很多了，我也感觉到有些饿。所以我干脆地点了点头，站起身来。

正当我想转身走出房间的时候，拉迪斯先生忽然问我："对了，威尔曼先生，您有写日记的习惯吗？"

我有些被他弄糊涂了："没有，我没有这种习惯，您想说些什么？"然后我又笑着补充道："您知道的，我连留给战略和员工的时间都没有，又怎么会有时间写日记呢？"

拉迪斯先生笑了："我们刚刚已经解决了您的时间问题啦。这样一来，您今后就有时间写日记了。您要使自己的思想和道路牢牢保持在今天所做的决定周围，这一点非常关键。没有哪一种方法能够比写日记更加有效地长期帮助您认识您自己，并使自己更加坚定。"说完这句话，他递给我一本皮质封面，看上去很结实的书。这是一本日记本。

我如今正是在这本日记里查看 2006 年 8 月发生的事情。我凝望着窗外上柯尼希峰令人赞叹的身姿，内心忽然意识到，这半年以来我写下了很多东西，明白了很多事情。关于日记这件事，拉迪斯先生的话的确很有道理。他所说的很多事情都很有道理——事实上每一件事都很有道理。这些在过去半年中学到并记录下的事情的确对我帮助极大，特别是对于我在 8 月份做出的那一个决定来说。

1.3 企业家优势、价值和梦想

我的思绪又回到了 2006 年那个寒冷的 3 月。吃午饭的时候，我一直在思考我们到目前为止都讨论了些什么。一开始我对于这个讨论真是完全没有兴趣。我觉得，我以前都在回避这些挑战，因为面对这一堆问题，我根本就不知道该从什么地方入手。现在我们找到了切入点，那就是我的时间问题。现在我发现，面对这些挑战，我抱有很不合适的信条，因此我过去找不到任何解决时间问题的办法。为了让我把这些东西看得更清楚，我一边吃午餐，一边在我的新日记本上画了下面这幅图：

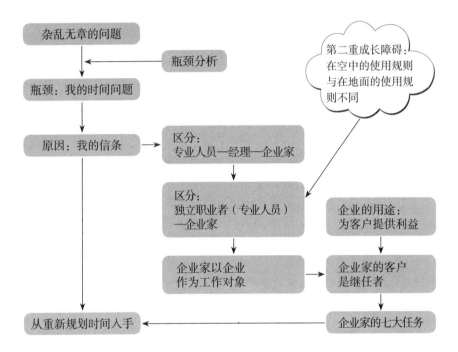

我们区分了专业人员、经理和企业家，以及独立职业者和企业家之间的区别。从这些区别中，我们得出了企业家的主要任务：以企业为工作对象。接着，我们确定了企业的用途是为客户提供利益。联系用途与主要任务，我们明确了，企业家的客户就是他的继任者，企业家必须为他创造收益。继而我们推导出了企业家的七大职能范围。在这个环节里，我逐渐感觉到目前为止我所做的那些工作都与企业家的任务没有关系。这一点让我觉得很高兴，因为这表明，对于我目前最核心的问题，即时间紧张的问题，我们的确能够做出一些改进。现在我对于事情接下来的走向相当好奇。

吃完午饭，我回到会议室，拉迪斯先生正站在窗前，眺望着屋外的山谷。"现在我们来换一个角度！"他背对着我，慢慢说道，"虽然我们先前一直在讨论您的瓶颈问题，不过那些都很理论化，与您的愿望、能力或者需求没有什么直接的联系。

"现在我们需要为您的抉择作一些准备——'您今后是想做一名企业家呢，还是想继续做一个独立职业者？'这与您有密切关系。这个选择决定了在接下来的数年中，您将以何种方式生活。我们甚至可以这样说，今天您做出的各种选择，将会使您接下来的人生依照完全不同的轨迹运行。现在您正站在一个岔路口，所以我们现在要来讨论讨论您。那么，您今后到底想怎样呢？"

对于我究竟有没有能力完成企业家的任务，我的心里没有底气，于是我补充道："我还是想先谈谈我的优势和劣势。我不是很确定，自己到底能不能完成这些挑战。"

"好的，那么我们也顺便讨论一下您的才能和优势。"拉迪斯先生同意了，"这可以帮助您做出选择。不过它们其实并没有人们通常想的那样意义重大，关于这一点我们稍后会提到。那么接下来的时间里我们就为您的抉择作准备。我们把您的价值观、梦想和优势作为基础来进行讨论。"

"为什么要选取它们作为标准呢？"

"因为，我们可以用这些问题好好拷问一下自己。您可以先从您的学习成绩开始，或者从您害怕的东西、朋友对您的评价，或者是每天的日程开始，您还可以运用传统心理分析的那些概念。

"对于每个人来说，这些问题第一眼看上去很容易；每个人都能够对此说上几句。'我很善于倾听''我想变得富有'或者'我是一个乐观的人'。这很简单，也很明了。可是无论是谁，只要他曾经用超过 5 分钟的时间思考过这些问题，他就会知道，上面的那些回答都像是流沙。"

"对，"我补充道，"而且有些时候思考的结果令人沮丧，我很容易因此变得消沉。"

拉迪斯先生附和我道："是啊，这的确经常发生。最为关键的问题是，人们怎样才能不因为反思自身而变得沮丧呢？为什么我们现在恰恰要思考价值观、优势和梦想呢？

"对于第一个问题，人们通常在受挫的时候，才会对自身进行反思。接着他们就会在过去中寻找原因和错误，而他们也的确能找到。我们的大脑是一台非常实用的机器，除了具有其他的许多功能之外，它还能回答问题、弄清矛盾、寻找解释。然而您的大脑并不能准确地把握真相，关于这一点，伊丽莎白·洛夫特斯 ① 曾经做过一个非常有意思的科学实验。人们向不同的实验对象展示他们童年时期的照片。被测试者要向实验实施者介绍，他们在照片中看到了什么，在那一天发生了什么。被测试者还会看到一张照片，照片里他们与兔八哥一同在迪士尼乐园中玩耍。一些被测试者会向别人讲述，他们是如何在迪士尼乐园里与兔八哥度过了快乐的一天，在那里他都玩儿了些什么。引人注意的是：这些照片是合成的；迪士尼乐园里根本就没有'兔八哥'——这个形象属于迪士尼的竞争对手。"

我完全被弄糊涂了："那么这都是那些人编造出来的？他们在撒谎？"

"也不完全是，"拉迪斯先生摇了摇头，"在看完那张照片之后，他们的大脑自动利用其他的回忆制造出了一个非常真实的儿时故事。

"人类强烈地需要一个不矛盾的过去。不过对于我们的问题来说，最重要的一点是：永远不要从过去的您的身上寻找问题的原因。我们的大脑非常富有创造性，它能在任何情况下找到原因。这样您就会觉得自己对于问题负有责任，从而感到痛心。

"事实上您希望得到一些其他的东西。现实中您遇到了困难，您希望情况有所好转。因此您才会在过去努力寻找，并虚构出一些原因。在最糟

---

① 伊丽莎白·洛夫特斯：美国认知心理学家，研究人类的认知和记忆活动，发现包括武器焦点、耶基斯－道森定律、语言暗示的影响、催眠的影响等规律。——译者注

糟的情况下，您会塑造出一个充满罪孽的自我形象，给自己造成更大的障碍。这个办法真是糟糕透顶！"

"可是如果我真的犯了错误呢？我不能装作一切都进行得很顺利，那根本就是在自欺欺人。"

"错误都只发生在过去，它们都已经过去了。如果您觉得类似的情况有可能再次发生，那么您就应该寻找适合的战略和方法，采用合适的身份。在这样的情况下，您不应该去寻求原因和问题，而是应该去寻找解决办法。解决办法就藏在您的优势与潜力之中。在您所犯的大的错误中，也会有一些小环节是正确的。如何对您的战略或观点进行最细微的调整，才能使整件事情得到完全不同的结果呢？您应该问自己，如何相应地调整您的观点或战略。

"这是一个完全不同的开始，基本上，您会去寻找积极的、有用的方面，可能是您已经做到的，也有可能是您未来可以采用的。"拉迪斯先生笑着说，"您肯定能找到这些好的方面，因为您的大脑是一台非常实用的机器啊！"

"可是如果您是对的，那么所有的心理医生就都走错了路，因为他们都是从过去寻找原因的。"我反驳道。我忽然记起一位老熟人，还有她那长期的治疗，于是又立即摇着头补充道，"我以前就觉得他们不靠谱。"

"他们都是骗子！"拉迪斯先生抱怨道，"不过这不是我们的主题。我们是在寻找积极的方面，也就是寻找您的优势、价值观和梦想。您当然也能够从您的朋友那里或从学习成绩上找到积极的方面，我们为什么不考虑这些东西呢？"

"这就是前面提出的第二个问题了。"我点头道。

"那些我们以为是现实的东西，比如说真实的回忆，其实根本只是我们大脑的杜撰。事实上，我们的大脑里并没有对过去的符合逻辑、坚固而完整的回忆。现在的科学还没办法解释，大脑里究竟有些什么。图像、感觉、气味、对话片段，在这些东西之外，还有被我们称为潜意识的东西。而潜意识则与现实毫无关系。让我们用地平线上的月亮来做例子吧。如果您为贴近地平线的月亮和天空中的月亮分别拍一张照片，您会发现，在照片中这两个月亮的大小是相同的。可是如果您用肉眼去观察它们，您会觉得当月亮贴近地平线的时候，会比在天空中看上去大了许多。这完全只是因为，我们的大脑认为这一个观点是正确的——贴近地平线的月亮看上去会比较大。于是它向您呈现了这样一幅与现实相违背的图像。

"这些事情发生在我们大脑的深处，以至于您虽然知道贴近地平线的月亮并不是真的比较大，而只是大脑虚构的图景，可是您还是会看到一个大的月亮。

"也就是说，我们拥有的只是图像，是特定区域的地图，它们会突出体现某一些方面。在接下来的时间里，我们还会反复提到这个地图的概念。现在我再给您举一个例子。

"假设您现在正在柏林观光，您想从选帝侯大街去勃兰登堡门。这时候您会需要一张标记了街道、广场和各个风景名胜的城市地图。假设您在柏林想看电影，那么您就会需要一份电影杂志。而假如您在柏林是为了拜访一位多年未见的朋友，那么您需要的就是一份电话号码簿。城市地图、电影杂志和电话号码簿都是柏林的模型，不过它们侧重表现不同的方面。"

"并且这些模型的综合也不能够完全表现一个真实的柏林。"我补充道。

"完全正确。我再跟您说两点：第一，有些东西存在于模型里，现实中却不存在。比如，地图里把柏林纪念教堂用一个折断的十字架圈了出来，而在现实中，我们却找不到这个折断了的十字架。第二，'真实的柏林'丝毫不能够帮助您有针对性地行事。想象一下，假如在您的脑海中有一座比例为 1∶1、栩栩如生的柏林市模型，现在您想从选帝侯大街去勃兰登堡门，这绝对不会比之前更加方便！"

"您是想说，我们没有办法完全体现真实，即使我们能够做到，我们也完全不可能从中受益，是吗？"

"非常正确！最重要的一点是，提出具体的问题，选择正确的模型。

您需要自己安排自身对于现实的认识途径。如果我想知道柏林今晚都有什么电影上映，那么我不会用到城市地图模型。虽然这个模型也是'准确'的，可是不能够解决我的问题。因为这个不合适的模型，问题会变得更复杂，甚至没有办法解决。也就是说，这个模型在这种情况之下毫无用处。

"当然，还有一点也相当重要。这个模型不仅仅需要具备解决问题的相应功能，还必须准确反映现实的某一方面。如果您手里的城市地图是巴黎的，那么您在柏林肯定会寸步难行。一个模型无所谓对错，而要看它能否解决具体的问题，在特定的情境下有没有用处。"

"很好，可是这些与我的选择又有什么关系呢？"

"因为您现在想要做出一个适合您当前状况的选择。对于您来说，您现在就像是柏林城，只有几个能够体现自身的模型。这些模型就是价值观、优势和梦想。我希望您能够理解，显示中并不存在价值观、优势或者梦想这一类的东西——它们就像地图上那个折断的十字架一样。它们只是模型而已，是用来帮助我们回答特定的问题的。

"您也可以通过最恐惧的事情、学习成绩或者其他心理分析法中的经典概念来描述自身的状况——不过这样一来，您就好比拿着一张下水管道的布局图，从选帝侯大街爬到勃兰登堡门去一样。即使您能到达目的地，那也是走了许多弯路。"

我在脑海中把那位老熟人同下水管道联系在了一起，忍不住暗暗发笑。

拉迪斯先生等了一会儿，直到我的注意力又转回到他身上。"现在，我们来解释一下为什么要选择价值观、优势和梦想这三个模型。答案其实很简单，当您读那些成功企业家的传记时，您会发现，他们总是在强调这三个模型。因为人的思维模式和思考方式是成功的决定性因素之一，所以我们也采用这种方式。如果那些成功人士什么时候又发明了更加有效的自省方法，我们再换成那一种。"

1.3.1　优势、才能和兴趣

拉迪斯先生继续道："我们先来讨论一下您的优势。您希望在做选择的时候考虑到您的优势和才能，那些书里也经常会提及优势的巨大作用。

"现代的管理学丛书一致持有此类观点，即个人的优势应当是行事的着眼点。它们都主张进一步发展优势，而不是弥补劣势。虽然这有些老套，可是就通行的模式来说，人们还是一贯强调先剔除劣势。因此，我们选择一个您能够发挥优势的领域显然效率会更高一些。"

我点了点头道："因此我们首先需要寻找到我的优势所在，然后来决定这些优势是与独立职业者的任务更相符，还是更适合企业家的职能。"

"完全正确！"拉迪斯先生赞同道，"还有一点也很重要，我们必须区分您的优势同您企业的优势。人们经常把这两点弄混淆。关于这个话题，我们今天早上其实已经讨论过了。在开始时，您就是企业，不过到了后期就不再是这样了。随着企业的发展，您将不再置身于企业之中，而是以企业为工作对象。您的企业将会与您具有不同的优势和劣势。随着您所处位置的不同，您也需要具备与之相对应的优势。

"眼下我们只讨论您的优势，企业的优势则不在我们的考虑范围之内，这样您个人才好做出选择。等到我们制定企业战略的时候，我们再来讨论您企业的优势所在。"

我深深地吸了一口气。拉迪斯先生的这一番解说让我有一丝明了，这个关于工作位置和工作对象的理念很有可能贯穿接下来所有的内容，并且会不断提供新的视角。到目前为止，我都是直接把企业战略建立在我个人的优势之上，可是这种方式根本就是错的。

拉迪斯先生继续说道："虽然寻找优势是开始行事的重要基础，不过我还是认为，您的这些优势在抉择的过程中所扮演的角色分量并不是很重要。"

我好奇地望着拉迪斯先生。

"个性、能力、天赋或是优势的意义都必须通过持久性来显示。在相对稳定、比较不容易产生变化的情境中，它们的意义十分重大；而在持续变化的情境中，它们的重要性就会降低。因为您可以不断发展和改变这些个性、能力、天赋或者优势。

"没有人生来就是企业家，也很少有人有机会在那些出色的企业家身边长大，从吃母乳的时候开始就不断能够获得所需的才能和优势。因此您需要自己培养这些能力、优势和天赋。

"此外，人们最初其实只是拥有某些能力，把这种能力放到具体的情境中去，它们才会相应地被称为优势或者劣势。那么企业家面临的挑战就是，他必须多次改变自己的角色和所处的情境。从专业人员向企业家转变是最直接的一种，有的时候人们甚至要先从专业人员 A 变为专业人员 B，然后变为经理，最后再成为企业家。这个过程必然带来冲突和摩擦，因此人们必须不断地创造新的优势，而且优势不可能永远是优势，特定的能力必然会在新的情境中被重新定位。有时候，某些优势甚至会阻碍我们进行角色转换，或者总是把我们拉回到旧的角色中去，这个时候，我们最大的优势反而成为了最大的劣势。"

"您是不是把能力、优势和天赋这些不同的东西都混在一起了？就我个人的理解来说，我们可以培养一种能力，可是天赋难道不是从一出生，或者至少是从幼儿时期就拥有的吗？"

拉迪斯先生点了点头："许多优势理论都认为，这世上存在着两种不同的优势。一种是先天，或者在幼年时期获得的天赋能力；而另一种是在成长过程中学习到的才能。

"这种区分背后所隐藏的论点是，人们在某些领域拥有天赋的才能，相对于那些需要后天习得某种才能的领域，人们在这些拥有天赋的领域中更能够获得成功。这种观点认为，假如我缺少某种天赋，那么我就永远不可能在这一领域真正获得成功。

"盖洛普咨询公司①就曾经证实过这个理论，他们在全球范围内调查了200万名企业员工，从而得出了这一结论。"

"调查了200万人？这绝对是一个让人印象深刻的论据。"

"根本不是这样！"拉迪斯先生摇着头，"那只不过是一次令人印象深刻的资源浪费。您只能就此得出这样的结论，那就是平均数据显示，大部分人不会对他们的天赋和优势做出改变。只要参加一次您那一届的高中同学会，您就能认识到这一点，根本就没必要调查200万人。

"因此，关键的问题是：是不是真的存在这样一种人，他所具有的优势全部都是后天获得的？如果有，那么您就可以把这个区分天赋才能和后天习得才能的模型扔到一边了。那么您认识这样的人吗？"

"当然认识，我自己就是一个例子！我直到24岁的时候才开始接触软件开发工作，可是我很快就成为这一行的专家。"

"是啊，您能找到很多例子。先天的天赋才能对后天的才能和成就有所影响，这个观点已经被美国心理学家安德斯·埃里克森在一项研究中推翻了。他认为，练习、训练和坚持才是取得卓越成就的源泉。

"假设有两个人，A和B。A很有天赋，而B没有。依照'天赋决定成就'的观点，如果B愿意，他可以尽可能多地学习，但是他永远也不可能突破自身的限制。即A永远比B强。埃里克森没有为这个假设找到实践的证明；相反，他发现，最初的'天赋'并不能够预言5年之后的经历。

"'天赋'只对一点有阐释力，那就是在我们不想继续练习或者学习某件事的时候，可以用'缺少天赋'来作借口。如果您多加注意，您会发现'天赋'这个词也总是出现在如下的情境中。那些在某个领域中有杰出表现的人一般都认为练习、训练和坚持比天赋更

"天赋"只对一点有阐释力，那就是在我们不想继续练习或者学习某件事的时候，可以用"缺少天赋"来做借口。

①盖洛普公司由美国著名的社会科学家乔治·盖洛普博士于20世纪30年代创立，是全球知名的民意测验和商业调查（咨询）公司。——译者注

加重要。相反,那些在某个领域中比较失败的人却总是把缺少天赋挂在嘴边。

"德国企业家兼学者约亨·勒普克把这一点总结得非常好,'这种在实践中被推翻的天才理论⋯⋯由于信徒众多,所以影响广泛。"天才"并没有取得胜利,是"对天才的信仰"获得了胜利。一个"错误"的理论虚构出了它自己的现实。'

"也就是说,当您告别那个天赋理论之后,您就会发现,从长远的角度来说,只有投入、练习和自律才能决定个人在某一领域中能否获得成就,这与原始的天赋毫无关系。对此我想给您举一个具体的例子,因为这个话题非常重要。

"在一所中学的八年级学生中有这样两个人。其中一个人相当有天赋,他的百米赛跑成绩是13秒。而另一个人则跑得很慢,他在跑道上挣扎了20秒,最后在距离终点5米的地方倒下了。由于正确的训练和相应的纪律,那个年级的每一名学生,无论身体健康与否,都能在5年之后达到百米赛跑12秒的成绩,这比未经训练的天才还要优秀。也许那个本来跑步很慢的学生这一辈子也不可能跑到9秒7,除非他是一名职业短跑运动员,否则这一点根本不重要。比如,对于大部分的足球运动员来说,百米成绩12秒就已经是一个相当好的成绩。"

这对于我来说有点太虚幻了,于是我反驳道:"是啊,是不错。可是我根本就不相信,一个在体育方面一塌糊涂的人会花整整5年的时间进行严格的训练。这根本就没办法让他提起兴趣。"

"是的,威尔曼先生,您说到了兴趣,这是优势与学习中非常有意思的一个维度。您说得很有道理,通常情况下,一个在体育方面没有任何天赋的人对于长达5年的严格训练是没有兴趣的,盖洛普的测试也证实了这一点。大部分人会把训练同劳累和辛苦联系在一起,而完全不予考虑。为了进行自我安慰,使自己不致像一个失败者,人们就会不厌其烦地给自己找理由,'我就是没有天赋,所以我不能完成这件事'。可是不经历风雨,又怎能见彩虹呢?

"现在流行的观点是'我所感兴趣的东西就是我的强项和优势所在'。所以我只要找出自己到底对什么事情感兴趣就可以了。我个人认为，这种想法是十分短浅的。您可以影响到对于某一件事的兴趣，因为您是自己决定对某一件事究竟有没有兴趣。让我们还用那个跑了20秒的人做例子吧。假设，我让这个学生参加美国奥林匹克短跑队的训练，会发生什么事情呢？"

我笑道："如果有另一名队员因为他的加入而被赶出队伍，那么一切对于他来说就会更加有意思了。"

"很好，那么我们现在让这个学生同一群体重超标的人一起训练。"

"那么他也许会有成功的体验，说不定他甚至可能跑完那最后的5米呢。"

拉迪斯先生笑了："是啊，而且这会让他对短跑更加有兴趣。也许几周之后，他的成绩会提升到18秒呢。"

"然后我们说不定还能为他换一组人呢。"我补充道。

"没错！中学里的那种年级模式也是这样。如果您让一年级的学生同五年级的学生一起上课，那么一年级的学生就会失去学习的兴趣。如果我们给那位用时20秒的人介绍一位教练，这位教练能够让他在短时间内达到12秒的成绩，但是这种训练方法将会很粗暴，您认为他还会对短跑训练产生兴趣吗？"

"很难，"我说，"只有那个教练了解他的弱点，并采用适合他的训练方法，他才有可能对短跑训练产生兴趣。"

"很好，"拉迪斯先生继续说道，"关于外部条件我们就先谈这么多，下面我们来说说内在的态度。让我们假设，那位跑得很慢的学生对自己说，'我根本就没有天赋，我永远都不可能成功！'被测试者为自己虚构出一个负面的形象。"

我接下去说道："然后他就会不停地问自己，到底为什么还要干这件苦差事，从而对短跑变得毫无兴趣。"

"完全正确。相反，如果他确定，通过相应的训练，他总有一天能突破 12 秒的大关，那么他一定又会以另一种眼光来看待这件事情。现在让我们再换一种情境，那个学生现在许下雄心壮志，'我要在两个月之内突破 12 秒的大关。'那么又会怎么样呢？"

我想了一会儿道："那么他也许会在半路上遭到打击而气馁，因为他发现，这个目标不可能实现。"

"对，或者他有可能过度训练，导致自己受伤。总而言之，结果都一样——不会再有兴趣！还有一点，这个人到底为什么要做这件事？假设他曾经在电视里看到一个节目，讲的是短跑运动员生活中令人向往的事情，那么他的兴趣会维持多久？"

"也许能持续到他看下一期节目。"我笑着回答。

"如果他梦想着能有运动员一般强壮的体魄，并希望以此获得全新的自我认同感。在每一次跑步的时候，他都觉得自己的身体正在变得强壮，自我认同逐渐提升，那么他又会怎么样呢？"

"那样的话，至少在一段时间之内，他的兴趣应该会越来越浓厚。"我猜测道。

"现在假设一切条件都成立。训练很合适，对照组选取的也很正确，他本人不仅有明确而充满意义的目标，对于自身和体育运动也抱有正确的信条。可是，我们的被测试者喜欢偷吃零食，所以训练的成果不是很显著，您觉得现在会发生什么事情呢？"

"显而易见，随着时间的流逝，兴趣也不再起作用了。"

"没错。只要存在矛盾的需求和错误的战略，兴趣就会逐渐失去作用。最后也是最重要的一点：人总会有遇到困难的时期，这会很容易让人丧失兴趣——无论他有没有天赋。这时候，您就需要一个能够为您加油打气的人，一个能够不断找出您的弱点并帮您克服它们的人，一个让您重新找回兴趣的人，他就是'一个顶尖教练'！没有他，那位用时 20 秒的人几乎不可能达到 12 秒的目标。"

拉迪斯先生讲完了。我试图把刚才讲的内容作一下总结，于是我又看了一遍我作的笔记。"所以强项和优势能够帮助我找出哪一种选择对我更有利，不过它们只是为事情打下了基础，最关键的是我能不能够自律。而自律决定于我是否对整件事情感兴趣，为了保持我的兴趣，我必须注意几个关键的因素。所以在那些我认为是正确的或者重要的事情中，自律就是创造兴趣和快乐的艺术。

"也就是说，如果以我使用上面所说的方法，并且学会了自律为前提，那么我的优势最多保持五年，然后就不会再有很大的影响力了。虽然它们让我的开头变得容易一些，可是从长远来看并不是非常重要。"

> 所以在那些我认为是正确的或者重要的事情中，自律就是创造兴趣和快乐的艺术。

拉迪斯先生赞许地点了点头道："是的，从长期来说，它们并没有人们通常认为的那样重要。前提是您学会了自律，有一位杰出的教练或顾问，而且您愿意为自身的发展花足够的时间。体育界的那些顶尖运动员们也从来没有过这样的念头——不靠自律、没有足够的准备时间、没有好教练也能够拿到好名次。"

我思考着说："这些框架条件都很具体。难道您的意思是，许多人不能继续发展自己优势的原因，是因为他们没有在一个被细化到如此地步的框架内学习？"

"没错，完全正确。"拉迪斯先生肯定了我的说法，"也许这也是为什么我们的学校只能制造和培养中等水平的人，而许多成功的企业家在学校里的成绩从来都不好的原因，真正成功的人几乎总是有一位个人导师。

"不过即使您想发展自身的优势，您也不要同自己太较劲。如果您想选择那条您优势比较少，或者一开始比较不感兴趣的道路，您必须有非常好的动机，否则选择自己不擅长的领域就是愚蠢且毫无意义的。

"除了为开始行事打基础之外，分析自身的优势还能够让您了解到，您之后还需要寻找哪些优势，这样您就会对接下来几年中的训练和学习更加清楚。不过关于这一点我们明天再详细解释。"

"拉迪斯先生，您已经为我非常详细地解释了相关的背景知识，那么现在我到底应该怎么寻找我的优势呢？"

"好吧，威尔曼先生，我就不再折磨您了。对于企业家应该具有什么样的优势和强项，有多种不同的分类方式。有些人总结出了十大特征，还有一些人，例如，凯·冯·福尼尔[①]总结出了98条。不过从某种意义上来说，它们都基本相同，都只是随机地对实际观察到的'企业家们'的优势和强项进行了汇总，然后添加上一些作者们认为很重要的优势。

"这就带来一个问题，那就是不同类别的人都被归在了同一类里：独立职业者、经理、企业家，甚至还有投资人和经销商。还有一个问题，那就是他们并没规定出有说服力的企业家职能范围。如果我压根就不知道企业家的任务到底是什么，那么我自然就不能够告诉别人，应该做些什么才能够完成这些任务。

"现在我交给您一项任务。第一步，请您取一叠便笺纸，在上面写上您的优势和您喜欢做的事情，每张纸写一条，越多越好。

"然后请您给5个朋友打电话，他们最好是来自您生活中不同的圈子，让他们来说一说，在他们眼中，您都有哪些优点。然后请您把朋友们认为最重要的5个优点整理出来。最重要的优点记5分，第二重要的记4分，依此类推。朋友的观点请您写在其他颜色的便笺纸上。"

"没有问题，可是我现在不知道哪一个朋友能够马上有时间帮我做这件事情。"我有些犹豫地说。

拉迪斯先生笑着摇了摇头："那您就只好努力说服他们帮助您啰！

"第二步，请您把所有的便笺纸都粘在白板上，把比较相似的优势都粘在一块儿。比如，如果您有'分析性思维'和'软件开发'这两个优点，

---

① 凯·冯·福尼尔：德国著名医生兼企业家，施密特学院的所有者，现居瑞士。——译者注

那么请把它们集中粘在一起。又例如'热情'或者'善于销售'之类的优点，就必须放在别的地方。这样一方面您能有一个大概的分类；另一方面，在我们稍后对这些优点进行总结的时候，也能够保证您不会无意中用不同的词语表述相似的优点。

"第三步呢，找出您认为最重要的 5 个优势，并且按重要性级别从 5 到 1 对它们进行评分。然后请把您的评价结果同朋友的加在一起，这样您就能得到一个加权的优势列表。最后，我们会把您的这张列表同您为了完成企业家的七项任务而必须具备的典型优势进行比较。我这样说，您明白吗？"

"不明白，"我强烈地抗议道，"为什么我要用这种毫无道理的要求去麻烦我的朋友们？"

"因为人的自我感觉同别人对自己的印象往往会有所差别。很多时候，我们自己觉得不值得一提的能力，在身边的人看来则是非常大的优点。反之，还有一些优点就只存在于我们的自我想象中。"拉迪斯先生笑了，"如果您觉得打这几个电话让您不自在，那么就请您把这当成对您推销能力的训练吧。我会在 45 分钟之后回来的。"

说完这些话，他就把我一个人留在了房间里。开始我还有些抗拒，不过后来也只好认命地摇了摇头。真是个怪人！我有些紧张地掏出我的手机，开始给朋友们打电话。20 分钟之后，我已经分别从 3 个朋友那里得到了一份我的优势列表：安、我的弟弟，还有一位同我关系很不错的企业家。

然后我就开始在便笺纸上写自己的看法，接着是分组、评分，最后，我终于赶在拉迪斯先生进门前把一切都完成了。

优　势	评　分
可以克服任何困难	11
非常优秀的编程能力	8
能够有纪律地工作	7

责任感	7
能够同时处理 3 件事	6
有说服力	5
有全局观念	5
敢于承担风险	5

他看了一下我的成果，点头道："您觉得这个表怎么样？"

我对于这些优点还有些不好意思："我必须承认，他人评价同自我评价之间的区别的确让我有些意外。我自己根本没有把愿意承担责任和有说服力看成优点。相反，我唯一认可的是自己是有全局观念的人。就算这些优势对于我做出决定没有太大的帮助，它们也已经让我对自己有了一些新的认识。您之前说过，我们现在要将这些优势同企业家的优势相比较，对吗？"

"是的，我是说过，"拉迪斯先生说，"请您仔细看看这张单子。您有特定的任务，它们都是不能够改变的。对于同一个任务，您也可以利用不同的优势来解决它们。"

"您这话是什么意思呢？"

"我们先拿一些比较一目了然的工作来做例子吧，比如踢足球。有些足球运动员是世界级的，他们通过自己的勤奋、球技或者身体素质跻身世界顶级球员之列。虽然他们的优势不尽相同，可是他们都把自己的任务完成得非常好。同样的道理适用于所有的领域。有些优秀的销售人员非常善于倾听，还有一些同样优秀的销售人员却总是对顾客长篇大论。他们的优势截然不同，但他们都非常出色地完成了任务。

"因此，想要在任务和优势之间建立一对一的关系是不可能的。根据企业家传记中的分析，以及结合我个人的分析，我归纳出了如下最为有效地解决这七大任务的优势。"

- 有纪律、坚持不懈和有条理地工作；

- 重视愿景；

- 乐观；

- 重视变化和发展；

- 期望为他人提供利益；

- 能够承受令人失望的结果；

- 喜欢接受挑战；

- 有演员的天赋；

- 重视结果；

- 思路清晰、表达能力强；

- 善于销售；

- 有权威；

- 有全局观念；

- 有激情；

- 有形象思维；

- 有争权夺霸的野心；

- 有自知之明或了解自己；

- 随时准备承担风险；

- 有战略性思维；

- 重视思考和行动；

- 能够强迫自己做出违背自身意愿的决定。

他把那张单子递给我，接着说道："从您提炼出的那些优势来看，其中有两条只针对独立职业者（专业人员），也就是'程序员编程的能力'和'同时处理3件事情的能力'。而对于其他的那些优点，我们既可以说它们适用于独立职业的专业人员，也可以说它们适用于企业家。"

"可是很多优势，比如，善于销售或是形象思维，等等，我都不具备啊。"

"您当然不可能拥有以上所有的这些优点，这并不重要。重要的是，您能够出色地完成任务。

"现在让我们直接来谈价值观吧。从某种程度上来说，下面我们要绘制的价值观图景同优势是紧密联系在一起的。相应地，价值观也是形成那些优势，或阻碍优势形成的最重要因素之一。如果您的价值观告诉您，感觉或者本能更为重要，那么您就永远也不可能获得'分析性思维'这种优点。如果您的最高价值准则是，在没有进行仔细的思考之前，永远不向别人吐露您的观点和看法，那么您也永远没办法提高您的沟通交际能力。

"这也就是说，不同的优势和优点在同一个时刻有可能互相冲突甚至对立，因为它们建立在不同的价值观念之上。在体育运动中这一点很好解释，一个相扑运动员不适合撑竿跳，而一个撑竿跳运动员也许跑马拉松的成绩很糟糕。因为他们所接受的训练不同，从而形成了完全不同的身体条件。而在人力资源的工作领域，人们似乎还并未意识到这个问题：大部分的岗位说明要求应征者必须是个全方位的人才。"

1.3.2 价值观

"现在，我们已经绘制了第一张对于您的抉择有帮助的图景。下面，我们要来画第二张，也就是关于您的价值观。"

"价值观？这听上去有一点基督徒和保守党人士的感觉。"我小心翼翼地说。

"我们其实也可以把它称为基本动力。每一个人其实都有些基本的动力，它们指引着我们的行为和行动。有一些人极度注重人身安全保障，他们在房子周围建高高的围栏；每次乘坐别人的车，都会为预防紧急情况而随身携带一个便携式气囊。而价值观，或者说是基本动力，就是从这些具体的行为中抽象出来的观念。具体来说，这里的"观念"即是指安全，而在这个观念背后还隐藏着另一种可能性，那就是这个人在其他的情况之下也有可能非常注重自身的安全。如果有人送给这种人一份跳伞课程当作生日礼物，他肯定会非常不高兴。

"归根结底，'价值观'或者'基本动力'只是一个名称。我用价值观这个词，仅仅是因为这个概念在 20 年前就被管理类丛书提出了。当一个概念被滥用之后，人们就会对它产生许多其他的理解，这很正常。"

"那我们现在就要找出它们最有用的一种运用方式？"我问道，"等我跟你谈完，就算我成不了企业家，兴许也会变成一位哲学家。"我笑着说。

"这恐怕很难。哲学家寻找的是真理，他最期望手边有一个比例为1∶1的柏林城市模型；而我们需要的是有效的行动。所以我们现在要来看看都有哪些理念，在这些理念中，哪一些对您的决定最有帮助，最能够让您感到幸福快乐。

"粗略地来说，一共有三种基本理念。第一种理念以及它的衍生物带有浓厚的基督教色彩，许多信仰基督教的企业家联合会和一些众人熟知的比较激进的、信奉基督教的企业顾问持有这种理念。

"他们共有的知识背景就是基督教的价值理念，这一理念包括一些人们应当遵循的基督教普世价值观。这其中最重要的一条根本规则就是共存。这一种理念并不要求人们去寻求这种价值观在人间是否存在，或者这种价值观到底有何意义，而是要求人们在内心里把它作为既定的、为人熟知的，而且已经规范了内涵定义的价值观予以承认，并且依照此种价值观生活和行事。

"第二种理念受到了神经语言程序学 ① （Neuro-Linguistic Programming，NLP）的影响。大部分的所谓成功指导顾问都持有这类观点，他们事实上一直以来（尽管那些作者本人很可能并没有意识到这一点）都受到安东

---

① 神经语言程序学主要研究语言习得、语言掌握、言语生成、言语理解的神经机制，研究人脑如何接收、存储、加工和提取言语信息，研究正常言语的神经生理机制和言语障碍的神经病理机制。——译者注

尼·罗宾斯[①]观点的深刻影响。安东尼·罗宾斯认为，价值观就是个人所坚信的、非常重要的东西。价值观和信条会在一生中不断改变，人们可以自由地选择自己的价值观和信条，并且有意识地改变它们。如果人们改变了他们的价值观，那么他们的行为也会近乎自发地发生改变。

"第三种理念还几乎不为人所知，它来自神经学的研究成果。这一理念最为著名的代表人物是汉斯·乔治·豪伊瑟[②]，他阐释了人类的价值和动机空间。这些价值取向归根结底首先是一些情感上的偏好，它们几乎是下意识地指导着行为。在人的一生中，它们虽然也会不断改变，但我们不能有意识地对它们产生影响。

"根据这种观点，价值取向并不是普世的，这一点正好与基督教的观点相反。普世价值观认为，意识要站在最高点指导行为；而当今的神经学研究结果认为，人的行为是情绪化的[③]，而意识从总体上来说是滞后于行为的。脑科学研究者杰哈德·洛特[④]把有意识的自我比作政府发言人，他只负责阐述和宣布政府的决议，而并不需要熟知该决议的原因和背景，更不需要参与该项决议的具体实施工作。

"可以确定的是，在具有领导和代表地位的论述文字中，人们根据至少三条决定性的准则把对于价值观的基本理解严格地区分开来。第一，基

---

① 安东尼·罗宾斯：美国成功学大师，当代最有名的心理学家、激励大师及 NLP 大师。——译者注

② 汉斯·乔治·豪伊瑟：德国著名心理学家，宁芬堡小组咨询顾问公司董事。——译者注

③ 为了让读者易于理解，许多研究者在书中写道："绝大多数的"或者"70% ~ 90% 的"行为是情绪化的，其实他们想表述的是，所有的行为都是情绪化的，没有一项选择能够排除情感的参与。在对这个观点的理解中，主要问题是，许多人认为理智与情感是相对立的。事实上理智只是情感的一种特殊情况，更多内容参看章节 4.3。——原注

④ 杰哈德·洛特：1942 年 8 月 15 日出生，德国生物学家，脑科学研究者。——译者注

于价值取向的各种不同行为是有意识的还是无意识的？第二，价值观可不可以被有意识地改变？人们应不应该改变价值观？第三，人们应不应该、能不能够规范地依据给定的价值观来行事？或者每个人都会依照个人的价值观和行为动机来行事？

"通常的管理类丛书并不清楚这些区别，于是这三个根本的价值取向就被混在了一起。而根据价值理念的不同，我们运用的方法也会发生完全的改变。

"如果我们想在一家公司中建立起统一的价值理念，那么基督教价值理念的代表会选择用类似布道的方法劝诫员工；NLP研究的代表会在公司中鼓励员工个性的发展；而新神经学研究的代表则会推行人事政策，并且尽可能地把自己同员工隔离开。

"接下来我将给您介绍一些价值模型。我本人坚信，价值观能够有意识地被改变。[①] 我们甚至应该认为，这种对价值观的改变是非常重要的，因为这样它们才能够与当前的时代和个人的使命相适应。要塑造和改变价值观，人们当然不能够，也不应该从零开始，千百年来各种不同宗教和哲学学派中的价值理念都应该有意识地被包括在内。每个人都能够确立自己的价值观——而大部分具体的行为是无意识地基于这些价值取向而产生的。虽然每一个单独的短期行为通常情况下都是下意识的，可是长期的价值观建立却是一个有意识的过程。关键点在于，价值最开始只是下意识地存在，人们不能直接观察到它们，而只能通过具体的行为总结这些行为背后的共同动因。而一旦您提到了价值观这一概念，那么您就是在一个有意识的范围内进行解释和阐述。您能够就此绘制出一幅图景，可问题在于，这种有

---

① 本书中略去了关于这个观点的详细论述，因此笔者在此稍做简述：情感以价值取向为基础，而价值取向则通过这些情感获得意义。我们可以运用各种不同的方法来影响情感和情绪，比如NLP、另一种生活方式、视觉表现方法、戏剧化的表现方法、体育运动甚至改变饮食结构等，而相应的价值取向也会因此获得不同的意义。——原注

意识的阐述更多的是基于您自己所看到的东西，而不是基于动机或价值观。"

"您到底是想表达什么呢？而且您看，拉迪斯先生，我天生就是一个比较实际的人，我现在到底应该怎样找出自己的价值取向呢？我是不是可以再打电话问问我的那些朋友们？"

"我们可以试一试，不过遗憾的是，这种方法通常没有效果。根据您与这些人不同的关系，他们会给出各种不同的答案，其中的差别会比您询问优势的时候还要大。所以，在这个问题上我们通常情况下不会参考别人的意见。"

"那您就再给我一张关于价值观的单子，然后我把对我来说比较重要的那些（价值观）找出来。"我建议道。

"大部分的所谓管理研修班的确会这么做，不过收效甚微。请您想象这样一个人，他对您说，他喜欢一切的冒险活动。可是当您问到他的日常生活时，他却说他是土地登记局的公务员，喜欢在国内的露天温泉度假，因为马略卡岛①的海浪对他来说太大了……"

我很想笑："是啊，现实生活中的确有很多这样的人。他们很像一种人，那些人总是说自己非常重视别人对他们的信任，却在私下里不停地造谣生事。还有另一种人，他们总是说财富对自己很重要，其实他们根本就是一穷二白。"

"对！所以如果您想了解某人的价值观，或者他真实的行为动机，那么您绝对不可能仅仅通过询问他本人来达到目的。那样的话，您只能得到他的自我印象，也就是他对于自我的某些认识信条。这些对自我的认识信条同您的具体行为所反映出来的动机又有所不同，因此您没办法如此直接地认识到自己的价值观。

"事实上，只有一条路大概是快捷可靠的：请您对我说说您生命中经

---

① 马略卡岛：位于西地中海，属于西班牙，是欧洲著名的海滨度假胜地，尤其受德国人的喜爱。——译者注

历过最重要的情境、转折点和决定。然后我们一起来讨论这些事件背后都隐藏着哪些价值取向。这样就能够保证，我们所得出的所有价值取向都对您的人生产生过实际影响。"

"现在我有点明白了，我们回顾到目前为止我所做出的选择，尝试找到这些选择背后的根本动机，然后把这个动机用在我今晚的抉择上，对吗？"

"嗯，差不多是这样。可惜您到现在为止都没有写过日记，不然我们就能得到相当可观的素材了，而且这些素材都是原汁原味的，没有经过您记忆的加工。真是令人遗憾啊。"

他转过身，拿起他的大衣，然后问道："您想不想出去散散步？新鲜空气和适量运动对我们大有好处。"

我点了点头。几分钟之后，我们已经身处于大自然之中。虽然树枝都还是光秃秃的，不过阳光照得人暖洋洋的。

拉迪斯先生又挑起了话头："到目前为止，我对您的了解还是很少。您愿意向我说说您的经历吗？您是如何走上软件开发这一条道路的呢？我对此感到很好奇。"

"这个过程很曲折。"我回答道，思绪有一些飘远了，不过我很快就回过神来。"中学的时候，我的每一门功课都不拔尖，仅仅是平均水平，有几门功课还学得很糟糕。总之在中学里我什么都没学到。中学毕业之后，我上了大学，专业是物理。这个选择其实很偶然，也许因为我的物理成绩比平均水平好了那么一点点。也许还因为我父亲是一个化学家，物理和化学有些相似，但又有所不同。

"不过我并不是很勤奋好学，我把大部分的时间都投入了登山运动，只要有空闲，我就会去阿尔卑斯山。不过登山这项运动花费很大，器材、旅费、伙食等都需要钱，这一点您也清楚。所以我不时会打一点零工，为我的学业，当然最主要的还是为登山攒一些钱。20世纪90年代中期的时候，对于我来说最赚钱的工作就是多媒体和互联网领域的编程工作。其实对物理的学习也涉及到编程，在这个领域我学得非常快。

"可是我逐渐发现，我的生活都被登山和为了生计而赚钱这两件事情占满了，于是8个学期之后，我中断了大学的学业。登山和编程让我觉得非常充实，因为这是我生命中第一次擅长某些东西。"

拉迪斯先生沉默了一会儿，然后问出了下一个问题："看来登山对您来说相当重要，您是怎么喜欢上登山的呢？"

"我一直就喜欢山川，这也许是因为，我是在士瓦本山脚下的巴特乌拉赫镇①长大的。不过这种对山川的热爱大部分还是从我的母亲那里遗传来的，她非常喜欢滑雪，我们几乎每个冬天都会进阿尔卑斯山，有时候夏天也去。"

"她是专业的滑雪运动员吗？还是仅仅是业余爱好？"

"不，她滑得相当专业，有一年她还参加过奥运会呢，那时候我才两岁。"

拉迪斯先生赞赏地吹了一声口哨。

"不过她还是不够出色，因为她从来也没有获得大奖。而且在我五六岁的时候，她开始酗酒。我想，她是被自己事业的不成功给击垮了吧。"

拉迪斯先生有些哀伤地摇了摇头，"的确，有很多人并不明白，失败是通往成功的道路上必不可少的一环。或者他们可能明白这个道理，却没办法坚持下去。"他顿了一会儿，然后继续说道，"那么您是怎么喜欢上登山的呢？"

"那是之后的事情了。在度假的时候，我总是能看见许多登山者，逐渐地就对他们产生了兴趣，自己也想尝试一下。我母亲很支持我，不过我父亲却禁止我登山。他把这项禁令贯彻得很好，所以，我一直到十八岁才真正开始登山，之前只在家乡做过几次登山远足。刚开始的时候我学得非常快，我甚至考虑过把登山作为我今后的职业。"

---

① 巴特乌拉赫：巴符州城镇名，昔日的王都。有赫恩乌拉赫堡遗迹、乌拉赫瀑布、乌拉赫皇宫，休闲浴场"阿夸德罗姆"（Aquadrom）。——译者注

"这样也行？"拉迪斯先生有些惊讶地问道。

"是啊，那些登山明星都能被广告合同埋起来呢。还有很多人做登山导游，或者开办登山学校。不过我还是只对登山明星这种工作感兴趣。"停了一会儿，我继续说道，"不过我还是不够出色，所以差不多从三年前开始，我就不再登山了。"

"对您来说，登山具有怎样的意义呢？您觉得这项活动有什么魅力？"

"很多。比如获得的成就感，还有那种全身心沉醉其中的感觉，就像冥想一般；团队合作中队员之间的责任感，还有自我责任感；在山顶开阔而高远的视野，攀登过程中认真地注意每一小步风险和控制风险。不过最重要的一点是'超越极限'。"

"这一点是不是对于您选择做一个独立职业者有所影响呢？"

"那是自然！至少一开始是这样的。在后来的几年中情况就不是这样了——那些事情您也已经都知道了。"

"如果登山对您来说意义如此重大，那您为什么要放弃呢？"

"其实主要有两个原因。第一是因为我发现我还是不够出色。第二也是因为新创立的公司让我头一次感觉到我能够做成这件事，感觉到生活有意义，感觉到我站在了世界的顶峰。"

"您能举一些具体的事例吗？有没有您觉得比较重要的经历？"

"有的，大约 3 年以前的那个 12 月，ComSense Portal 有限公司找到了我。他们要为 CeBIT（德国信息及通信技术博览会）做一个新的门户网站，另一家公司已经为这个项目工作了 9 个月的时间。可是那家公司破产了，全部的工程进度都丢失了。Comsense Portal 还有 3 个月的时间来完成新的开发，可是他们没有足够的资金支持一个大的工作团队。

"他们询问了许多家公司，可是因为时间过于紧张，还有高额的违约赔偿，最终没有人答应他们的订单。当时接受他们的这项订单，我想我是有一些疯狂的。如果我不能够在规定的日程内完成任务，那笔违约金会让我彻底完蛋。可是如果我能够按期完成任务，那么我获得的报酬将会比我之前所有订单赚到的钱加起来还要多。

"那时候我还没有办公室，仅仅只是在家工作。每天5点半我就会开始起床工作，在电脑前工作3小时，用半个小时吃早餐，然后继续在电脑前工作，中间也不休息，直到晚上六七点钟。这时候我订的外卖比萨也送到了，我会用十五分钟解决晚餐，然后一直工作到深夜12点或1点，最后筋疲力尽地上床睡觉。一天又一天，连周末也不间断，一周接着一周，一个月又一个月，整整三个月我就是这么度过的。

"有很多次我都面临看似无法克服的困难。软件运行不正常，第三方供应的数据库总是出错，提供给我的原始数据不能用，等等。不过我的时间实在是太紧了，以至我根本意识不到，那些困难是难以克服的。

"在CeBIT开幕前夜的凌晨4点钟，我终于完成了所有的工作。软件的性能非常出色，这点我相当有自信。可是我不能够完全保证这一点：因为我没有时间再进行深入的性能测试了。我干脆把自己扔到床上，睡了过去。是上5:30的时候我自然地像往常一样醒了过来，坐在电脑前面，瞪着屏幕发呆。直到15分钟之后，我才意识到，我现在没有什么事情可以做了，我的任务已经完成了。我又盯了屏幕足足有10分钟，然后才关掉电脑，又睡了过去。

"10：30的时候电话铃响了，我迷迷糊糊地拿起了听筒，是ComSense公司的老板打来的。他意味深长地说道：'威尔曼先生，我们测试了您的软件。'他沉默了一下，1秒钟、3秒钟，我有些呼吸困难，6秒钟、10秒钟。然后他高兴地大叫了起来，我半睡半醒地，差点被震聋了。'您的软件运行得非常好！第一次演示就非常成功！威尔曼先生，您是一个天才！'拉迪斯先生，您能够想象得出来，我在那一瞬间是什么感觉吗？"

"当然能！对于许多独立职业者来说，这样的经历就是助推器！这种经历是非常了不起的！您作为独立职业者，如果没有经历过这样的事情，那么您永远也不会有多大的成就。那么对于您来说，什么才是这个经历中最重要的呢？"

"这还用问吗！当然是不成功便成仁啦。所有人都拒绝的事情，我做成功了，我超越了极限。那种傲视群雄的感觉真是太棒了。"

"这对您来说是如此的重要，以至登山在您心中的排名也靠后了？"

"是的，您可以这样说。我到现在一直都在想，我之所以没时间登山是因为订单实在太多了。可是如果登山对于我来说更重要一些，那么我无论如何也是能够挤出时间的。"

拉迪斯先生心不在焉地点了点头，然后抬头说道："我们还是回去吧，我们来更加细致地讨论一下您刚才说的故事。"

我同意了，我确实也感觉到身上有一些发冷。

"威尔曼先生，您曾经不止一次地做出过能够改变您人生的重要决定。我注意到，有两条价值取向一直在不断出现。首先，您渴望做第一，为此您不惜全力以赴。无论是对登山，还是对待您的公司您都是如此。"

"对，您也可以这样来表述：如果我觉得自己没办法成为第一，那么我就会对这件事失去兴趣。说得再严重一点，我甚至会为了回避失败而放弃某一件事。比如对于我的学习，再比如我停止登山。"

"因此您很有可能面临过早放弃的风险。"

我若有所思地赞同道："就像我的母亲一样。"我对于第一的执着追求的确是一把双刃剑。

"拉迪斯先生，您说您看到了两点，那么第二点是什么呢？"

"我想把第二点称为'超越极限'。对于您来说，这不仅仅意味着您要做第一，还意味着，您要做那些之前从未有人做过，或别人认为不可能完成的事情。"

"是的，我喜欢那样，挑战极限对于我来说是强烈的兴奋剂。在登山的时候，我也总是希望超越自我，超越自己的极限。事实上，我那超负荷的工作量其实也是一种挑战极限。我迷恋这种感觉。当然最美妙的事情还是挑战那些所有人都认为不可能突破的极限。对于我来说，挑战极限是比成为第一更重要的事情。"

就在这时候我的心里忽然咯噔了一下，有些东西好像还是不太对劲儿，有时候面对一些极限我也会放弃挑战，那种感觉跟现在很像。不过这个念头一瞬间又消失了，我又想起了另一段故事，我并没有对拉迪斯先生和我自己说出全部的真相。我缓缓地开口道："关于我为什么停止登山，其实还有一个原因。"

拉迪斯先生好奇地看着我。

"我记得很清楚，有一次我极力劝说我的一位朋友，让他同我一起去泰那群山攀登萨尔茨堡峰。我们选择的那条路线难度是6级，对于弗兰茨来说其实有一些困难。在一处并不是特别险要的地方，他一不小心摔了下去，把脚摔伤了。我只好用绳子把他吊下山去，过程很危险，不过最后我还是把他带下去了。"

拉迪斯先生有些疑惑地问道："类似这种的受伤事件在登山运动中不是经常发生吗？这难道就是您不再登山的原因？"

"不，当然不是这个。"我答道，"弗兰茨也是一位非常优秀的登山者，只不过对于6级难度的登山来说，他的水平还不够。这一点他心里清楚，我也清楚，可是尽管如此，我还是劝他与我同去。我的兴奋让我冲昏了头脑，而弗兰茨在攀登的过程中又没能克服他的恐惧，这种情况下多数人都会失败的。"我嘴上这样说着，感觉自己成熟了许多。

"如果我那次没能成功将他救下来，那么我永远也不可能原谅自己。"

"或者说，您对于超越极限的渴望和追求甚至超过了您对于他人的责任感。不过从另一方面来说，您还是有很强的责任感，因为您甚至不惜冒着生命危险去救援您的同伴。您不会让人失望。"

"对，的确是这样。对于我来说，不辜负别人的确很重要。人人为我，我为人人嘛。"

"所以自从您发现，自己希望挑战极限的愿望可能会给别人带来生命危险，您就再也不登山了，是吗？"

我缓缓地答道："是啊，类似的事情还发生过一两回。"我的心里又咯噔了一下，那种感觉又出现了，我觉得有一点慌，可还是没能抓住这感觉，不一会儿，它又消失了。

拉迪斯先生奇怪地看了我一眼，摇了摇头，沉默地继续走着。我也没说话，我们就这样精神恍惚地走回了会议室。

拉迪斯先生走到白板前写道：

价值取向

    1. 挑战极限；

    2. 追求卓越；

    3. 责任感；

    4. 与他人互相承担责任。

反感价值

    1. 害怕不能够成为第一。

    ……

"我们并没有研究您的全部人生经历，只是关注了一些重要的转折点。现在我们得出了一些您推崇和反感的价值取向。"

"这个'反感价值'，您指的是我竭力避免这种情况的发生，而不是像对待价值取向那样，全力地去追求它们，是吗？"

"是的。'反感价值'这个概念是安东尼·罗宾 [①] 提出的，用来表达某些特定的行为动机，这些行为动机促使人极力避免某些事情的发生。某些时候，它们甚至比正面的价值取向更加强烈，更能够控制和影响行为。如果我们还有时间，我们当然还能够通过这种方法找到其他的一些价值取向。不过通常来说，最核心的价值观会在最重要的转折点显现出来。如果那些价值取向并不如核心的价值观那么重要，那么您也没必要花更多的时

[①] 安东尼·罗宾：世界潜能激励大师。——编者注

间去寻找它们。现在请您看一看这些价值取向，您觉得它们能够表达您人生中最重要的价值理念吗？如果不能，那么请您看看还缺少什么？"

"嗯，还缺激情。如果不能让我充满激情地完全投入一件事情，那么我会觉得它没有太大价值，从而放弃它。缺乏激情，生活就会变得平淡无味。您是觉得激情本身就是一种价值取向，还是激情能够赋予其他价值取向更加重大的意义呢？"

"对您来说，激情本身就能够看作一种价值取向。其他人也有可能把激情的对立面看作一种价值取向，也就是冷静、'理性'地思考。那么我们应该把激情放在第几位呢？"

"它们的次序很重要吗？"

"当然重要，如果这些价值取向之间产生了冲突，那么我们从排名中就能够一目了然地看出哪一项会胜出。只有使用刚才我们所用的这种方法，您才能够理性地对它们进行排名：因为在你的脑海中，每一条价值取向都有一段清晰的故事，这样您就可以把它们互相进行比较，相互衡量。如果您不用这种方法，那么您只可能得到一张分类列表，还有一堆抽象的概念。因为您并不能明确地理解这些抽象概念，所以您也会很快地忘掉这个价值观列表。"

"根据我脑子里的那些故事，排序还是挺简单的。激情可以排在第4位。"

拉迪斯先生继续说道："我觉得，好像还缺少点什么。"他久久地看着我，目光有一些犀利。

那种心慌的感觉又出现了，可我依然没能抓住它。我的心里很疑惑，不知道该如何反应才好，一边点头，一边又忍不住摇头。

他点了点头："好吧，那我们暂时先不往下想了。那么您觉得现在缺少的这一点，能够影响到您关于独立职业者和企业家的抉择吗？"

我在心里仔细地回想了一下，结果什么也没想出来，于是我摇了摇头。

"那么关于您的价值观，我们暂时就先讨论到这里吧。"

1.3.3 梦想和目标

拉迪斯先生接着开始谈论下一个话题："现在让我们来讨论一下您的梦想和目标吧。"

"您是指公司的大小、车子、房子、游艇，还有漂亮的女驯马师吗？"我笑道。

"很好，看来您并没有把财富看得太重。"拉迪斯先生点了点头，"只有很少的一部分人能够清楚地定义自己的目标，并把它们书面地记录下来。就算有人真的这样做，他们中的大部分人也绝对不会经常关注自己的目标，时常把它们拿出来读一读、看一看。而那极少部分真正这样去做的人，他们的目标基本上都与金钱或财富有关。具体来说就是大公司、马场、游艇等。"

"您的意思是说，人还是应该树立一些精神上的目标，是吗？"

"可以说是，也可以说不是。说不是，是因为区分精神与物质并不能够使我们走得更远，关于这一点我们之后还会经常提到。说是，是因为这个问题从根本上关系到我们为什么要树立目标，为什么要有梦想。答案永远只有一个：我们想更有成就感，我们想过得更幸福，我们希望找到生活的内涵和意义。然后，我们会产生一个想法，这个想法能够让我们获得这种更加美好的自我感觉。这就是我们的梦想，或者说是目标。梦想是一种目标假设，通过这种目标假设我们能够实现自己的价值理念，目标的意义正是从您的价值理念而来。

"现在有一些人，他们的公司运转得非常出色，可他们还是觉得生活毫无意义；另一些人，他们有很高级的游艇，可他们觉得自己并不算成功；还有一些人找到了梦想伴侣，可总是觉得自己不幸福。也许这些人曾经有过一段幸福时光，曾经觉得自己的生活充满意义。可是'财富'不能够持久。想要获得幸福和生活的意义，我们至少还要关注三件事情：行动、存在和奉献。"

我思索了一会儿："好吧，这的确比我说的精神上的目标要具体。关于'行动'我能够理解，比如，我在登山的时候就觉得很幸福，简直比我检查自己银行账户的时候还要幸福。关于'存在'我也能猜测出大概的意思，如果我对我的女朋友更温柔体贴一些，那么她也许会更幸福，而更加温柔体贴却不仅仅是换一种行动方式，这还需要另一种态度。不过这个'奉献'我却不是很明白，这与您在美国的生活背景和那里对于创立基金会的狂热有什么关系吗？这难道不是'行动'的另一种形式吗？"

"您把'行动'和'存在'解释得非常好。恰恰相反，'奉献'所关注的是您的归属感，生活的意义正是以此为基础。心理学家维克多·弗兰克[1]曾经就生活的意义发表过一番看法，'它的内涵从来就不是我们对于生活的期待，而是我们能够带给生活什么东西'。有一些东西是人毕生所追求或推崇的，弗兰克把它们称为'生活的真谛'，如果您没有这些东西，那么您的生活就永远不可能称得上有意义。不过在最初的时候，这些东西到底是什么并不重要，无论是家庭、国家、全人类、上帝，还是宇宙都可以。'奉献'与'行动'的不同就在于，您必须产生归属感，您必须为您所归属的集体做出贡献。"

我嘀咕道："这对我来说实在是太虚化了。如果我以大艺术家米开朗基罗来举例，他也许只是想完成别人交给他的雕刻工作。那么，为后世留下一些经典的艺术作品这种想法，对他来说又有什么意义呢？"

"您提出的这个问题很尖锐，我不得不承认，我觉得工作本身能够创造幸福和幸福感，人在这一领域做得越好，他的幸福感就会越强。但是，即使您登山的水平很高，您也因此觉得很幸福，登山还是不能够产生意义，除非您能够通过登山为他人带来一些什么。正如有句话所说：每个人都能够超越自我。所以最终您需要从四个方面来考虑您的梦想和目标：财富、行动、存在和奉献。"

我现在觉得有人为我点燃了一盏明灯，使我终于能够看清自己未来的

---

① 维克多·弗兰克：奥地利临床心理学家。他出生于奥地利，1930 年在维也纳大学获得医学博士学位，1949 年获得哲学博士学位。——译者注

前进方向。

　　"许多人虽然有目标，可他们的目标只关注一个方面，比如，要在10年内赚到500万欧元，或要在明年休6个星期的长假。这样所造成的结果就是，他们虽然实现了目标，可是错过了其他所有的东西。虽然您在10年内赚到了500万欧元，可假如您的家庭生活一团糟，那么这又有什么意义呢？当然，这肯定比没赚到500万欧元、家庭生活还一团糟要好得多了。可是，如果您能同时注意到生活中所有重要的方面，那样不是更好吗？

　　"关于生活各个方面的划分，有很多种可能的方法。比如，彼得·梅[①]和罗萨·赛韦特[②]把生活划分为4个领域，安东尼·罗宾和博多·舍费尔[③]则划分成5个。有些人试图从理论上去论证这些生活领域的划分，不过，这种行为从根本上讲，是徒劳无果的。

　　"最后，还有一个现实问题：如果把生活划分为4个领域，那么您今后的规划会进行得很快，可是如果划分为8个，那么您今后的规划就会有一些分散了。

　　"就我个人的经验来说，企业家的生活大致可以分为以下7个方面。"他在白板上写道：

- 个性发展与学习；
- 愉悦感与情绪；
- 爱情与家庭；
- 朋友与交际圈；
- 身体与健康；

---

① 彼得·梅：苏格兰小说家。——译者注

② 罗萨·赛韦特：德国作家、顾问咨询专家。——译者注

③ 博多·舍费尔：德国作家、顾问、心理咨询师，著有《小狗钱钱》《小狗钱钱2》《女性理财从入门到精通》等书。——编者注

- 经济条件与物质生活；
- 企业与成为企业家。

"我们利用这 7 个方面来规划您的长远梦想和目标。为了使我们的考虑更周全一些，请您在接下来的所有练习中不要遗漏这 7 点中的任何一点，好吗？"

"可以，"我点了点头，"不过我还有一个问题。为什么您一直在强调'梦想与目标'呢？它们难道不是两类事物吗？您是不是有点弄混了？"

"是啊，您说得有道理，威尔曼先生。可惜我找不到更合适的概念来表达我的意思了。人们通常会把'梦想'理解成一幅未来的图景，它在情感上是非常诱人的，可是只存在于遥远的将来。梦想总会让人觉得有一些不切实际。

"相反，目标则通常更加关注所谓的 SMART 原则，即：

- Spezifisch — 明确性
- Messbar — 衡量性
- Attraktiv — 有吸引性
- Realistisch — 实际性
- Terminiert — 时限性

"这个概念适用于短期的目标，它们的时限基本上不超过 1 年。如果人们想把它用到长远的目标中，那就好像一个会计想去做冒险家一样。

"其实'有吸引力'的程度还不够，我所指的这些目标从情感上来说必须十分诱人。它们首先必须是梦想，如果您不能够实现它们，您就失去了活下去的动力。我的女邻居也很有吸引力，不过她的魅力还没有大到让我想去搭讪。所以请您忘掉那些仅仅只是'有吸引力'的长远目标吧。

"还有一个关键问题——目标是否现实。人类发展史上那些最大的进步在开始的时候全部都很不实际。比如，想飞行就很不实际。约翰·肯尼迪当年曾经宣布，人类最迟要在 60 年代结束之前飞向月球，这就很不实际。威尔玛·鲁道夫[1] 在 1960 年的奥运会上一人独揽 3 枚短跑金牌，可在那之前，人们也曾觉得这种想法很不现实：因为她幼年时罹患小儿麻痹症，直到 12 岁都不能独立行走。除此之外，还有数不清的例子能够证明，即使是在很不擅长的领域，人们也能通过相应的动力和能量取得卓越的成绩。一个长远的目标必须是既宏伟又不太切合实际的，关于这一点有以下几种原因。

> 一个长远的目标必须超出我们目前的能力范围，这关系到改变自身的问题。

"第一，一旦出现较为严重的问题，较小的目标就不再能够吸引您的注意力了。那时候您的眼中将只有那个问题，因为它比您的目标要大。

"第二，一般来说，我们总是会根据当前自身所拥有的能力来判断一件事情是否实际。可是我们希望做出改变，我们希望改变自身，因此您需要一个目标，一个以您目前的能力绝对无法实现的目标。如果您很轻易地就能实现它，那么您还有什么动力去做出改变呢？

"第三，从心理学的角度说，拥有一个令您自己都难以置信的目标是十分必要的。您的大脑会不断地试图缩小现实与目标之间显而易见的矛盾——因为它觉得这矛盾让人不舒服。当然，随着时间的推移，您得时刻提防您的大脑把目标缩小。因此您最好把您的目标写下来，每天多看几遍。等到您自己也开始相信这些伟大目标的时候，那么您的大脑就只能通过努力改变现实来解决矛盾了。

"西班牙作家乌纳穆诺[2]曾经说过：'只有以不可能的事情为目标，才能把一切变为可能。'在每个人的一生中，都会有一些过去看来完全不现

---

[1] 威尔玛·鲁道夫：女，奥运短跑冠军，出生于美国田纳西州，幼时曾罹患小儿麻痹症。——译者注

[2] 乌纳穆诺：西班牙作家、哲学家。——译者注

实的事情。在您刚刚决定不再学物理的时候，您能想象到自己拥有一家公司，还有 15 位员工吗？"

"当然想不到了！那也太不现实了。"

拉迪斯先生点了点头："虽然您当时没有想到，可几年之后您还是拥有了这些，不是吗？"

我听得越来越惊讶："拉迪斯先生，您简直说到我心里去了！您刚才说的那些，有许多都与我希望挑战极限的想法不谋而合。那就是把不可能变为可能！"

拉迪斯先生笑了："我也觉得关于这个问题我们有许多共识。我在谈到'梦想'和'目标'的时候，我实际上指的是一个折中产物，即特定的、可以衡量的、诱人的、不切实际的、有时限的。"

"您为什么不把它称作'愿景'呢？"我问道。

"不，绝对不行！我们眼下所讨论的东西包含很多方面，我希望您的选择能够尽可能多地囊括您的各个目标。可是正好相反，您只能有一种愿景！同时有两种愿景就等于一种都没有。愿景是动力的源泉，它关系到所有的事情。我们现在还没走到那一步呢，暂时不需要讨论愿景的问题。"

我有些不好意思地说："好吧，不过我们至少应该开始列举我的梦想和目标了吧？"

拉迪斯先生笑了："是的。围绕生活的那 7 个方面，您最好也能做一张简图，可以稍微随意一些。请您依照财富、行动、存在和奉献这 4 个类别，把它们分别用不同的颜色表示出来。最好在每一个方面您都能够找齐所有 4 种颜色的梦想和目标——不过也不用强求，比如，想在个性发展与学习方面寻找关于'财富'的目标就有一些困难。请您注意，这些梦想和目标的时限最多不能够超过 7 年，现在请您开始吧，多多益善。"

"为什么要多多益善呢？"

"大部分的人最多能想出 40~70 个目标，然后思维就会开始罢工。您的思绪会飘回到那些长久以来被深埋在记忆中的儿时梦想，或者您会开始从白日梦中提取一些重要的元素。也就是说，那些真正有意思的梦想一般会出现在第 40~70 个以后。激动人心的是，绝大多数情况下，这类梦想和目标是非常形象而鲜明的，它们将会带给我们很大的帮助。"

我点了点头："1 小时应该足够了，您觉得呢？"

拉迪斯先生也点了点头，于是我开始工作了。

我忙着做简图，拉迪斯先生不时查看我的进度，提出一两个问题，这些问题往往能够给我带来一条新的思路。一小时之后，我已经足足写了 100 多条目标和梦想了。

"那么接下来我们要做什么呢？"我满脸兴奋地问道。

"100 多条目标和梦想显然太多了，特别是它们还将成为您那个选择的基础。现在让我们一起把最重要的那几条找出来，这个环节我们需要采用两种方式。首先，请您拿一支黑笔，标出您认为最重要的 25 个目标，现在就开始，快一点。"

我又看了一遍我的简图。这项任务似乎挺简单，有一些目标对于我来说意义非常有限，所以我几分钟就完成了。

拉迪斯先生继续说道："很好，那么接下来，我们先前所讨论的那些价值观和根本动力不仅仅可以决定我们所选择的道路，还能够使我们的目标具有意义。

"对于那些不符合您价值观的目标，您还需要多加考虑。有些时候，这些目标并不是您自己的，而是您从那些曾经对您很重要的人那里得到的。请您把那些目标清除出去，它们只会分散您的注意力。第二步，请您用棕色的笔标出那些包含了您的核心价值观的梦想和目标。"

于是我又开始埋头工作。我把简图又看了几遍，发现有一些目标实际是由我的兄弟或者前女友设立的，对于现在的我已经不再有任何意义了。还有一些目标对我来说虽然很重要，却不能够体现我的价值观。于是我把这些目标放到一边，然后用棕色把其他的都标了出来。

拉迪斯先生越过我的肩膀看着简表，他发现我已经写完了，于是点头道:"很好,现在只剩下 12 个对您既重要,又包含您的核心价值观的目标了。现在请您把这 12 个目标和梦想也写到白板上,就写在您的价值观旁边。另外请您在右边留出一些空白。"

目　　标	
● 成为优秀的企业家（2009）	
● 建立全德国最好的网站软件公司（2012）	
● 拥有 150 名互助友爱的员工	
● 成为德国顶尖的软件专家之一	
● 攀登安纳布尔纳峰①	
● 攀登难度为 7 级或 8 级的山峰	
● 找到拥有相同价值观的女朋友	
● 在风景优美的郊外买一幢小别墅（2011）	
● 支持残疾人运动项目	
● 再次获得曾经的充沛精力	
● 各方面更加均衡	
● 年薪达到 30 万欧元（2012）	

我正在埋头写着,拉迪斯先生又继续说道:"您现在所写的这些东西还都只是原始素材,它们还没有成为您最终应该追求的目标。有一些目标您没有标明时间,还有一些目标太含糊了,比如,'支持残疾人运动项目'。"

"可是我觉得这一点对我来说很重要,"我打断他的话,"我觉得那些人非常令人钦佩。他们本可以安然地依靠他人,寻求别人的援助,可是

---

① 安纳布尔纳峰:位于喜马拉雅山脉中段的尼泊尔境内,是世界第 10 高峰。——译者注

他们主动地面对生活，不断试图超越自身的极限，我想要支持他们这样的行为！"

拉迪斯先生微笑了一下道："我也觉得他们很令人钦佩！我们只是需要把您提出的想法进一步地具体化。您是想做残疾人体育事业的形象大使呢？还是希望从经济上支援他们呢？"

我点了点头，"是啊，我的确需要进一步完善这个目标。"

拉迪斯先生继续说道："此外，还有一些目标相对来说有些小，也不够长远。我想您今年或者明年就可以攀登安纳布尔纳峰，而且30万欧元的年薪对于一个真正优秀的企业家来说也不是很困难。所以我想关于这几点，我们还能够作一些修改。

"此外，有几个目标看上去似乎有些相互矛盾了。比如，'成为优秀的企业家'和'成为德国顶尖的软件工程师之一'就很矛盾，这两件事情几乎不可能同时进行。

"关于财富方面的目标，您还缺少目标远景规划，或者说您愿意为这些目标做些什么样的事情。如果只是目前这样，您将永远不可能实现它们。

"所以在接下来的几周之内，除了按计划完成我们下面的步骤以外，您还需要同时列出您个人的目标远景规划。从课堂上或者书本里，人们常常能够听到这样的教诲：一个人能够在一小时之内确定自己的人生目标，这种事只会发生在童话里。至少要经过半年的时间，您才能够形成一幅比较稳定的目标远景规划，之后才会有这种感觉：是的，这正是我在人生中所想要得到的（财富）、希望成为的（存在）、渴望去做的（行为）和试图给予的（奉献）东西。这是一项长期而艰巨的任务。

"最为行之有效的办法是，您把这张简图悬挂在每天都会经过很多次的地方，然后在旁边放上许多支不同颜色的笔。一旦您有什么想法，比如，您觉得缺少点什么，那您就随时补充上；觉得有什么地方不是很合适，就随时做出改动；觉得某个目标对您来说不再重要了，您就可以随时把它划掉。

"而我们现在所得到的这个成果，其实只是一个大方向。现在您已经大概清楚了自己的人生愿望，这对于我们接下来的任务已经足够了，这也是我们今天的最后一项任务了：请您选择，您到底是想继续做一名独立职业者，还是希望成为一名企业家？"

1.4　选择与付出

独立职业者还是企业家——这是核心问题。我毫不犹豫地对拉迪斯先生说："当然是成为企业家。"

拉迪斯先生笑着摇了摇头："我今天花了一整天的工夫，可不是希望从您这里听到如此仓促的决定。

"请您放松一下精神，闭上眼睛，在脑海中把我们今天下午讨论的东西再回顾一遍。"

我有一些疑惑。拉迪斯先生所期望的就是这个决定！而且这个决定对于我来说是理所当然的。不过我还是闭上了眼睛，脑中浮现出下午对话的内容。我忽然发现，我的那些优势和强项更适合于做一个独立职业者，不仅如此，我的一些目标也指向那个方向。于是我更加疑惑了。后来，我甚至开始自我怀疑，我到底有没有做好准备，去面对成为企业家所要接受的那些挑战。最后我终于睁开双眼，结束了这种思维状态。

我无可奈何地摇了摇头："我想我现在没办法做出决定。"

"这就好多了！现在您终于开始了解自己了！想要做出这个选择，您首先得问问自己，您究竟想不想成为一名企业家？您愿不愿意用专业人员的任务去换取企业家的任务？您愿不愿意跨越第二道成长障碍，也就是从独立职业者转变为企业家？您愿不愿意开始一条崭新的职业道路？"

"如果我选择了独立职业者的道路，我又该怎么做呢？"我问道。

"那您就会用到一个模式，这个模式经常被医生、律师或者那些高水准的演说家所运用。您需要为自己进行合适的定位，然后全身心地投入您的专业工作中。您得改组您的公司，使您不需要操心除了专业技术工作以外的任何事情。当然，除非您还有同类型的合作伙伴，否则公司的规模会被限制在5~7位员工的范围内。还有另一种可选择的模式，也就是专家网络结构。这指的是每个人都专注于他的特长领域，同时大家根据具体的情况和任务共同作业。"

我很快就否定了后一种模式："这种模式对于个别的、不重复的项目活动，尤其是在编程领域，还是非常有成效的。可是我能够想象得到，在这种模式之下，我每次都必须重复进行那些冗长的讨论，就像那些我为了在公司里推行产品质量保证所进行的讨论一样，这让我很厌烦。而且我几乎每次都必须与独立职业者共同合作。

"所以我感觉，现在我只能在成为企业家和独立职业者之间进行选择了。这个选择对于我来说可不容易，可以肯定的是，我的强项更加适合专业人员的领域。可是成为企业家的那个方向似乎又有什么东西在吸引着我。这对于我来说的确是一个关系重大，而且涉及根本的职业选择。"

"是的，这里的确涉及到一个职业转换的问题，"拉迪斯先生肯定了我的说法，"而且这的确是一个艰难的选择。首先，您的两个选项都有充分的理由支撑，这也是为什么我不接受您迅速做出的选择。其次，无论事先做了多少准备工作，您都不可能完全掌握所有的信息和选择标准。最后，一旦您做出了选择，那么想要改变它，就需要付出巨大的代价，因为选择其中一项之后，您会产生许多想法和期望，而这些想法和期望又会巩固您的选择。我想您也许曾经数次面临这样的选择，对于企业家来说，这种选择是家常便饭。"

"是啊，我当然面临过类似的选择，可是我往往需要挣扎好几个星期，度过许多不眠之夜，才能够最终做出选择。在这之后的数周甚至数月里，我会一直反复思考，我所做出的选择是否正确。而且我经常会变更、修改我的选择。不过我猜测，您不会给我这么多时间。您已经多次表明，希望我今天能做出这项选择。拉迪斯先生，我必须诚实地告诉您，我觉得自己恐怕不能够在今天做出这样的选择。"

"您说得没错，我对于您今天的决定很期待！"拉迪斯先生说道，"即使您拖到明天，或是花一个月的时间来考虑这个决定，结果也不会比现在更好。不过幸运的是，有许多历经岁月考验的可靠方法能够帮助您在类似的情况之下做出决定，您对它们感兴趣吗？"

"那当然！是什么方法？"

"比如，在基督教教徒之间就存在一种非常可靠的决定方法。这种方法对于他们来说不可或缺，因为在16~17世纪，基督教会基本上在世界上所有的宫廷中都有代表，在那些地方，教徒们必须能够快速地做出决定。例如基督教教徒汤若望，在17世纪时，他是清朝政府任命的官员，地位尊崇，此外他还是宫廷天文学家。请您想象一下，假如汤若望在每次进行重大决议的时候都需要等上三四年，直到他的问题被递交到罗马教廷，由那儿的某一个人做出决定，然后再把决议传达回中国，这种方式可行吗？因此，基督教教徒们需要一种方法，这种方法能够使教廷放心地将决定权下放，而最后形成的决定又不会偏离教廷的想法。

"除了基督教教徒，当然还有许多其他的组织，他们也都使用这种方法。今天，我们就来运用这个方法的其中一个变体，它已经被世俗化了，并且比原本的进程更加快捷而简便，您觉得怎么样？"

我很好奇地点了点头。如果这个方法行之有效的话，那么我还可以把它传授给我的员工：权力下放，而决议又不违背公司的理念！这听上去实在是太妙了！我又兴奋地点了点头。

拉迪斯先生解释道："我想您一定知道那种简单的表格，在第一栏里写上所有支持第一个选项的理由，另一栏里则全部是支持第二个选项的理由。然后，您再根据重要性给每一个理由评分，最后把每一栏中的分数相加，确定哪一栏的总分比较高。现在，您可以把这种受理性主义影响的模型忘掉，因为您每一天都能够获得新的信息，所以这个表单每一天都会变得更长；此外，各项理由的权重也有可能每天发生改变。即使这样的表格是您在一个团队中与队友们一同制做出来的，也同样会发生以上的情况，因此团队决议本身也不会比个人做得更好。

"换一种方式来说，使用这种决定方法，您没办法消除自己内心的怀疑。而如果内心的怀疑不能够被消除，那么您就无法充满干劲地把精神集中在行动上。这里涉及一个秘密，那就是：在事前，永远不存在所谓正确的选择，选择的正确与否只能通过事后的结果体现出来。

"而行为的结果又同您的坚定信念有很大的关系。未来是开放的，有许多种可能性，在这样的情况之下，并不是因为决定本身'正确'和'理由翔实充分'，而是因为您坚信这项决定是明智的，它才会真正成为一项明智的决定。至于这项决定最终能否带来成功，关键在于您觉得这项决定是否符合您的要求。一项明智的决议必须以您的肯定和确信为中心，而不是什么分析得出的正确性。传统意义上人们所认为的'理性的决策'有一个目标，那就是把情感排除在决策过程之外。[①]而那些拥有开放性和未来可能性的决策则正好相反，它们必须随时注意将情感与决策的过程融为一体，并使之成为决策的基础。"

"所有选择的未来不都是不确定的吗？"我见缝插针地问道。

"多少都会有一些吧，"拉迪斯先生回答道，"比如，如果在您的活期账户里存入 100 欧元，年利率为 3%，那么一年以后，您的账户里肯定会有 103 欧元。当然啦，在这一年中，有可能这间银行会倒闭，还有可能会发生通货膨胀。就这方面来说，它的未来也不确定。

> 在开放的未来中不存在正确或错误的决定，决定的正确性只能通过事后的结果体现出来。至于这项决定最终能否带来成功，关键在于您觉得这项决定是否符合您的要求。

---

① 此外，最新的神经科学研究成果认为，这种想法本身就是一种错觉，因为不带任何情感色彩的选择是不可能存在的。——原注

不过经济崩盘的可能性非常有限，而且类似事件的发生甚至能够通过历史数据被预测出来。可是您的职业选择就不同了，您有无数种可能性，而且并没有任何历史数据能够帮助您估测选择的正确性。因此，这个选择更加具有开放性。

"所以，我想给您介绍一种决策方法，它比较偏向于'直觉—情感—冥思'的方式。在决策准备阶段，您采用的方式和方法与经典'理性'决策是相同的。第一步，您首先需要分别列出支持和反对两个选项的理由。我只给您 5 分钟的时间，因为您也永远不可能给出一份完整的列表。"

我的列表如下：

	独立职业者（软件编程专家）	企业家
支持	<ul><li>编程是我的专长</li><li>一切都条理分明、易于掌控</li><li>精通此类业务</li><li>成功触手可及</li><li>有登山和跑步的空闲</li><li>在小团队中，队员之间的互相依存度更加简单，也更加自然</li></ul>	<ul><li>新的挑战</li><li>超越极限（第二重成长障碍）</li><li>只有超越自我的极限，我的能力才会突破极限</li></ul>
反对	<ul><li>止步不前，没有突破</li><li>必须缩小企业的规模，进行裁员</li></ul>	<ul><li>我不善于倾听并领导他人</li><li>对许多工作完全没有概念</li><li>需要大量的时间让自己步入正轨，因为有许多东西需要学习，也会犯很多错误</li><li>仍然不能够确信，这就是我所期望的东西</li><li>对于我来说是长期的规划，束缚也更多</li></ul>

拉迪斯先生浏览了一下我的列表，点头道："很好，我想，这些对于我们的第一步足够了，因为我们还会再一次进行改动。那么现在，我们将要从几个不同的方面入手，逐步地完成这项选择。

"我们总共需要进行四重冥想循环，我给您带了一条舒适的小毯子，请您平躺在毯子上，用 6 秒钟的时间缓缓地把气呼出来，然后用 4 秒钟的时间深吸一口气，保持 4 秒钟不要吐气。然后请您重复这个过程，把注意力全部集中在呼吸上。如果您的脑中浮现出任何一个想法、一种感觉，或一幅画面，请牢记它。请您为它命名，在脑海中贴上一个标签，然后使注意力回到您的呼吸节奏上。

"现在请您花几分钟的时间想象这样一幅场景，您最好的朋友来看望您。假设您正身处于阿尔卑斯山脚下的一间小旅店中，四周群山环抱，风景秀美。您的朋友就站在您面前，他也正面临着一个重大的抉择，就同您现在所经历的一样。那么，您会问他些什么问题呢？您又会给他什么样的建议呢？现在您暂时不用做决定，请您先尝试着仔细评价一下这两个选项。您要细细地观察和体会自己的感受，观察您身体的反应。有什么地方让您觉得很兴奋吗？或者您心里有没有不舒服的感觉？请您问一问自己，您有没有感到不安？或者正相反，您有没有感觉像吃了定心丸，或心情无比激动？如果您感到惶恐和害怕，那么请您细细体会这种感觉，然后回到您之前想象的场景中去。

"大约 15 分钟之后，您就可以重新把注意力集中到呼吸上，结束这项练习了。然后请您慢慢地睁开眼睛，站起身来。请您把感受到的东西尽可能细致地记录在您的新日记本上，这一点非常关键，特别是在未来的某个时间，当您开始怀疑自己现在所做出的决定的时候，今天记录的东西会对您大有帮助。

"接下来的几个循环，您都需要用到这种冥想练习，在开始的时候把注意力集中在呼吸上，然后在结束时把感受记录在日记本里。

"在第二个循环中，您要从对您最重要的梦想和目标开始。请您先在脑海里描绘出一幅相应的图景，然后把两个选项分别带入那幅图景中去。同第一次一样，请您先不要作什么预判断，先尝试仔细地评价这两个选项。也许您会感到非常困惑，也许您非常想做出选择，可是您做不到，因为这两个选项势均力敌。不过这种现象是好的！

"在第三个循环中，您将从价值观入手。请您在脑海中设计一个榜样的形象，他拥有，或者说能够实现您的价值理念。那么，请您描绘一下，对于那两个选项，这个人会如何进行评价。这一次，您也许要仔细地体会自己内心的感觉，扪心自问一下：您是感觉到了巨大的不安，还是信心十足、充满干劲？

"第四个循环，也是最后一个循环，让我们来假设自己已经过完了这一生。请您想象一下自己弥留的那一刻，您正在同您的挚爱和您的整个人生作最后的告别，您认为自己当初选择哪一条道路，这一刻才不会后悔。请您问一问自己的内心，然后做出您的选择。这幅画面里的每一个细节您都要牢牢记住，光线是怎样的，气氛如何，您自己有什么感觉，您说了些什么。

"这一刻，您所做出的这个决定会是不可动摇的。至少，直到您全身心投入工作中去，并开始操心这个决定的正确性之前，它都会很坚定。

"如果您不仅仅想利用这个方法解决个人事务，还想把它运用到公司决策中去，那么您可以在第三个循环中，用一间公司来替代您个人的榜样，使之能够体现您的价值观。然后在第四个循环中，把弥留之际这个场景换成您与您的继任者进行交接工作的这样一个场景。

"说了这么多，您听明白了吗？"

"实际上我不是很明白。关于未来的开放性和安全感的问题我都理解了，可我不明白的是，我只需要花5分钟时间写那些理由，却需要花整整2小时的时间做一些乱七八糟的想象，同时还要关注自己身体的感觉。这一切对于我来说实在是太深奥，也太荒谬了。"

拉迪斯先生缓缓地摇了摇头："这都是必不可少的环节。关于为什么要进行这项直觉性的活动，我还有一个理由，我们的潜意识能够比意识更早地感觉到那些我们认为是正确的东西。神经科学家安东尼奥·达马西奥[①]就此进行了下面的实验。在一张桌子上放了4叠卡片。如果人们从A叠或B叠中抽出一张卡片的话，那就能够得到100美元；如果从C叠或D叠中抽呢，就只能得到50美元。不过除此之外，还有一些特殊的卡片，如果人们抽中这些卡片，就会被罚款，这种卡片在A叠和B叠中被抽中的概率比较高。事实上，从长期的概率来计算，C叠和D叠带给人的收益更高，不过被实验者事先当然不会知道这一点。

"达马西奥用一台测谎仪来检测被实验者的皮肤表面电阻。在抽到第10张牌以后，研究员就能够在被实验者的手伸向A叠或B叠时观测到明显的曲线波动。但在这个时候询问被实验者是否已经看穿游戏的秘密所在，他们却都表示毫无发现。直到第15张牌以后，他们的意识才会渐渐有所察觉：被实验者认为A叠和B叠风险较高。直到第18张牌之后，大部分的被实验者才能说出游戏的奥秘。

"如果您不把注意力集中在卡片上，或是努力地猜测游戏的规则，而是更多地关注您和您身体的感觉，那么您就能够察觉到这个变化。就算您不知道该如何称呼这种现象，您也会注意到它，这比您的思维和您的'理性'至少快5~8倍。现代神经学的实验为所谓的内心直觉提供了科学的理论支持，当然，同那些玄而又玄的说法相违背的是，这种直觉并不是发自内心，而是产生于我们的大脑。不过我们自己还意识不到这些感觉，而只能间接地用内心来指代，或是通过表皮的变化来感知它们。"

这一切让我满头雾水，于是我说道："那么，在那些大集团公司里，进行决策为什么又是那样旷日持久而异常复杂的过程呢？难道他们这样做不对吗？"

---

① 安东尼奥·达马西奥：葡萄牙裔美国科学家，建立了世界上最大的受损脑部图片档案库。——译者注

"他们的确做错了!"拉迪斯先生立刻接口道,"在那些大集团公司里,往往不是企业家,而是受聘的经理人在进行决策。这些经理人必须能够证明自己决策的正确性。这也是为什么在同样的架构中,经理人不能够,也不可能与企业家获得相同结果的原因。因为经理人必须为自己辩护,所以他们需要有意识的、'理性的'决策。为了做到这一点,他们需要比依靠直觉的人长 5~8 倍的时间。在需要快速进行决策的情况下,这两种方式的效果有天壤之别。

"此外,随着时间的推移,决策的正确性也会逐渐降低。心理学教授歌德·吉仁泽[1]通过长期的研究证明,依靠直觉做出的判断通常比理性的决策更加正确。

"在开放性的未来中,决策的正确性更加依赖内心的把握,依赖自己的牢固信心。

"这种依赖于直觉的决策通常被人们称为'具有勇气的'决策。但事实上,这完全是出于对我们那 99% 的潜意识状态的大脑能力的信任。只有当人处在必须自我辩护的情况之下,或是抱有一种错误的观点,认为'理性的'决策更加可靠的时候,人们才不得不鼓起'勇气'。因为在这几种情况之下,大脑 99% 的区域都被屏蔽了,我们人为地创造出一大片空白,所以需要勇气去填补它。

"所以问题的关键不在于勇气,而是要认识到'理性的'决策所具有的局限性。那么,现在您准备好了吗?"

我虽然还有一肚子的问题和意见,不过对这种方法非常好奇。抱着尝试和猎奇的心态,我点了点头。

拉迪斯先生开始用一种安详而平和的语气引导我进入冥想,我一边调节自己的呼吸,一边开始清除脑中的杂念。

---

[1] 歌德·吉仁泽:现为德国柏林"马克斯·普朗克人类发展研究所"所长、适应行为与认知研究中心主任,国际著名心理学家。——译者注

在第一个冥想循环，也就是我需要给朋友提出建议的那个场景里，我觉得独立软件开发员的工作看起来似乎比成为一个企业家更加简单，而且它的职责内涵我也相对熟悉。他完全可以把全部精神集中在他所真正擅长的事情上——编程。我开始感觉到内心很平静、很放松；可同时，随着我的精神愈加深入那幅场景中，我的身体就感到愈加的压抑，我感觉整个人都被束缚住了，动弹不得，非常难受。

开始我以为，这只是因为我的手脚有些发麻，可是后来我发现，只要我建议那位朋友选择企业家的道路，这种僵硬而压抑的感觉就会迅速消失，不过那种内心的安定感也会随之消失。

在第二个循环中，没有什么太多的感觉。我不得不承认，在具体描绘关于目标的场景时，我遇到了很大的困难。我忽然意识到，拉迪斯先生说得没错，我的目标确实有些不够明确。

骤变发生在第三个循环，基于我的价值观，我选择了同样超越了极限的哥伦布作为我的榜样。这一次我不费吹灰之力就在脑海中形成了这样的场景，比起企业家，哥伦布更希望成为一位软件编程专家，因为他担心，自己的船队可能会从世界的尽头掉下去。

最后，在第四个循环中，我设想自己并没有成为企业家，而是成为了一名独立职业的编程专家。在弥留之际，我感到自己的内心充满了悲伤，泪水浸湿了我的双眼，我感觉自己下一刻真的可能会死掉。

我终于结束了四个循环，并把脑海中的场景、想法和感受全部仔细地记录在了日记本里。这一刻，我感觉自己的内心非常平静。我转过头，深深地凝视着拉迪斯先生的双眼："这的确令人惊叹，在此之前，我还从未对自己的某一个决定产生如此清晰而明确的坚定信心。"

拉迪斯先生认真地观察着我的表情。

我接着说道："我现在确定，我想成为一名真正的企业家了！"

我用简短的语言向他描述了我在过去的 2 小时内所经历和感受到的一切。我也彻底意识到，这是我人生中最重要的一个决定，我已经迈出了第一步，我的征途已经开始。

"这听上去是一个非常明智的选择！欢迎您来到企业家的世界！"沃拉迪斯先生祝贺我，"那么现在，您还有今晚的最后一项任务。我想，在我交给您的任务中，这也许是最重要的一项。"拉迪斯先生有一些幸灾乐祸地说道，"而且我可以肯定，您不会喜欢它的。那么，您准备好了吗？"

我还处于兴奋之中，于是跃跃欲试地说道："这还用问吗？！"

"很好。我们谈了很多关于企业家职能的事情，而且您已经决定要成为一名企业家。现在，我们所缺少的仅仅是完全的职责了。我假设，您已经知道这种危险的存在，那就是您的面前随时可能出现其他更加紧迫的事情，它们会取代您的选择成为最重要的事情。

"您之所以重视这些事情，并不是因为它们令人厌烦而又琐碎，而是因为它们看上去紧迫得不可思议。所有那些长着两条腿、能自己闯进来的事情都很紧急，比如，一位客户、一个员工、一名银行经理、您的税务顾问或者是别的什么人。而您作为企业家的任务虽然很重要，却并不紧迫，因为您的继任者还没出现，所以没有人会催促您、逼迫您。

"几年前，一位成功的作家博多·舍费尔曾在一本书中写道，真正成功的人们都通晓一种艺术，那就是把重要的事情当成紧急的事情来完成。说实话，有很长一段时间我也不能够理解这句话的意思。不过现在我们确实知道，哪些事情比较重要，而紧急的事情多数都长了两条腿，所以这个艺术的说法就比较具体了。如果您知道自己作为企业家的任务究竟是什么，那么您现在只需要一个逼迫您的人。

"您已经知道，您的任务是要为您的继任者提供利益，那么就请您为您的继任者寻找一位代理人吧。您需要一位坚定不移的第三方旁观者，每个月，他都能够花1小时向您展示，为了使他作为继承人在将来获得预期的利益，您在这一个月中都做了些什么。"

我打断了他："这看上去似乎是一个好主意，尽管这意味着我的自由可能会受到一些限制。不过这是不是与监事会或者咨询委员会有一些类似呢？"

"不，完全相反！"拉迪斯先生激动地说道，"监事会和咨询委员会基本上是由股东和雇员组成的。而我们前面已经说过了，这些人看待企业的角度非常局限，很不正确。如果您同监事会和咨询委员会共事，那么您会走向一个完全错误的方向。这并不意味着您需要建立以自我为中心的企业价值，这里也不涉及工作岗位的问题，而是需要从外部超脱地把目光聚焦在继任者的利益上。您不能从企业内部用销售者的角度来看问题，而是需要从客户的视角看问题。"

这种事情我还从来没有考虑过，不过我觉得它听上去非常有道理，于是我点了点头："好的，我会为我的继任者寻找一位坚定不移的代理人。可是您为什么说我不会喜欢这项任务呢？"

拉迪斯先生笑道："如果这位代理人没有任何权利，那么他只是一只纸老虎。如果您不想赚那些客户们的钱，那么您会怎样对待客户的需求？如果一位银行经理没有贷款权限，您还会理睬他的愿望吗？"

他顿了一下，自己给出了答案："您会完全忽视他们。如果您希望认真地对待这件事情，希望能真正地体会企业家的职能的话，那么从现在开始，您就必须给予这位总督先生身为客户的权利。这就意味着，根据您有没有为他建立一家能够带来一定利益的公司，他付给您相应的报酬，您的全部或者绝大部分的薪金将由这位继任者的代理人来决定。为此您需要同他签署一份合约，为了防止您违反这项合约，请您给自己制定一个严厉的违约罚款，至少是您一年的年薪。那么，您现在是认真的吗？您真的想要开始企业家之路吗？"

有一瞬间，我感觉喉咙里像卡了什么东西似的，脸色也开始发白。到目前为止，我们都只是在进行口头讨论，而现在，要动真格的了。"我觉得没必要对我这么严厉吧。"我试图为自己辩护。

"也许在某些时候，您又会不小心回到过去的专业人员的角色中去，而疏忽了企业家的职责，您不能否认这种可能性的存在吧？"

"嗯，有时候这种事情的确有可能发生，可是……"

"那么这种严格的约束就是十分必要的，"拉迪斯先生严厉地打断我，"您要知道，建立一家企业已经很困难了，您不能让自己被那些不时会出现的蠢事拖了后腿。"

我还是有些不甘心，"可是这样一来，我的自由也太受限了！"

拉迪斯先生点了点头道："这的确是个问题。对于一个企业家来说，自由是最有价值的商品之一。不过您知道吗，威尔曼先生，您理解的那种自由不是那么容易就能够实现的。自由是一种可能性、一种能力，使您能够去做您想做的事情。如果因为某些外物分散了您的注意力，使您偏离了自己的目标，那么您还能说自己是自由的吗？现在您准备好开始接受企业家的任务了吗？您已经决定要给自己加上这副重担了吗？您选择的时候到了！"

自由是一种可能性、一种能力，使您能够去做您想做的事情。

我感觉糟糕透了，并开始在心里狠狠地咒骂他。我愤怒地瞪着他，恨不得大声地对他说"不"。我很生气，他居然这样逼迫我。不过在我的心底，有一个声音轻轻地问道："你想开始进行企业家的修行吗？想还是不想？"我越想把这个声音从脑子里赶走，它就问得越响亮，它一直在我的脑海中回荡。然后我情不自禁地脱口而出："如果我做得比预计的好，那么我就能得到奖励？"在这一瞬间我真恨不得自己什么都没说。

拉迪斯先生大笑了起来："这，您可以同您继承人的那位代理人好好商量一下。您决定好要请谁来担当这个重任了吗？"

"我的朋友或者熟人可以吗？"我建议道。

拉迪斯先生否决了我的提议："您最好打消这个念头。您的朋友和熟人可不希望把你们之间的关系弄僵，而扮演这个角色的人却想要从您这里得到一家有价值的公司，所以，您不想拿您的友谊来冒险吧？"

"也许您可以担当这一重任，您觉得呢，拉迪斯先生？"

拉迪斯先生不慌不忙地摇了摇头："这倒也不是不可能，事实上我曾经也同几个企业家建立过这样的关系。不过我需要告诉您的是，这样一来，我对您的企业管理训练就会发生一些变化。如果您让其他人担任这个代理人的角色的话，那么我就可以完全站在您这一边思考问题。可是一旦我接受了这个角色，我就必须百分之百地站在您的继任者那一边。虽然从长期来看，这也是在保证您的利益，并且更有效率。可是这也会使我现在的工作变得更加艰难，因为这会给我教练员的角色带来非常大的影响。所以您必须仔细想清楚，您比较偏向于哪种情况？"

　　我细细地想了一会儿："如果您接受代理人的角色，那么我的好处显然就是不需要同时跟两个人打交道，我觉得这样我们的效率也会更高一些。不过另外，您说得也很有道理，如果您不仅是我的教练，而且代表我的继任者，还能决定我的薪酬，那么您的许多建议我可能既听不进去，也理解不了，到那个时候就变成您逼迫我做事情了。虽然我不知道事情会不会走到那一步，不过现在我还是希望另外找一个人来担当代理人，我们以后也可以随时换掉他。"

　　拉迪斯先生点了点头，"如果您没有什么好的人选的话，我倒是可以从我的关系网里给您找一位企业家。[①]这个人的个性首先得讨您的喜欢，而且他必须熟知专业人员、经理和企业家的角色分工。"

　　我点头道："好啊，您就给我推荐一个人吧！"

　　拉迪斯先生低头想了一会儿，然后在纸条上写了一个电话号码，递给了我："他的名字叫做菲利克斯·伯尔特拉姆，也是一位企业家。而且就在大约一年前，他曾经帮别人承担过这样的职责。"

　　然后他突然笑了。我现在已经有一些了解他了，我知道，他这样准是又想做一些令人吃惊的事情。果然，这家伙慢慢地把他摆在桌子上的手机

---

① 如果您也希望联系一位企业家，请他为您担任继任者代理人的角色，请登录 http://www.unternehmercoach.com。——原注

向我推了过来，同时眼睛还一直盯着我不放。

他不达目的是不会罢休的，我早该想到这一点。我努力地把心里的不自在压了下去。就在今天早上，我根本连看都不想看这位拉迪斯先生一眼，对他完全不感兴趣。可是中午的时候，他已经成功地把我对企业家角色的理解扭转了一百八十度。而现在，我又准备同一个完全陌生的人签订协议，好让他来规定我的工资额度。我简直就是疯了！

我挣扎了一下道："那我应该同这位伯尔特拉姆先生约定哪些内容呢？"

"现在我们还不清楚，您到底希望为您的继任者建立一家什么样的公司，企业的总体架构还没有确定，所以您现在也没办法约定什么具体的成果目标。不过我们明天就会讨论到您未来的任务了，菲利克斯·伯尔特拉姆对您的监督就建立在明天我们为您确定下来的那些任务之上。"

"关于伯尔特拉姆先生的监督权限，我本人居然能够施加影响？"我满怀希望地问道。

"这是自然，"拉迪斯先生肯定了我的说法，"这本来就是您的公司嘛！"

这之后我们俩都沉默了，大约过了半分钟，我一把抓起我自己的电话，拨了那个号码。我同伯尔特拉姆先生之间的对话简短且实际，我同他约定，在明天晚上之前把我的任务计划书和我签名的责任声明发给他。我工资的其中一半将会是固定的，而另一半则由伯尔特拉姆先生根据我完成任务的表现和进度来决定。

挂断电话之后，我意识到，现在我的决定已经不可更改了。我已经跨过了那道关隘，正在向着目标前进。

拉迪斯先生久久地注视着我，然后他称赞了我："今天您做出了几项非常重要的决定。我为您感到非常骄傲！我想，现在该是吃晚餐的时间了。"

我们两个分头走出了会议室。晚餐我吃得很少，然后我迅速地回到了自己的房间里。我的内心充满了新生的喜悦，但同时又隐隐有一些不安，我到底该怎样做呢？带着这个问题，我陷入了沉睡。

现在回顾整个过程，如果没有伯尔特拉姆先生，我不知道会偏离我的目标多少次，特别是在 4 月和 5 月，事情没什么进展的时候。令人郁闷的事情当然也有，比如，3 月份我的工资就被扣掉了不少。不过在这个过程中，我受益匪浅。甚至可以说，这毋庸置疑是拉迪斯先生给我带来的最严厉，却也是最有效的一个措施，恐怕只有后文记录的我在 6 月间的冒险能够与之相媲美了。

第2章　改变前的准备工作

我推开会议室的门，拉迪斯先生已经等在那儿了。同昨天一样，他站在窗边，眺望着远方的风景，浑身上下充满了肃穆的气息。昨天同这个男人的交流给我的内心带来了很大的改变。对我来说，整个世界仿佛都与过去不一样了，但其实，我只是换了一种方式和方法去观察他。

拉迪斯先生缓缓地转过身来，看了我一眼，然后他点了点头："看来，您已经准备好要接受您作为企业家的新任务了。"

"是的，"我肯定道，"不过我还是有很多问题。"吃早饭的时候，我又把昨天发生的事情在脑中回想了一遍。"虽然，我们昨天已经找出了我的瓶颈——也就是关于时间规划的信条，还有错误的角色理解。

"而且我昨天也已经决定，要转变职业，成为一名企业家。我甚至同伯尔特哈姆先生——我继任者的代理人签订了协议，让他来规定我的工资额度，虽然我到现在还是很讨厌这个主意。

"可是还有一件事情约束着我。我昨天说过，我不可能把手头上所有的事情都丢在一边不管。而您当时暗示我，会有一个好心的仙女帮我解决这个问题。可是到目前为止，我并没有看到什么仙女啊，手头上所有的这些事情我还是得亲力亲为。我的员工都在满负荷工作，我不能再给他们增加负担了，而我又没有足够的钱再雇用一些人手。

"我现在非常好奇，您说的那位仙女到底在哪儿待着呢？换种方式来说，我该怎么来实践您的理论？或者再具体一点，我下星期到底该干些什么？"

102

拉迪斯先生笑道："关于瓶颈的问题您已经考虑得比较深入了，威尔曼先生，"他一边笑一边补充道，"而解决方法我们其实差不多也已经说了。您可以转换一下角色，假如您的一位好朋友正处在您目前的困境中，而您打扮成仙女的模样出现在他的办公室里，那么您会做些什么呢？"

我有一些恼怒地回答道："拉迪斯先生，我实在是不明白，这个小游戏到底有什么意义！我现在面临着一个很严肃的问题，而您却在拿我开涮，现在还让我穿一身仙女的行头！"

"不不不，完全不是您想的那样。"拉迪斯先生依然在笑，"您看，威尔曼先生，如果总是盯着自己的问题不放，您会当局者迷。可是当您观察别人遇到的问题的时候，您就会问自己，为什么他们不能够干脆地解决自己的问题。旁观者总是想不通那些事情对于当事人到底有多难，因为解决之道看上去触手可及。可事实上，轮到自己的时候，情况也好不到哪里去。

"所以，请您转变一下您的角色，让您的朋友去烦恼这个问题，您自己则变成一位仙女。我想，您总不会耸耸肩，用无计可施这种话来敷衍您的好朋友吧？用这种形象的方法，您能够学会如何寻找解决之道，我们的大脑非常喜欢形象化的方法。所以，如果您是仙女，您会建议您的朋友做些什么呢？"

我毫无头绪，所以我耸了耸肩。

"不，不，完全不对！"拉迪斯先生摇头道，"仙女可从来不会耸耸肩，说自己无计可施，绝对不会！好心的仙女们都长着翅膀，她们还拥有带着魔力的仙女粉。要思考具体的场景，您需要一定的姿势。现在请闭上眼睛，好好想想，假如您有翅膀，而我是您的好朋友。作为仙女，您会给您的好朋友一些什么建议呢？"

看来拉迪斯先生是不会让步了，我只好闭上双眼，试图把自己置身在那幅场景之中。所以现在，我有一双翅膀，还能满屋子乱飞，这种形象可真是让我恼火。不过，我也很希望知道，这个游戏最后会是什么样的结果，所以我还是继续了下去。

十几分钟之后，我忽然觉得一切都变得简单了。我睁开眼睛，对拉迪斯先生说道："如果我是您，我首先会把目前手头上的所有工作都检查一遍。有一些工作基本毫无意义，可以不用再做了，还有一部分工作可以委派给您手下的员工来完成。关于这一条，您还需要看一看，在下属们目前所承担的工作中，有哪一些是不必要的，或者至少不是亟待处理的。这样您就可以着手处理您企业管理方面的工作了。接下来，我会为您制订一个计划，这个计划详细规定了您未来全部的工作内容。"

拉迪斯先生高兴地拍了拍手："我亲爱的仙女，您把我们整个上午的时间都解放了，您刚才所说的就是我们接下来准备讨论的内容！首先我们要帮助您腾出时间，使您之后能够完成那些最重要的任务，然后我们还要制订一个长期的计划。这些就是我们今天上午的全部内容。"他有一些坏笑着补充道，"做自己的仙女，感觉真的很不错，不是吗？"

"事情不可能这么简单吧？"我惊讶地问道。

"当然不会这么简单。不过我只是希望您能够学会一种独立思考解决问题的方法。你需要自己制订前进的路线，在今后的日子里您恐怕经常会面对这样的情况。"

2.1 归还专业性工作

停顿了一会儿，拉迪斯先生继续说道："我们首先来看一看您的空余时间吧。在实际情况中，这会涉及三个问题。第一，您的员工必须有能力接手所有属于专业人员和经理职能范围内的工作；第二，您必须摆脱这些工作，把它们全部委派给您的下属；第三，您必须保证这些工作不会再回到您的手中。"

2.1.1 腾出空余时间

"让我们开始第一项任务吧。昨天，在我们发现您负担着大量的工作之后，我们都做了些什么呢？"

"我们把所有的那些工作分成了三类，分别是专业人员、经理和企业家的任务。"我回答道。

"完全正确！我们现在已经确定地知道，有一些工作您不应该再做下去了。下个星期您的员工也需要做类似的事情。每一家企业中都会有废物在不断地堆积：有一些'客户'只能带来工作量和亏损；有一些工作不能给客户带来任何益处，人们只是习惯性地完成它们；许多文件和数据长年累月地堆放在一旁，它们根本毫无用处，反而耽误了人们寻找那些真正重要的文件；很多流程和程序已经老化、僵化。举个例子，合作共事的人们各自都会存在这样或者那样的优势和劣势，当前的工作流程自然会依照他们的基本情况而产生，使这些员工能够高效率地工作。可是当一批新的员工上岗之后，他们还沿用着原有的工作流程，这从客观上来说没有意义，从主观上来说也不符合他们所具有的优势。还有很多小细节，比如，不够明确的责任分工，一个员工在办事的时候往往要接连询问 4~5 个人，才能找到真正负责这项事务的人，于是事情就这样被耽搁了。交流和沟通的确很重要——可这仅限于人们就重要的事情交换看法的时候。标准化的工作流程与沟通的需求越大，则表明这家企业的建构越糟糕。就这种观点而言，交流有时候也是多余的。

"我想，您还能够想到许多类似的多余的事情，对吗？"

"是的，"我回答道，"比如，一封电子邮件会抄送给 10 个人，所有人会花时间去读它，但其实最多也只有两个人对它的内容感兴趣。我的电脑每隔两分钟就会提示我接收到新邮件，真是不胜其烦。事实上，我还觉得手下有两名员工比较多余，他们之所以还在为我工作，只是因为我到现在还没有下定决心解雇他们。"

拉迪斯先生打断了我的话："有一些员工的确比较多余，我们应该尽早，而且尽可能迅速地与他们解除雇佣关系，这对于各方都是有好处的。对于雇员来说，他们因此能够有机会寻找一份与自身优势和价值观符合的工作。

对于企业来说，则就能够更加有效率地运转。对于社会来说，企业为了实现自身的目标释放了劳动力，而他们很有可能正是其他社会部门所急需的。

"不过具体到您的现实情况中，我不建议您现在就裁员，因为您目前并不存在特别严重的资金问题。您现在还没有草拟出任何战略，所以您也并不清楚，自己的公司究竟要走向何方。也就是说，您并不能够确定，这两名目前基本处于闲置状态的员工是否拥有对您将来有用的能力。

"只有使您的工作日程一目了然，条理清晰，您才能够准确地把握住自己的战略，所以如果我处在您的位置上，我就不会在这个时候裁员，打乱原本的秩序和平静。特别是您的负担还有可能会加重，因为这两名员工目前的工作总还是需要有人接手。"

我点了点头："好吧，还有很多东西是我们可以精简的。比如，那些永远也开不完的大小会议，会议的内容可能只涉及两三名员工，但所有的员工都必须参加。

"可是为什么下周这些事情都要由我的员工自己来做呢？如果我没有误解您的意思，这些难道不都是经理的工作内容吗？他才应该为这些事情操心啊！"

"您说的有一定的道理。不过这是因为，第一，您现在还没有经理；第二，'专业人员—经理—企业家'这个模型也是有局限性的。只有当您处理那些身为企业家所承担的工作的时候，这个模型才是最佳适用的模型。

"说实话难道您希望您的员工都只是那种在灌木丛中埋头开路，丝毫不关心其他同伴位置的专业人员吗？或者您需要那种成天只知道关心各种图表、制定动态流程或者到处指挥别人的经理？"

我摇头。

拉迪斯先生继续说道："我想，那些真正出色的专业人员和经理也不会对这种狭隘的视角产生兴趣。他们也希望能够获得其他的视角，因为这能够帮助他们更好地完成本职工作。

"所以请您务必充分利用这一点！我建议您在下周召集您的员工开一

次会，花上半天的时间，集思广益，把那些可以被剔除的冗余事务做一个汇总。请您询问一下您的员工，他们认为哪些事情妨碍了他们，哪些是多余的，哪些在他们看来效率很低下。我想您一定会惊讶，自己居然能够得到那么多的建议！"

我大概设想了一下那样的场景。建议肯定会有很多，可是争论恐怕会更多。"我觉得如果那样做，我们的项目经理同编程员之间肯定会有争吵。扎比内一直努力在公司里建立一定的体系结构，所以她总是不断地强调报告的必要性。而那些程序员却总是喜欢敷衍了事，他们从来没有把工作报告当作正常的生产任务。"

拉迪斯先生笑了："这是个典型的'经理—专业人员'问题，这个问题可不是您开一次会就能够解决的，所以这一次您最好还是回避它。

"如果我是您，我会在这次的会议中选择下面的流程，我想，员工的反应也是可以预见的。

"第一步，由您来引出问题。请您向大家解释，由于身体状况的原因，您不得不减少自己的工作量，从而更好地把注意力集中到重要的事情上去。因此，您必须把一部分工作委派给员工。他们的脸色肯定不会好看，还会抗议说，'这可不行，我们的事情已经多得忙不过来了。'

"为了减轻他们的反抗情绪，您可以说，这个问题您也考虑过了，您觉得到目前为止，每个人或多或少都承担着一些不必要的、效率低下的，甚至愚蠢的工作，您可以举一两个例子来说明。我想这个时候，他们的脸上肯定会出现一丝期盼，希望能够甩掉那些令人讨厌的工作。要知道希望向来都是一种绝佳的动力，所以在这个时候，您就可以开始进行第二步了。

"第二步，请您带领您的员工进行一次头脑风暴！请您找一张白板，把员工的所有想法都用便笺纸记录下来，贴在上面。大家可以畅所欲言，但是不能互相攻击。您要做的就是维持秩序，避免发生矛盾冲突。

"第三步，您需要进行分类整理。请您带领大家梳理每一条建议，询问他们，有没有人对其中的哪一条意见还有疑问。比如，如果有人要求取消写报告的规定，扎比内会不会坚决反对，等等。请您把所有那些有争议的意见都挑出来，留到以后的会议再进行解决，这次会议你们只需要讨论可以立即实行的紧急措施就行了。在这一阶段，您的工作就是从客户的立场来考虑问题。如果您觉得客户的利益受到了影响，就请您为此做出抵抗和反击吧。"

"我难道不应该从继任者的立场来思考问题吗？"我见缝插针地问道。

"不！您绝对不可以这么做。现阶段您既没有设想企业的愿景，也没有战略规划，更不要说继任者的人选了。既然这样，您怎么可能知道您的继任者想要些什么？所以您现在暂时只需要牢牢把握住当前客户的位置和立场就足够了。类似这样的会议您今后要定期召开，等到您明确了战略、愿景和继任者之后，您就可以站在继任者的角度考虑问题，而让其他员工来把握客户视角。这类会议您一年至少要召开一次，当然，这得等到公司大致运行比较平稳之后。按照各部门的不同，会议时间放在夏季假期之前或者一月初都很不错。

"不过我们有些扯远了，现在应该是讨论分类整理的问题。现在，您手里的这些建议是大家一致赞同的，或者说至少没人反对。现在您需要统计三个方面的数据。第一，从这项措施开始实施到真正奏效，也就是能够为您节省时间的时候，需要多久；第二，实行这项措施的投入成本是多少，也就是说需要投入多少资金，花费的工作时间也需要换算成金钱；第三，这项措施能够带来什么利益，这需要您计算它每周或每个月能够为您节省的时间数量。

"有一些举措对于您的公司来说实施成本过于高昂，无法负担，这些建议您就可以把它们剔除。接下来您需要去掉那些当前无法给您带来任何帮助，在遥远的未来才能产生效果的建议。最后是那些不能够带来任何利益的建议。

"对于保留下来的这些措施，请您先按照奏效的时间长短来排列，接着按照效用来排列，最后再按照成本排列。

"做好这一切之后，请把您的成果交给员工检查，确认是否有异议。如果有，就请您对排列做出调整，直到全体通过为止。"

　　"然后我们就逐条对应地做一张列表？"

　　"'我们'可没办法工作。工作的是个体！所以第四步就是您要找人负责这项任务，或者您干脆直接任命一个人选。如果您脑子里已经有担当经理一职的合适人选，或者我们稍后能够找到适合的人的话，您就把这项任务交给他。否则您就找一个喜欢做计划和列表，并且不达成果决不罢休的人，他就是您的'大扫除经理'。

　　"现在这个人的任务就是做一张清单。"

　　我思索着道："其实不需要这样，我们在这之前就能做出一张清单。只要让他把所有没有被否决掉的建议都录入 Excel，然后用投影仪放出来，这样我们也能更方便地统计数据，然后进行整理。"

　　拉迪斯先生点了点头道："这听上去很不错。可重要的是，您的'大扫除经理'必须自己撰写这份清单，这必须是'他的'清单。

　　"第五步，分配任务。您得找志愿者来进行清单上的各项任务。

　　"我认为最自愿的人就是那些提出了这些建议的人，这一点在以后征集合理化建议的时候您也应当牢记。那些提出了建议的人应当亲自对它们进行完善，这样一来，不仅能够使员工在第一时间了解到他们所提建议的进展情况，还能够保证他们提出的建议具有合理的'投入—回报'比例。

　　"接下来您需要在每项任务下面添加名字和日期，完成这张清单。

　　"第六步，请您当着所有员工的面任命您的'大扫除经理'，请他全权负责这项清单的完成和落实。因为这些紧急措施关系到您公司的瓶颈，所以您的'大扫除经理'需要每天向您汇报清单的最新情况和完成进度。不过经理本人必须对此项工作的完成进度负责，使之按照计划进行。您还需要当着所有员工的面对'大扫除经理'表示感谢，谢谢他接受了这项任务，并给予他高度的赞扬与信任。记住，一定要当着所有员工的面！"

　　这跟我到目前为止所做的一切都完全不同。对于我来说，员工完成他们的工作是理所应当的事情。在没有看到成果之前，我不喜欢赞扬任何一个人，我觉得员工事后需要的也就只是加薪而已。我把我的想法告诉了拉迪斯先生。

"关于怎样对待员工的问题，我们下一次见面时会仔细讨论。具体就这一件事而言，您要注意三个方面。第一，首先您必须当着其他所有人的面赋予您的'大扫除经理'权力和职责，否则在他对任务完成情况进行监督和管理的时候，很容易被他人蔑视。

"您需要知道的第二点是，积极主动地承担责任的人应当受到赞扬与肯定，赞扬对于所有的员工都非常有吸引力。基本上只有在没有得到表扬的时候，员工才会期望得到更多的钱；而且他们会把这看作赔偿金而不是奖励。

"第三，只要您集中注意力关注某件事物，您就一定能够得到它。因此预先为出色的成果赞扬他是非常必要的。如果某人因为某一项还没有做出的成绩而受到表扬，那么他一定会想方设法地获得这项成绩，使所有的赞扬和肯定不至于落空。

"还有一点，我们稍后会为您做一个计划体系，每天对这位经理的工作进行监督这件事也必须纳入这个计划体系中去。如果您不这么做，那么您的员工就会投机取巧，这项任务的意义就会下降，您所期望的目标也就永远不能够达成了。"

我被说服了，于是我表示，一定会完全按照这个模式来主持会议。可是，对于那些最基本的关于领导者的哲学，我还是感到非常陌生。我只是隐约感觉到，通过这项任务，我的员工的确能够获得更多的空余时间，而我就可以因此把我的许多专业性工作委派给他们去做。

2.1.2 代理还是移交？

我看了拉迪斯先生一眼："听您这么一说，召开一次这样的会议的确是挺容易的。我想这之后，我就能够把手头上所有的专业性的工作和管理经营的工作全部交给我的员工来代理啦。"

"不，您不可能'轻而易举'地完成这件事。这件事一点儿都不简单！我想，至少有两三个员工会极力反对这件事，关于这一点我们稍后再说。

"更重要的是，您必须要弄明白自己究竟在干什么。您所说的'代理'到底是什么意思？"

我有一些糊涂了："'代理'还能是什么意思？我把自己的工作交给另一个人完成，这个人完成这项工作后向我提交成果，就是这样啊。"

"对啊！您把您的工作交给了他人，最后您得到成果，这也就是说，您虽然让别人代理了您的工作，可是最后的责任人还是您自己。可问题是，您现在手头上的那些专业人员和经理的工作根本就不是您的工作，所以您也不能够让别人去代理它们。工作的成果也不应该提交给您，而是属于您的客户。所以您不应该让他人代理这些工作，而是应该把它们移交给别人，或者说交回给别人。"

"拉迪斯先生，您的意思是说，我到底是把这称为'代理'还是'移交'，这个细节很重要吗？"

"那是当然！"拉迪斯先生斩钉截铁地说道，"您以前是不是也曾经让您的员工代理过您的工作，结果这种方法完全没有效果？"

"是啊，这种情况的确经常发生。"我闷闷不乐地回答道。

"那么现在请您诚实地告诉我，发生这种情况之后，您脑子里最先想到的是什么？"

我直接脱口而出道："很简单，我想的是，'我还是应当亲力亲为！'"

"然后您就亲自干完了所有的事情，对吗？"

我点了点头。

"请您想象一下如下的场景：您曾经是一位著名的足球运动员，现在转行做了教练。把球踢进对方的球门是球员们的任务，而作为教练，您的任务则是制定战略，建立合理的体系，使您的球员能够把球踢进对方的球门。可是，就算您的球员一个球也没有踢进去，甚至就算您不停地回想着自己作为球员的那一段光辉岁月，您也绝对不可能亲自上场踢球。还好，球场上有裁判，他会阻止您的这些疯狂念头。我觉得在企业里也应当有这么一个人！我想要说的是：教练并没有让球员'代理'射门这项任务；正相反，射门本来就是前锋的任务。

在公司建立之初，人手不够，所以您虽然是企业家，却不得不暂时地接手那些本就是专业人员和经理分内的工作。

"如果您脑中闪过的第一个念头是亲力亲为所有的事，这就表示，您在内心坚定地认为这些都是您的任务，您的员工只能够为您提供'帮助'。如果您使用了'代理'这一概念，那么您的这个想法就会被固化。所以，类似软件程序开发或者销售之类的任务，您不可能让别人代理，因为它们压根儿就不是您的任务。只是因为在公司建立之初，人手不够，所以您不得不暂时地接手这些本就是专业人员和经理分内的工作。"

我尝试着从这个角度来思考问题，于是我又一次茅塞顿开：原来直到现在，我都没有搞清楚自己的任务到底是什么。我若有所思地点了点头："好的，我会把手头上所有专业性的和管理经营类的工作全部移交给他人。我想，我应该按照我们昨天列的那张清单，把上面所有不属于企业家分内的工作都分配给其他员工，对吗？"

"对，就应该这么做！"拉迪斯先生对我称赞道。

"最初的时候，我们应该只把目光集中在两三个人身上，您只需要保证这几名员工有足够的能力和时间来完成那些目前由您承担的工作就行了。其他的事情对于作为企业家的您就有一些太苛求了，或者还有可能造成一种'通过解职来管理'的局面，导致您的员工处于放任自流的状态。现阶段，您几乎不可能同时关注超过 3 名以上的员工。现在请您为我简单地画一幅您公司的组织结构图，以便我对您公司的情况有一个大概的印象。"

我很快就画出了如下的草图：

等我把简图画出来之后，拉迪斯先生有一些疑惑地问道："为什么程序员们会有 3 个上级主管？"

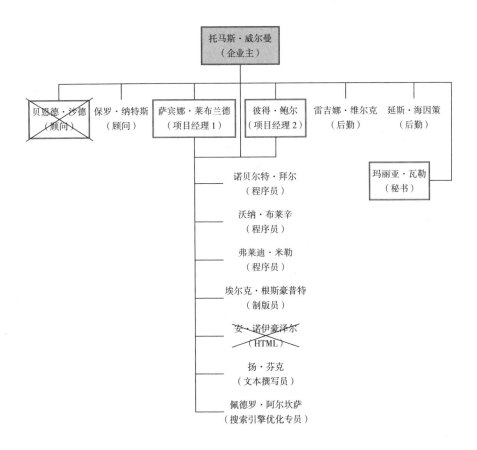

我解释道："其实他们只有一位上司，那就是我。另外两位项目经理虽然负责领导各个项目的实施，但并不是真正的主管。"

"这种状况可不能再继续下去了，"拉迪斯先生不停地摇头，"不过我们现在仍然只是在讨论'时间大扫除'的问题。"

于是我把昨天的那张工作清单拿在了手中，"如果我只可能放弃 3 项任务，那么我想应该是客户行销、软件开发还有那些琐碎的事情。前两项任务我都有好的人选，客户行销工作可以交给我的顾问保罗·纳特斯，软件开发可以由我们最优秀的工程师诺贝尔特·拜尔来接管。可是那些琐碎的事情恐怕还是得我亲自来干，我实在是不知道应该如何摆脱它们。"

"这些不起眼的琐事会紧紧地束缚住您。我想，解决这些问题的第一个要点无疑应该是秘书玛丽亚，而第二个要点则是，这些琐事到底是如何

113

产生的。通常情况下，它们产生于混乱的工作流程，未来您可以同您的经理一起解决这个问题，不过这将是一项长期的任务。

"现在您已经有3个人选了——保罗、诺贝尔特和玛丽亚。他们之中谁能够以最快的速度接手新的任务？"

我考虑了一会儿："最快的应该是诺贝尔特。一方面，我们二人之间在技术方面的差距与其他两个人相比要小得多；另一方面，他完全可以把现在手头上的工作——如果它们在'时间大扫除会议'的时候没有被删减的话——用最快的速度交给其他的工程师去做。"

"很好，那么星期二'大扫除会议'结束之后，您就直接从诺贝尔特开始吧，您需要迅速地得到结果。那些能移交给诺贝尔特的工作具体来说都是些什么呢？"

我耸了耸肩："具体是什么我也说不上来，我已经有4周的时间不在公司了，我也不知道公司里都积压了哪些事情。通常应该都是一些比较复杂的软件开发项目，我得先过过目才知道。"

拉迪斯先生反驳道："不对，不是您得过过目，而是诺贝尔特得过过目！整个周一我都没有为您安排什么任务，您需要用这一天时间来为自己确定一个大方向，您的办公桌上和收件箱里肯定堆满了工作。凡是与软件开发有关的工作，都请您在周一的时候交到诺贝尔特手中，他必须在周二开会之前把这些项目浏览一遍，并整理归类。

"除了优先级别、截止日期、任务时长等通常的问题，下面的几个问题也很重要：诺贝尔特的能力是否足以完成这个项目，如果答案是否定的，那么他还需要哪些帮助来完成这个项目。这个项目的订单人是谁，怎样才能够最直接地对这位订单人负责，并接受他的监督？"

"您最后的那两个问题我不明白。"我插话道。

"这里就涉及'工作代理'和'工作移交'之间的区别，"拉迪斯先生解释道，"通常情况下，软件开发订单任务的客户都是来自外部的客户，而绝对不是作为个人或作为企业家的您。可是如今，在很多企业中都存在着一种'代理症'，这种病症的结果就是，那些被派发下去的工作最后又会回到您的面前。这些工作常常只被完成了一半，因为员工知道，您之后还会对任务进行审查和监督。"

"是啊，可是我必须对这些任务进行最后的检查，以保证我的客户们得到最优质的成果！"

"不对，"拉迪斯先生否定了我，"您的员工负责为客户提供优质的成果，这才是您应该操心的事。这与前者是完全不同的！为客户提供最好的成果是员工的任务，也是他们的职责。如果您——或者其他人——插手这个过程，那么您就使员工失去了直接对客户负责的可能性。

"我知道一条非常简单的准则，它适用于所有拥有 25~30 名员工的公司——'每一名不与外部客户直接发生联系的员工都是多余的。'除非您有非常非常好的理由，否则您绝对不能够打破这一准则！"

> 每一名不与外部客户直接发生联系的员工都是多余的。

"这条准则听上去很不错，可是它不适合我们公司！我们必须保证质量！而软件开发又是一项如此复杂的工作。"

"是啊，这我知道。"拉迪斯先生干巴巴地回答道，"有那么多技术员写过成堆的关于质量监督、参数和软件开发流程的书籍。您——或者最好是您的经理——绝对能够从这些书籍中获得许多灵感和启发。可是对于类似您公司那种规模的企业来说，这些东西都太复杂，也太难以实现了。

"如果我们不把质量问题放在核心地位，那么现在各个部门就只需要关注唯一的一项重要参数：客户满意度。您的任务就是保证员工的所有行为都以这个参数为基准。为此，您必须深刻领会这项参数的内涵，保证员工能够最直接地了解到客户的满意度，最好再采取一些经济上的措施对不达标的满意度进行惩罚。当然，如果客户的满意度很高，您也应该对员工进行奖赏！

"换一种方式来说，您的任务就是保证您自己和您将要任命的那位经理不会插手'客户—员工'这一工作流程！"

"这也就是说，我不需要再做主管了？"

"如果我们依然使用主管或者领导这些模型，那我们绝对走不了多远。请您以后都不要再使用这些概念了！您要么是经理，要么是企业家，要么就是专业人员。"

我还是没有理解："我们刚刚在讨论如何把工作移交给诺贝尔特的问题，我不知道现在我们是不是跑题，可我不明白的是，我为什么不应该说自己是主管或领导？"

"我承认我们现在是有一些跑题，可是这个话题非常重要！现在有很多的管理类丛书都在讨论领导和领导力的问题。

"它们的核心思想是两个概念之间的较量——虽然它们基本上都没什么用处。这是'领导'和'管理'之间的对抗。人们经常会贬低管理，认为它基本上只关注事务和进程。而相反地，领导这个概念则比管理要好得多，因为它关注的是人。归根结底'领导'的捍卫者们需要的只是另一种形式的管理而已。就这一点而言，他们还是有一定道理的，因为在过去的几十年中，管理的概念确实太过于关注具体事务了。

"可是近十年来，这一现象已经大大改变了，现在的领导已经内在地包含了对人的领导和对事情的组织。如果汉尼拔 ① 在后勤或是给养方面犯了错误，那么他绝对不可能翻越阿尔卑斯山。如果他没能得到手下士兵的拥戴，那么他也绝对不可能翻越阿尔卑斯山。换一种方式来说：过去二者之间的那些较量和对抗都是幼稚的，继续这些争论根本毫无意义。

"更加有危害性，也更加成问题的是，随着关于领导力大讨论而风行起来的一种错误观念的出现，人们普遍认为，领导者同被他领导的人一起

---

① 汉尼拔：北非古国迦太基名将，军事家。公元前218年—前201年第二次布匿战争期间，他率军从西班牙翻越比利牛斯山和阿尔卑斯山进入意大利北部。——编者注

116

相对独立地存在于世界上。特别是当人们追溯到古代政治思想家关于国家构成的哲学思想之后，例如，马基亚维利和孔子的学说，这种思想就得到了更加有力的支撑。甚至在一些军事理论家的论述中，例如，孙子或是克劳塞维茨[①]，这种思想也时有出现。

"人们当然可以从这些理论家的学说中学到很多东西，可是他们的理论同企业管理之间有一个至关重要的区别，即古代的国家组织结构相对比较封闭。合乎道德规范要求的统治只需要达到以下两方面的目标，即对内为民众实现安定富裕的生活，对外掌握强有力的军事保障力量。在这种情况之下，根本就不存在所谓的客户。我们虽然也可以把军事理论家们所说的那些敌方军队理解成客户，不过我觉得这样的意义不大。这些理论家认为，统治的目的和合法性都建立在为被统治者提供利益的基础上。这两个集团组成了一个独立的体系。"

"好吧，可是这真的很重要吗？"我问道。现在我又有一些搞不清楚拉迪斯先生想要干什么了。

"那么威尔曼先生，"拉迪斯先生不怀好意地笑着，"在解决男性生理需求的时候，您是不是也喜欢独自一个人待着，这二者之间的区别就很重要了吧？"

这种事当然得区别对待。随着这个念头，我不由自主地猜想，关于领导者与被领导者是否独立存在的问题，以及是否存在外部客户，这些问题之间或许有所区别。可是拉迪斯先生到底想说什么呢？于是我满怀疑问地盯着他。

"其实，我的意思是：客户的需求决定我们前进的方向。当然，在到底满足谁的需求这个问题上，您还是有选择权的。可是一旦您选定了您的客户，那么一切的工作就将由这位客户来进行主导了，员工和领导者都得

---

① 克劳塞维茨：19 世纪初德国军事理论学家和军事历史学家，其代表作《战争论》影响深远。——编者注

只要我们还信奉领导和下属的体系，而漠视客户作为领导力的地位，那么，我们所能够得到的就仅仅是空虚的自我安慰而已。

靠边站。领导者并不是员工的服务提供商；反之员工也并不是领导者的服务提供商。他们两者都为客户提供服务，当然他们各自都扮演了不同的角色。对领导力讨论最完善的表述应该是：只要我们还信奉领导和下属的体系，而漠视客户作为领导力的地位，那么，我们所能够得到的就仅仅是空虚的自我安慰而已。"

我大体上能够理解这种观点，虽然它在我看来有一些极端。不过，我这个人是很实际的，所以我接着问道："很精彩，可是这又说明了什么呢？"

"现在我想给您介绍两种工作模型。"

工作代理

工作移交

拉迪斯先生画完了草图，继续说道："首先，这两幅图清楚地显示了'工作代理'和'工作移交'之间的区别。在第二种模型中，经理被

118

置于项目流程之外，而不再是高级的专业人员了。因此，您能够达成以下几个目标：

● 专业人员成为直接的责任人，您甚至可以根据客户的满意度来制定专业人员的薪酬标准。

● 您可以消除造成质量低劣和重复劳动的罪魁祸首之一——在工作代理模式中存在的'传话原则'所造成的损失。

● 专业人员会认识到，那些要求是来自客户，而不是您，您将能够摆脱与他们之间存在的矛盾和冲突。在工作代理的模式下，您与客户之间进行的有益的讨论很有可能迅速地演变成管理上的冲突。

● 专业人员们会意识到支付他们薪水的人是客户，而不是您，您亦可摆脱由此产生的各种矛盾冲突。

● 您能够系统性地得到客户的反馈信息。

● 根据这些反馈信息，您能够对公司进行调整，使之能够不断地完善和优化。

● 您可以与"管理超人"这一理念说再见了，您不再需要既做最好的经理，又做最好的专业人员。当经理不再作为最好的专业人员出现之后，专业技术培训就可以由更专业的人士来接手。

● 您大大减轻了经理的负担，使他能够更好地把注意力集中于他的本职工作。

"不仅如此，从表中我们还能够看到：如果人们把图表右边的客户部分遮住，"拉迪斯先生站在白板前，遮住了右边的内容，"那么这幅图表就没人能够看明白了。您甚至不能够认识到工作代理和工作移交之间的巨大区别，因为现在您只能够看到领导力和员工之间的关系。虽然您可以把上图硬说成古典的管理模型，而下图则是值得推崇的领导模式，可这两幅图都没有实际意义。它们就同那些难以表述的关于领导力及管理与领导的大讨论一样，因为它们都忽略了客户的主角地位。"

我仔细地研究着那两幅图表，渐渐地，我有些明白拉迪斯先生的意思了："您的意思是说，我应该不再直接地干预诺贝尔特的软件开发工作，而是应该制定体系标准，进行相应的评定，同时调查客户对成果的满意程度。"

拉迪斯先生点头道："没错，而且您最好事先就制定好标准，这样才能更好地对结果进行衡量和评估。"

我也点了点头道："是啊，我们其实可以在每一份单独的订单协议里都注明，需要客户为我们的工作打分，如果得到一分或者两分[①]，诺贝尔特就能得到一份奖励。"

"听上去是个好主意，不过这个方法要求进行先期的准备。只有在接到新订单的时候，您才能够与客户进行约定，而且您必须把其他的工程师也考虑进来。此外，在订单结束之后，您要怎样区分满意的和不满意的客户呢？"

我思考了一会儿说："我们那些存在问题的订单大多是因为产品需要修正和运行错误的报告。我们可以把产品修正请求和错误报告的数目同项目的大小进行对比，以获得一个参数。"

拉迪斯先生点头肯定了我的想法。

我把学到的东西又思考了一遍，然后尝试着进行总结："周一我会把所有的软件开发工作移交给诺贝尔特，他必须对所有的任务有一个大致的了解。一方面，他要从客户的角度出发，把各个项目按照紧急程度进行排列；另一方面，他也需要考虑项目的复杂程度，因为诺贝尔特是除我之外公司里专业水平最高的工程师，他应该亲自完成复杂的项目，而把其他的工作交给别人去做。

"周二我们开会讨论诺贝尔特将要承担的哪些任务。首先，我会对他

---

① 德国通常的评分标准是五分制，一分最高，五分最低，与我国的 5 分制相反。——译者注

解释说，他将要直接地与客户沟通。我会依照客户的反馈信息对他的工作进行评估，具体的评估标准将参照产品修正请求和错误报告数目同项目规模之间的比例关系来制定。

"然后我会努力向大家解释，我一贯以来的体系标准是什么。例如，测试的标准，还有软件评价的标准，等等。

"最后我会问诺贝尔特，他是否需要我在某个方面给他提供支持和帮助，然后我们共同谋划这部分的内容。然后还有什么需要补充吗？"

"然后您还要搞清楚，这些任务能够在多长时间内完成，由谁用什么方式来规定参数，以及它们什么时候能投入使用。最好您还能够问清楚，最迟什么时候诺贝尔特才能够给您递交一份清单，清单内容是不超过3条、对企业未来发展有帮助的合理化建议。"拉迪斯补充道。

我把整个过程又仔细想了一遍，觉得关于诺贝尔特的这部分事情进展应该会很顺利，毕竟他是我最好的工程师。可是在把这一理念灌输给其他员工这个问题上，我犯难了。我觉得自己根本指望不上他们，于是我把这些想法告诉了拉迪斯先生。

他点头道："我们之所以选择诺贝尔特就是因为从他这里您能够以最快的速度得到结果，不仅如此，您还不必冒太大的风险，就能够获得关于工作移交这一理念的最初体会和第一手经验。当您稍后对付那些比较难缠的员工的时候，这些经验会给您带来很大的帮助。

"最后还要注意，移交工作的这个过程仅仅只是经理的工作，而不是企业家的任务，之后您需要让您的经理来接手整个操控程序。因此，您最好在任命经理的第一时间就把这项工作交出去，不然您将来很有可能会遇到问题，您会发现自己身陷管理经营的工作中，无法脱身。"

我若有所思地点了点头，关于这一点我还真没想到。不过我可以肯定事情的走向：我接管了本该由经理来承担的工作，结果工作越来越多。不出2年，我的情况又会变得跟现在一样糟，只不过到那时我是被管理工作压得不堪重负，而不是专业性的工作。我又问道："那么对待保罗和玛丽亚也是类似的步骤？"

"对保罗是这样，最好把时间就放在周二的下午。不过玛丽亚的情况要复杂一些，我想把这个问题留到今天下午，等到我们讨论您的计划体系的时候再说，好吗？"

我同意了。

2.1.3　避免逆向代理

我们的讨论继续进行。拉迪斯先生进行了一番中途小结："现在我们已经达成了不少目标啦。您的员工得到了更多的空闲时间，您将手头的一部分工作移交给了选定的员工，为了维持这种状态，您还必须使那些已经移交出去的专业性的工作和管理工作留在相对应的员工手中。其实这件事情的基础您已经打好了。首先，您已经明白，专业性的工作和管理经营工作都不是您应该承担的任务。然后，您已了解了工作移交的原则——您始终不插足专业人员和客户之间的互动关系，也就是说，您要使自己远离那些工作产生的源头。

"可惜这些工作都很顽固，它们比狗皮膏药还黏人，它们还能通过其他的方式找上您。请您给我说说，除了从客户那里，专业性的工作还会以什么样的方式被交到您手中？"

"有一些工作是我一直就在做的，还有一些工作我觉得太重要了，如果不自己做我不放心。还有一种情况，某一个员工承担了这项工作，可是他在中途遇到了问题，于是来找我。为了让工作进展得快一些，我经常会直接接手这些工作，或者试图告诉他应该怎样做。"

拉迪斯先生放松地靠在椅背上，微笑了一下。

我逐渐意识到了什么："您的意思是说，我的员工都把我看作最好的专业人员，所以才会不停地把工作交到我面前？"

"没错。在绝大多数的企业中，那些专业人员也会找人代理他们的工作，他们尤其喜欢找上企业家本身。

122

"在这个时候，如果企业家用专业人员的方式直接试图解决那些问题，那么他就会变成一块吸引工作的磁铁，然后他的角色就被颠倒了。关于这一点，我还是想用一幅简图来说明。

企业家代理工作

"就算您不再把自己置身于专业人员和客户二者的直接联系之中，那些专业人员还是会找您，向您寻求直接的解决方案。只要他们还把您当作专业人员中的一员，这种情况就会一直持续下去！如果您自己也把自己看成是专业人员，并且乐于承担这些工作，那么这种情况就更加不会改变了。

"请您诚实地面对自己的内心，当那些可怜的、束手无策的专业人员找上您，向您寻求帮助的时候，您是不是会产生一种超人一般的优越感？当您发现这些问题对于自己来说简直是易如反掌的时候，这种优越感是不是更强烈？"

是啊，我必须得承认，我的心里确实是这么想的。对我来说，这种优越感是自我价值最重要的源泉之一。我觉得从某种程度上来说，我就是一个消防员，能够拯救所有的人。即使有些时候我也不能够攻克那个难题，那也没什么丢脸的，因为其他人已经证明了他们更加没有能力攻克它。因为抱有这种想法，所以我从来不会有挫败感，可获得自我认可的代价是做不完的工作。

"可是，"我大声说道，"员工带着问题找上我的时候，我到底该怎么做呢？我总不能直接把他们赶走吧？"

"关于这个问题，美国作家兼顾问威廉·翁肯[1]早在20世纪60年代就给出了一系列的解决措施。这是他为世人提出的最重要的一条建议，也相当有名，不过这条建议从来没有被纳入任何体系中，而是始终被人们看成一种管理方法。

"这条建议的内容很简单：如果您的员工带着一个问题找到您，您就反过来问他，有没有想出什么解决的措施和建议。如果这名员工说，他没有任何好办法，那么就请您给他规定一个期限，在这个期限之前，他必须给您提交三条解决建议。

"如果您的员工请您给出建议，那么您也要反问他，'下一步您要做些什么呢？'威廉·翁肯形象地用一只猴子来作比喻。请您想象一下，您的员工走进您的办公室，他的背上蹲了一只猴子，如果您接手了他的工作，那么这只猴子就会跳到您的背上；如果您总是这么做，不久以后，您的办公室就会变成一个猴子窝了。"

我不由自主地吞了一下口水。事实上，我的办公室里的确到处都是各种纸条、文件，还有其他乱七八糟的东西。这些显然全部都是员工们的"猴子"，可我以前还一直以为，是我自己不够有条理。现在我终于明白了，由于这种错误的思维方式，我无论如何也不可能变得更有条理。我办公室的混乱状况是一个必然的结果。

"很好，不过我还有一个问题。事实上，我经常意识不到自己又接手了一份本来不属于我的工作，等我意识到这一点的时候，那名员工可能早就离开了我的办公室。而且，就像您之前所说的那样，我本身也喜欢做那些工作。那么我应该怎样改变这种状况呢？"

---

① 威廉·翁肯：美国作家，企业顾问，著名的"时间管理中的猴子理论"创始人，与唐纳德·沃斯合著《谁背上了猴子》一书。——译者注

"精神病学家罗纳德·莱因①曾经说过，'在诱因和反应之间存在一定的空间，在这个空间之中，人们可以，也有能力选择做出何种反应。'不过有两点需要补充说明：首先，这句话是有局限性的，它只适用于我们的一小部分行为。人类大多数的行为是下意识的，是自然而然产生的。这一点其实很不错——如果您希望能够有意识地控制自己的所有的行为，那么您恐怕会在一天之内遭遇多起车祸。而另一点则正好相反，也更重要，您可以自由地选择有意识地进行哪些活动。这样，您就可以把诱因和反应之间的空间再拓宽一些。

　　"具体到您的问题上，这句话的意思就是：在条件反射地接手工作和控制自己不接手工作之间，您应当如何建立自己的空间呢？

　　"答案就是请您为自己建立一个新的条件反射！您要养成一个习惯，那就是把每一件最细小的工作都记入您的计划体系之中，而且一定要在接到工作的第一时间就做这件事。"

　　"这对我来说应该不会太难，我一直就有罗列待办事项清单的习惯：我总是把所有工作都记录下来。可我并不觉得这能解决我现在的问题。"

　　"这其实很简单：在您今天中午将要了解的新体系列表中，任务列表的旁边还添加了一栏空白，用来填写缩略字母 F、M 和 U，即分别代表专业人员、经理和企业家。如果您已经养成了随时记录待办事项的习惯，那就真是再好不过了。您只需要额外记住：第一时间在那一栏空白中填一个 F，一个 M，或者是一个 U 就可以了。如果您用了我给您设计的表格，一切就会变得非常简单，您一眼就能够看到需要填写字母的那一栏空格。

　　"现在，如果有一名员工站在您的面前，而您又刚刚意识到，这需要您在计划体系中添加一项 F 任务，那么这项工作您就不应该接手。一旦您

---

① 罗纳德·莱因：英国著名的存在主义精神病学家，他把存在主义哲学与精神分析思想结合起来，用存在主义哲学的术语对精神分裂性个体和精神分裂症患者的内部世界进行了生动的描述，使精神分裂的过程为世人所理解。——译者注

产生了这种意识——要知道这样的习惯能够随时帮助您在恰当的时间意识到问题所在——您就胜利了。由此产生的行为，即把"猴子"交还给员工，不过是一个符合逻辑的结果。

"假如，在已经接手那项专业性的工作之后，您才意识到问题，情况也并不是就无法挽回。您可以在任何时间把"猴子"还回去。不过有一点是肯定的：还得越早越好！"

"事情真的这么简单？"我觉得有一些难以置信。

拉迪斯先生微笑着点了点头："事实上就是这样。对于那些已经实践了一段时间的人，我这里还有几个小技巧。不过您暂时还用不到它们，在现阶段，它们不仅不会对您有所帮助，反而会把您弄糊涂。"

我忽然意识到，整个上午我们讨论了很多东西。即使我有些时候觉得没有头绪，之后也总能认识到它们的意义所在。我看到，在我的面前有一条通衢大道，使我能够成功地摆脱那些专业性的工作。不过我也意识到自己的眼前还存在新的挑战：我需要一位经理，使自己不致在 2 年之内走回到老路上。

"我想，我们应该先休息一会儿，然后您再接着为我解惑，指点我关于经理的问题应该怎样解决，您看怎么样？"

拉迪斯先生摇了摇头："经理和业务主管的问题现在还没那么急迫，虽然您迟早需要找一位经理，不过眼下，我们还有更重要的事情要做。如果今天晚上还有时间，我们还可以稍微讨论一下这个话题，不过这可不是一个在仓促间就能够解决的问题。"

然后，拉迪斯先生微笑着转身离开了，只丢下一句话："现在我们休息 15 分钟吧。"

2.2 认识企业家体系

一刻钟之后拉迪斯先生回来了："威尔曼先生，现在请您总结一下我们刚才都说了哪些内容，以及我们的下一项任务是什么。"

我翻了翻自己的笔记，大概浏览了一下之前的内容："昨天我们用专业人员、经理和企业家之间的区别开了头，然后我下定决心，要由一个独立职业者变为一个企业家。这就要求我完成企业家的任务。身为企业家的第四项任务是清理废物，我们刚刚就是在做这件事。"我把企业家的任务列表拿了出来（参看第 43 页），然后补充道："把'猴子'还回去，召开时间大扫除会议，移交工作而不是找人代理。"

我思考了一下，又继续说道："我们也规划了下星期需要完成的几项任务，我想我们还需要对接下来的两周进行规划，使我能够有效率地工作，为我们下一次的会面打下良好的基础。"

拉迪斯先生点了点头："您的确需要一个短期的计划，不过这个计划必须与您的长期目标有所关联，不然我们就完全没有必要进行昨天的讨论了。所以我们首先要进行长期的规划，在很长一段时间里，我们就假设接下来的 20~40 年吧，您都离不开它，因此您需要系统地进行这项规划。相对于那些解决瓶颈问题马上需要用到的东西，我想讲得更长远一些。我们现在就先来建立一个长期的规划，您看怎么样？"

这种情况我昨天就遇到过，拉迪斯先生总是先把我的思维带到一个完全不同的层面上，然后我的面前就会如拨云见日一般出现一个解决方案，一个在过去绝对会被我视为不可能的解决方案。现在我对接下来要发生的事情非常好奇，于是点了点头。

2.2.1 企业家体系与时间管理

"首先，我们的目标是让您了解这个体系都具有哪些基本特征，这将为您日后的规划、发展和举措构建一个大的框架，我把这个体系称作企业家体系。其次，我们需要解决您的瓶颈问题，为此我们需要对最重要的具体规划步骤进行考虑。"

顿了一会儿，他又继续说道："您从前接触过时间规划体系吗？"

"如果您指的是区分'紧急'和'重要'事宜之类的方法，那么我的确尝试过，不过那种方法根本就不管用。"

"为什么会不管用呢？"拉迪斯先生问道。

我仔细想了一会儿，然后摇头道："我也不太清楚，原因有很多吧。我总是有一种感觉，好像我所做的一切事情都是重要且必须的，于是我所制订的计划总会遇到各种各样的障碍。我常常会想起约翰·列侬的那句名言，'当我们正在为生活疲于奔命时，生活已离我们而去。'①此外，这个时间规划体系对于我来说有一些太吃力了，我尝试过几次，但效果都不好，我的工作总是在两到四周之后又变成一团糟。"

"嗯，这些理由的确挺重要。"

我有一些怀疑地问道："您现在该不会是想为我介绍另一种时间管理体系吧？是根据'欲速则不达'那句谚语，还是其他的依据？"

拉迪斯先生的脸沉了下来，他毫无预兆地爆发了："这简直就是我所听过的最愚蠢的念头。"然后他又接着说道，"说实话，这倒是一个搞推销的好方法，我们的大脑不喜欢矛盾和异议。如果停留在一个悖论上的时间足够长，我们就总能找到一些看似有异议的阐释。"

他想了想，又补充道："有些时候，这条谚语甚至还能给人带来好处，至少它可以发人深省。不过即使是这样，这条谚语也还是错的。它所包含的批评和指教是针对那些行事太过仓促的人们，可问题是，大多数人根本就不会有所行动，而只是焦躁不安地待在原来的地方，唉声叹气。即使他们有所行动，也很少有人真正朝着内心所希望的方向前进。说到底，这种敦促和指教只是对佛教观点的一种误读。我觉得这一信条的支持者都应该，或者再极端一些，必须同少林寺的和尚们一起修行一天。

"请您想象一下这样一幅场景，两个人一起跑马拉松，要求他们必须

---

① 原句为"Life is what happens while you're busy making other plans"，直译为"在你忙着为生活做其他计划的时候，发生在你身上的事情就是生活"。——译者注

同时到达终点。6小时之后他们跑完了全程，两人的情绪都很糟糕，精神焦躁，而且互相在指责对方。其中一个人是专业的马拉松运动员，他本来可以在3小时之内就很轻松地跑完全程。而另一个人平时更喜欢在自家的花园里做园艺，同朋友们喝茶，他根本就不想跑马拉松，如果不是第一个人跑得太快，他可能要用12小时的时间。虽然第一个人做了自己想做的事情，可是如果他希望更愉快一点的话，就应该把速度再提高一些。而第二个人则应该去干别的事，而不是跑马拉松。

　　"所以对这句谚语的正确表述应该是'如果你很着急，那么就跑快点！不过一定要找准方向'。这也不是什么新说法了，古罗马哲学家塞内加就曾经提出过这样的观点。"

> 如果你很着急，那么就跑快点！不过一定要找准方向。

　　这期间，拉迪斯先生已经平静下来，他沉默了好一会儿，然后继续说道："我想教给您的东西不是时间规划体系，虽然其中有一部分是以时间规划为基础。您说的那种体系的确有很多优点，从理论上来说，它不失为一种好的理念。可事实是，我所遇到的绝大多数的企业家认为，这种体系在他们的手中并不能起到作用，因为它本身也存在许多缺点。

　　"第一个缺点：您的意图本身其实并不是想要对您的时间做出规划，也不是想要确立优先权。您的意图首先是要实现自己的目标，然后是尽可能地向前发展，使您能够实现未来的目标，最后获得幸福，找到人生的意义，履行自身的义务，取得成功。所以，您根本就不需要什么时间规划体系，您需要的是达到目标、发展个性的体系，是获得幸福、找到意义、履行义务、取得成功的体系。这是与前者完全不同的。"

　　"它们有哪些地方不一样？两者都是在做规划啊，难道您不觉得这是在钻牛角尖吗？"

　　拉迪斯先生摇了摇头："时间规划体系能够帮助您规划时间，可是就算您做出了时间规划，然后按照规划来完成所有的任务，这也并不代表您就一定能够实现自己的目标。

"因此，美国时间管理专家史蒂芬·柯维①把他的现代时间规划体系同目标设立体系进行了一体化。依照他的理论，如果您使用了这个体系却没有达到理想的效果，那么不是因为您遇到了人力无法影响的事情，就是因为您自身的不足，例如，缺乏纪律性，而绝对不会是因为您采用了这个体系，设立了目标并规划了时间的缘故。即使您一步都没能朝着自己的目标前进，这个体系也已经完成了任务。这就好比您拥有一台运转良好的发动机，但是缺少变速箱、底盘和车轮。衡量一辆汽车的标准是它是否能够行使，而不是它的发动机是否能够运转。"

我点了点头。

拉迪斯先生继续说道："时间规划体系还有第二个缺点。很多关于时间规划体系的理念的确有效，例如，'艾森豪威尔法则'②中对于'紧急'和'重要'的区分就是如此。可是它们都具有很高的普遍性，或者说是抽象性，这就需要企业家们在具体应用这一法则时，要把握目标的差异性和针对性。因此，我才把之前想要介绍给您的那个体系简略地称为企业家体系。

"时间规划体系的第三个缺点是，它所强调的体系仍然是一个预定义体系，您需要调整自己来适应体系。这需要能量，很多很多的能量。因此，您所需要的是一个能够适应您的体系，一个总是存在于您的视野之内、为您提供支持的体系。

"时间规划体系的第四个缺点是，这个体系通常情况下只与您一个人

① 史蒂芬·柯维：美国管理学大师，著有《高效能人士的七个习惯》及其他畅销书籍。——译者注

② 艾森豪威尔法则又叫"十字法则"或"四象限法则"，创始人是艾森豪威尔。画一个十字，分成四个象限，分别是重要紧急的，重要不紧急的，不重要紧急的，不重要不紧急的，把自己要做的事都放进去，然后先做最重要而紧急那一象限中的事。——译者注

有关系。这类体系非常符合约翰·韦恩①的世界观，即我和我的左轮手枪。只要一名不了解您计划的员工找到您，您的计划就会被打乱，或者您会发现自己又一次站在了防御战线上，又或者您"枪毙"了那名员工。每每总是这样。

"与此相反，一个卓有成效的体系会通过您个人所处的环境来支持您。如果您得到了这样的支持，那么您又怎么可能完不成计划呢？

"这最后一点也包含了社会监督的问题。作为专业人员，您得到了一位客户，如果您不能够满足他的要求，或者他转而寻找其他专业人员，您就会有很大压力，而您的工作就会不由自主地疲于应付这种压力。社会压力使事情变得紧急，因此您昨天不得不同伯尔特拉姆先生约定，让他担任您继任者的代理人。伯尔特拉姆先生是您企业家体系中最重要的一部分。

"您当然也可以找更多的人来监督您，比如一位顾问，再比如您的女朋友，您还可以找一位有实力的竞争者，或是您的女秘书来担任这一角色。"

我消化着所听到的东西："我基本上能够理解您对于时间规划体系的批评和指责，您说的这些事情我自己也曾经历过，它一点儿都没能缩短我与目标之间的距离。不过我扪心自问，这一切到底应当走向何方？虽然昨天我也定义了几个生活目标，可是到目前为止，我既不知道企业的愿景是什么，也没有制定过企业战略，我自己都不知道自己应该向哪一个方向发展。难道我就不能做一些具体的计划吗？"

"从某种程度上来说，您说的有道理，"拉迪斯先生说，"这种困难您不可避免地会经常遇到。您开始设立自己的价值观和目标，却并不清楚企业的愿景和战略。您想从做规划开始，却还不清楚自己到底该规划些什么。可是如果您不从规划开始，事情又不能推进。您想执行自己的计

---

① 约翰·韦恩：1907 年 5 月 26 日出生于美国。他是以饰演西部片著称的好莱坞明星。他的指导教师约翰·福特给他起名为约翰·韦恩之前，他叫马里恩·莫里森。1939 年福特让他在著名的《关山飞渡》里扮演角色。——译者注

划，可是对于自己到底想要获得什么样的结果，您却不甚明了。可是如果您不着手执行计划，那么您就永远不可能了解这些事。

"事情的各个部分之间常常会互相制约，而且它们每时每刻都在改变。我们今天所要完成的内容是企业家体系的基础，虽然它还存在许多空白和漏洞，其中的很多东西还会发生改变，可这是我们目前唯一能做的事情。

"如果我们现在就把您的愿景完善到最后一个细节，那么最终将没有一家企业能够实现这一愿景。可是如果我们仅仅是规划日常事务，那么您就会像无头苍蝇一样乱转。您必须能够同时在不同的位置上开展工作，自上而下、由下而上或者从 A 到 B 的线性模式是行不通的。

"我个人也坚信这种线性模式行不通，因为您是一个有机体系，您的公司是一个有机体系。有机体系从来不会自上而下或者从 A 到 B 地发展变化。因此，任何预先制定好一系列步骤的管理方法或是规划体系都会令我产生怀疑。诸如'7 个简单步骤使您获得成功'，您可以读一读所有类似体系的实践案例。这些案例有一些会起作用，而大部分都不管用。这并不是因为它们的步骤是错的，而是因为它们根本就不合适。

"您必须学会容忍这些空白和疏漏，我们下周会填补其中的一些漏洞，可是为此又会产生新的漏洞，不过它们是更高层次的漏洞。这个过程永远不会结束，永无止境！其他的一切都是虚假的。"

"拉迪斯先生，这些东西听上去哲学味太浓了。对待工作，我一向是完成一件事才开始下一件事，要我同时做几件事，我可做不来。"

"您说得当然有道理。不过我的意思是，希望您不要按照一个死板的、预先规划好的顺序来工作，因为总会有您事先预料不到的事情。最佳的方法应该是，把握住每一个送上门的机遇，随势而动，及时清除掉发展中产生的各种瓶颈问题。

"眼下，您不应该在企业愿景或是企业战略中寻找您的瓶颈，您的瓶颈在于，您必须不断地为自己创造出空余时间，使自己能够顺利地开展企业家的工作。"

我点了点头。为了能够让他解释得更清楚一些，我继续问道："那么这个企业家体系到底是什么样子的呢？"

"我给您带了一份样稿，稍后我还会给您一份电子稿①，这样您以后就能够根据自己的需要对它进行改动了。现在我用一张简图来为您介绍一下该体系的各个部分。

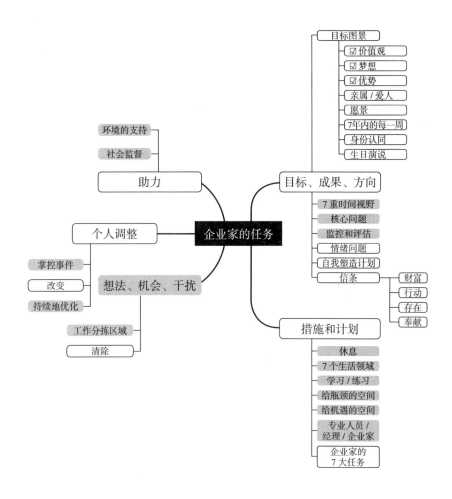

---

① 想了解样稿的完整内容，请您访问 www.unternehmercoach.com。——原注

"现在让我们来看一看它的组成部分。第一部分规定了您的发展方向，这里指的是您的目标、成果，还有长期保持的方向。第二部分是措施和计划，这里关注的是您的具体任务。第三部分只牵涉一个问题，那就是您将如何对待想法和机会。您的生活同您的企业都具有生命力，这一点务必在该体系中得到体现。否则，还没等您有所察觉，您的体系就已经被不断发展变化的现实摧毁了。第四部分关注的问题是，您要如何使该体系与您的个人习惯相适应。而第五部分关注的是如何把您所处的环境变为您的助力之一。

"在时间或者时间规划体系中，前两个部分的内容有时也会以减缩的形式出现，不过它们绝对不会包含后面三个部分。

"那些打了钩的部分我们已经完成了，灰色的部分是我们今天需要讨论的内容，其他的我们放到以后再说。想一次性完整介绍这个体系是不现实的，因为它的内容实在是太多了。"

说实话，这个体系的结构之庞大令我感到非常惊讶。虽然我有一些消极，可我还是闷闷不乐地说道："仅仅是为了建立这个体系，我每周就需要花 2~3 小时的时间，我别的工作都干不完，哪里还有这几个小时的空闲！"

拉迪斯先生摇了摇头："如果从单件工作的数量上来看，您说的的确有道理。不用花时间在企业家体系上，您的确可以多做不少事情。窗户上的苍蝇从来不做计划，所以它们有很多时间飞来飞去；可是如果它们也会做计划的话，那么它们就能飞得更高、更远。如果从结果的角度来考虑，即使每周在这个体系上花 20 小时，那也是非常值得的。而事实上您每周需要花费的时间不会超过 5 小时，"他笑道，"也就是比您所估计的时间多一倍的样子。"

显而易见，我的那种被动地接受外来工作、不停改变目标设置的旧式专业人员的思维再一次把我俘虏了。于是我问道："拉迪斯先生，您的意思是说，我总有一天能够自然而然地用企业家的方式来思考问题吗？"

"是啊，那是自然！您只需要不断地实践和练习，而企业家体系恰恰能够帮助您实现这一点。我们现在最好马上开始讨论灰色部分的内容，我想我们可以按照顺时针的方向来进行。

"您并不需要立刻就掌握和使用整个企业家体系，而是要逐步地去补充和完善它。考虑到这一点，您的工作量其实并没有看上去的那么多。"

2.2.2 目标、次级目标、标准和任务

"您的长期目标，例如，建立一家拥有 150 名员工的企业虽然很重要，但是在日常生活中不能够对您产生帮助，"拉迪斯先生解释道，"我想给您举一个例子。20 世纪 90 年代，极限运动员休伯特·施瓦茨曾经在 80 天内骑自行车环绕地球一周，行程超过 2 万公里。假如他在埃及的沙漠里遇到了沙暴，而前方还有 1.5 万公里的路途，这个时候，如果他以柏林为目标来激励自己，那么他肯定坚持不下去。这里的诀窍在于，要学会移动注意力的焦点。终点，每一块大陆上的目标点，每一天的目标，每一公里，脚踏板每转动一圈，我们要根据当前的问题和动机来选择目标的远近，以达到激励自己的目的。

"为此您需要分解自己的目标，根据任务难易程度的不同，您需要不同的过渡目标。在时间管理的领域，您能够在很多作家的作品中寻找到这种理念。除了长期的愿景和目标，您还需要设立一个为期 7 年的计划周期。此外还需要以一年为单位的周期，然后是以季度为单位的，接着是以月为单位的，再然后是以周为单位的，最后一个则是一日一计。

"为了能够达成您的大目标，您需要在这些时间周期内寻找到稍微小一些的过渡目标。

"这些时间周期理念之间的区别往往是微不足道的。有些人认为，在上面的那些周期之外，还需要设立一个长达 21 年的计划周期。这看上去似乎有一定的好处，因为不同的人生阶段，例如，青年时期或者老年时期，都能够被包括进来。可是就我的经验来看，这种方法有一些得不偿失。正

好相反，大部分的时间周期理念都不包含以周为单位的周期，我觉得这一点很成问题，如果想要进行有效的监督和调控，一年和一个月之间的间隔就有一些太大了。

"此外，7年计划经常被看成可变的。对于2008年度的规划来说，7年计划会在2015年结束；而对于2009年的年度规划来讲，7年计划的结束时间又顺延到了2016年。这意味着，您的7年目标很有可能会变成毫无约束力的流动性目标，您将永远也不可能靠近它一步。因此，7年计划必须有一个固定的完结日期，并且随着这个日期的临近而不停地缩短，更大的目标可以放在下一个7年计划中实现。

"现在您应该干些什么呢？第一，您需要对您的长期目标进行分解，把它们拆分成易于控制的小单元。第二，对您的成果进行控制、评估和检验。第三，则是为自己寻找方向。"

"您的意思是对于每日计划我也要这么做？每天为自己寻找新方向？这也太漫无边际了吧！"

"也不是寻找新方向，"拉迪斯先生说道，"只是寻找方向。您需要问一问自己，您是不是前进在正确的道路上。昨天我也曾经提到过基督教教徒，对于基督教教徒们来说，这种自省是一条戒律，他们需要每天询问自己，是否前进在正确的道路上，甚至要一天做两次。我们现在用您的其中一个梦想来试一试。昨天我们讨论梦想的时候，您曾经说过，希望成为一名优秀的企业家，这也是您目前的瓶颈所在。所以我们就从这个目标开始吧，将来就算没有我的帮助，您也可以在其他梦想上重复这些步骤。现在我会向您提出一系列问题，这些问题会相当细致，您没有意见吧？"

"一定要这样吗？"我有一些怀疑地问道。

"您还记得昨天的第二重冥想吗？您当时在设想目标场景的时候遇到了困难。除非您能够对自己的目标产生清晰的图景，否则您不可能实现这些目标。尽管只有极少部分的企业家重视这种利用细节来定向的方法，我们却不可以绕过它。"

我最后还是同意了。

拉迪斯先生继续说道："第一个问题，哪些事情能够让您意识到，这个目标已经实现了？"

这个问题让我有一些不知所措。怎样才算是出色的企业家呢？我耸了耸肩。

拉迪斯先生一言不发。

于是我只好试探地说："如果我至少把企业家的任务完成了80%以上，或者我拥有一家很大的公司，又或者那些企业家的工作让我觉得如鱼得水，这时候我就可以算是出色的企业家了，对吧？"

"听上去是个不错的开始，您既考虑到了财富和行动，也考虑到了存在和奉献，不过这对我来说还不够准确。您到底在什么时候会拥有一家大公司？"

我思索了一会儿，在脑子里回想了一下我的目标简图，然后说了个数字："当我拥有150名员工的时候。"

"如果您的员工人数没有达到150人，您就不是一位出色的企业家？"

"怎么会？我当然还是一名出色的企业家，或者至少我会成为一名出色的企业家。不过这一点很重要吗？"

"对，很重要！如果您没有为自己的目标设立任何标准，您就没办法做计划。举个体育方面的例子，如果您不知道自己正在进行的是一项什么运动，需要跑多远，那么您很难获得好成绩。"

我再次回想了我的那100多个目标，然后做了第二次尝试："当我公司的销售利润率达到20%的时候。"

拉迪斯先生又一次否定了我："虽然有进步，可是走错了方向。企业存在的意义可不是获得利润，利润只是结果。如果利润再一次成为您用以衡量个人成功与否的标准，那么这无疑是一种退步。"

我忽然觉得公司的规模对我来说没有那么重要了。也许重要的应该是我所做的事情："如果我把80%的时间都用来完成企业家的工作，那么我就是一名出色的企业家了。"

"这才是一条明确的标准，它很容易衡量。"拉迪斯先生赞同地说道，"不过我并不认为，如此您就能拥有企业家的自我认知了。事实上明天一早您就能够达到这个标准，您只需要在您的计划簿里写下：从早晨开始只做与价值观、战略、个人成长等有关的事情，您就可以成为一名出色的企业家了。"

这个小游戏渐渐地让我觉得不耐烦了，我感觉自己就像陷入了一摊烂泥里："您就不能直接回答一下这个问题吗？"

"我不能。因为我并不知道您对于出色的企业家到底持有怎样的看法，这一点只有您自己知道。如果您对这一点没有概念，那么您永远也不会真正认为自己是一名出色的企业家。即使您认为自己是，这种想法也是不稳固、经不起考验，而且持续时间不会长久的。不过我可以教给您一个小窍门：您可以想一想企业家的核心任务，还有您的价值观。"

我突然如拨云见日一般："如果我是一位出色的企业家，那么我的公司离开了我依然能够运行，潜在的继任者也对公司很感兴趣。如果我超越了极限，自我的极限或者市场的极限；或者如果我帮助客户们超越了他们的极限，我就会认为自己是一位成功的企业家。这次我说对了吗？"

拉迪斯先生终于笑了："我觉得您说得非常对！每个人的标准都不尽相同，可是我觉得您的标准非常有意思。不过我还得接着问，您要如何确认，您的企业离开您依然能够运行，并且潜在的继任者对它感兴趣呢？"

我惊讶地摇了摇头："这很简单，如果我外出度假三个月，当我回来的时候，一切依然井井有条。或者如果我的办公桌上有一份收购意向书，那么我就能够确认继任者的兴趣所在了。"

"很好，这些的确是可以衡量的标准！"拉迪斯先生表示很满意，"下一个问题，您要怎么知道，您超越了自己和市场的极限？您又怎么能够知道，您帮助客户超越了极限？"

这个问题比刚才的要难一些："对我来说，市场的极限最好确认，如果我成功地向市场投放了一种全新的产品，而产品又很受欢迎，那么我就知道自己突破了市场的极限。至于客户的极限，他们必须在我的帮助下获得更大的成功，我们就以对客户一年内销售额增加 20% 为标准吧。而我自己呢？"我沉吟了一下，而后继续说道，"当我基本能够自动地、本能地如企业家一般思考、感受和行事的时候，我就会认为自己是一位出色的企业家了。"

如今我站在宾馆的阳台上，眼前是美丽的上柯尼希峰，当我回忆起一年半以前的那一次对话，那些知识对我来说仍然记忆犹新，正是它们为我今天必须做出的决定打下了基础。拉迪斯先生，那家伙真是只老狐狸！他知道那些愿景总有一天会变成现实。大约两个月以前，上面提到的那三个极限都被我突破了：我自己的，客户的，还有市场的。我的公司现如今即使离开了我也依然运转良好。

而现在，我的办公桌上放着一份收购意向书，它来自一个投资人，一个继任者。真令人惊讶！我们当初为 7 年计划所设立的目标仅仅不到半年就变为了现实。我甚至还能清楚地回想起，拉迪斯先生带着恶作剧一般的笑容在白板上写道：

> **托马斯·威尔曼达成目标的标准：成为出色的企业家**
>
> ● 企业离开托马斯·威尔曼依然能够运转。标准：3 个月的假期。
>
> ● 继任者对公司有兴趣。标准：收购意向。
>
> ● 突破市场的极限。成功的新产品，这个可以作为标准吗？
>
> ● 帮助客户超越极限。标准：在一年之内使客户获得比原先多 20% 的成果（= 销售额增加 20%？）。
>
> ● 超越自我的极限。标准：把 80% 的时间都用于完成企业家的任务，自主地、本能地像企业家一样思考、感受和行事。

拉迪斯先生转向我："我觉得这里还缺一条关于市场的标准。您当然也可以用销售额当作标准，为了达到更高的销售额，您的新产品肯定要获得成功。可是这一类目标又会把您的焦点从市场和客户那转移到自身利益上，所以我不想接受这种标准。您有其他的想法吗？"

我想了一会儿："目前我们的产品主要面临着亟须推广、销售周期过长和价格争议很大的问题。由此我可以得出这样的结论：我们的产品没有足够的吸引力。如果我能够突破市场的极限，那么新客户就会不断上门，而且至少是现在的两倍。他们会迅速地把订单确定下来，也绝对不会讨价还价。"

我把自己刚刚说过的话又思考了一遍，最开始我觉得这一切根本不可能实现，可是当拉迪斯先生毫不怀疑地把这个标准写在白板上的时候，我终于意识到它的真正意义所在：这是一个令人激动的极限，正适合我去超越它。我像触电一般地兴奋起来。

假如拉迪斯先生那个时候对我说，在半年的时间里，我会有百倍于目前的新客户上门，他们会在当天做出下订单的决定，而且从来不会有讨价还价的念头，我会认为他是在讲童话故事，我绝对不可能相信他。

拉迪斯先生转过身来，对我说："昨天您已经确定，要把成为一名出色的企业家作为梦想。而现在您制定了一系列的标准，用来衡量自己是否已经成为出色的企业家。现在请您看一看这五条标准，然后闭上眼睛，假设自己已经完成了这些标准，那么您现在认为自己是一名出色的企业家了吗？我给您几分钟的时间。"

我走到楼梯间，目光四处游移，思索着那五条标准。有什么东西让我觉得很不舒服，虽然一切看上去都很激动人心，可是还是有什么地方不对头。刚开始我还不知道是哪里出了问题，接着我恍然大悟。如果我只是一次性地突破这些极限，那么在突破极限之后，我的生活就又回到过去了，一切都会停滞不前。

我回到房间里，一边打着寒战一边说道："还有第六条，我希望自己每年至少能突破这些极限一次。"

拉迪斯先生微笑着把这一点记录下来。"很好，现在我们拥有很明确的目标了。我们只需要把具体的步骤确定下来，然后对不同的时间维度进行归纳。"

　　不过在进行下一步之前我还有一个问题："您刚才说，这是'我的'标准。那么人们也可以依照其他的标准来工作吗？"

　　"那是自然！有一些企业家认为，建立稳固而紧密的人际关系是头等大事。热情的老主顾所占的比例就有可能是他们成为出色企业家的标准。另一些人把独一无二的卓越成就作为他们的最高价值信条，成为市场领导者也许就会被作为他们的标准。

　　"我们也可以拿继任者的兴趣来举例。比如，您把收购意向书作为标准，在家族企业中，如果儿子或者女儿对利用空余时间在自家企业里工作很有热情，并且乐于了解与企业相关的所有事情，那么这也可以作为标准。如果这世上只有一种标准，那么所有的企业将会是一模一样的。这太无聊了！关于我们所制定的这六条标准，您希望在时间上怎样区分它们呢？"

　　"这应该不难，我每年都希望能够突破一次极限，因此这一条应该属于年度目标。如果收购意向书能在 7 年之内出现在我的书桌上，我就满足了。至于我的公司能够离开我正常运行 3 个月这一点，我希望能够在 1 年之内实现，不过这对我来说似乎有一些不现实，第 2 年应该差不多。可是我现在只有 1 年计划和 7 年计划，这一条我应该归在哪儿呢？"我有些迟疑地问。

　　"这一条应该归在 7 年计划里，不过您可以在后面注明日期。我们继续，您可以把这些目标分解成具体的步骤吗？我们就从向市场推出新产品开始吧。"

　　我思考了一会儿，然后摇了摇头："说实话我们到底能不能够系统地、有计划地推出这样的新产品。如果能，我们又应该怎样去做，对于这一切我完全没有任何头绪。"

　　拉迪斯先生很高兴地鼓起了掌："太棒了！现在您已经找到了第一个

步骤。"

我一头雾水。

他笑道:"如果您不知道一件事情能不能做,该怎样做,那么您就应该去搞清楚这一切。您可以从书籍里寻找答案,或者找一个能够帮助和指导您的人。您决定选择这两种方法中的哪一种呢?又准备花多长时间呢?"

我每次都会被这些新说法弄得目瞪口呆。每当我觉得走进了死胡同的时候,拉迪斯先生总是能够不费吹灰之力地转换视角,并且从中找到任务或者机会。正如那句格言所说:"死胡同?这世上还会发生比这更妙的事情吗?总算有理由可以学习如何翻墙了!"事实上,用这种方式来思考问题应当是我作为"翻墙"者的本职工作才对。在我的健康还没有出现问题的时候,我的精神状态相当好,也许现在我还没有完全恢复吧。

"我觉得读书好像有一些过于奢侈了,我可没有那么多时间。所以我需要一名专家,比如说您?"

"不错的选择,"拉迪斯先生笑道,"您也可以找一位专精于为小型企业制定战略或进行定位的顾问。如果您的瓶颈问题与这些方面的内容有关系,那么这位顾问无疑是更好的选择。不过,除此之外还存在许多其他的问题,所以您可能会被各位顾问之间的沟通问题所困扰。不过,您希望在多长时间之内推出新产品呢?"

我想了一会儿:"一个月之内?"

拉迪斯先生摇了摇头:"除非您偶然间产生了一个天才的想法,否则很难实现。考虑到您手头上还有许多别的工作,我觉得一个季度比较现实。"

"我们可以在目标列表中把它归为第二季度的目标吗?"

"可以。不过您也可以继续分解这个目标,把这个月的目标定为了解战略发展的基本特征。这件事您得脱离我的帮助独自完成,所以您大约需要一整天的时间,您可以在两周之内用一天来做好这个工作。

"原则上说,这应该是很容易的,您完全可以对每一个目标重复相同的步骤。首先,您需要为每一个目标制定明确的、可以衡量的标准;然后是明确的时间段；接着您把每一个目标分解成相应的过渡目标，您有可能也要为这些过渡目标制定明确的标准。请坚持重复这些步骤，直到您到达具体行动的层面为止。

"一般来说，您只需要提前规划好接下来几步的行动就足够了，因为总是会不停地有新的情况出现。不过您至少得为每一项目标提前规划好下一步的具体行动，如果目标最后没有达成，多半是因为您忘了规划下一步行动，所以您就没办法继续前进了。如果您已经完成了前一步的行动，您就必须逼迫自己赶紧制定出下面一步的具体行动。"

> 如果目标最后没有达成，多半是因为您忘了规划下一步行动，所以您就没办法继续前进了。

"如果我在进行这些小步骤的过程中，察觉到自己最后可能会面临很复杂的困难局面，我该怎么办？"

"继续下去，就是这样。您也有可能觉察到很大的机遇，办法只有一个，即睁大眼睛，随机应变。那种传统的管理者不会喜欢这个办法，不过幸运的是，以您的财力，您也不能雇用这样的经理。

"这与下国际象棋有一点儿像。有经验的棋手能够对对手的弱点产生一个模糊的概念，可是具体该怎么将军，他一时还看不出来，不过这时他已经找到第一步的目标了。他可以在接下来的几步中系统地考虑棋路，不过也很少会一直想到将军的那一步，那样就太复杂了。这样，您走一步，对手走一步，然后您努力把之前的模糊概念变得清晰。如果在国际象棋这样简单明了的游戏中，您都不可能直接考虑到最后一步棋的话，那么在现实生活中就更不可能了，所以您也不应该把时间浪费在这上面。

"现在我希望，您能够把您的目标，也就是成为一位出色的企业家，还有您为此所制定的所有标准都重新整理一遍。我会给您一张绘制好的空白表格，虽然我自己比较喜欢画简图，不过并不是每个人都有这么一套简图大纲可用的。

"这些图表最重要的意义在于它们能够为您的目标和标准提供一份参

考。如果一项目标或标准发生了改变，您可以随即改写相应的过渡目标和任务。

"请您对所有的过渡目标进行编号，以便您能清楚具体的步骤和顺序。这一点很重要，因为有时目标、过渡目标或者任务是各自独立的，进行编号之后，您就能够看到它们之间存在的联系了。

"当您把过渡目标确定下来之后，请把为实现所有目标所需要的第一步都归纳在'首步列表'中。如果其中的某些任务有确切的期限，或者它们与瓶颈问题有关，那么您可以同时把这些任务写在您的日记本里。除此之外您必须把这张表单独保存，它稍后还会成为您的"过滤器"。此外，您还得专门为周期性的任务列一张表。这两张表对于各个时间层级的具体规划来说是不可或缺的。您听明白了吗？"

"没有软件能够帮我搞定这一切吗？"我有些烦躁地问道。这些烦琐的计划让我觉得很头疼。

"很抱歉，没有这种东西。有绘制简图的软件，有管理任务和行程的软件，有做项目的软件，还有监督的软件。可是还没有任何一种一体化的软件能够包含企业家体系这种目标达成工具所必需的全部功能。我感到很遗憾。不过我现在有点怀疑，您该不会是对处理细节的事情感到困难吧？是这样吗？"

事实上，他说的好像没错。

"您看，您刚学习书写的时候，每写一个字母都需要想一想，这一笔该往哪里拐，您必须注意每一个细节，练习每一个笔画。就算 E 和 F 之间的区别只有小小的一笔，可是您写的是 E 还是 F，结果却天壤之别。现在您已经把这些细节烂熟于胸，再也不需要花时间去思考它们了。对于企业家体系，您也需要做到这一点。"

这些话听上去很有道理："好的，没问题！"

我开始干活了，大约半个小时之后，我已经制定好所有的过渡目标，并且把这些过渡目标的第一步列在了一张单独的表上。

星期	2006 年 3 月 6 日—3 月 12 日						
目标	标准	过渡目标编号	过渡目标/标准	周期性/瓶颈	达成	第一步
U1[①]	5	1	减少员工的低效率工作（10%）	√	3.10	√

2006 年 3 月						
目标	标准	过渡目标编号	过渡目标/标准	周期性/瓶颈	达成	第一步
U1	5	3	企业家体系全部投入使用	√	3.31	√
U1	5	5	给伯尔特拉姆打电话		3.31	√
U1	5	6	同拉迪斯进行为期两天的研讨会	√	3.17/3.24	

2006 年 4 月						
目标	标准	过渡目标编号	过渡目标/标准	周期性/瓶颈	达成	第一步
U1	5	4	在工作中使用企业家体系已经成为习惯（标准：连续 6 周每天使用）	√	4.17	√

2006 年第二季度（Q2）[②]						
目标	标准	过渡目标编号	过渡目标/标准	周期性/瓶颈	达成	第一步
U1	2	1	明确客户的利益		Q2	√
U1	2	3	明确继任者的利益		Q2	√

---

① 字母"U"表示"企业和企业家"的生活领域，"1"指的是这个领域的第一个目标。——原注

② Q2 表示第二季度，Q3 表示第三季度，依此类推。——原注

2006 年						
目标	标准	过渡目标编号	过渡目标 / 标准	周期性 / 瓶颈	达成	第一步
U1	1	2	建立流程		Q4	√
U1	1	3	激励和培训专业人员		Q3	√
U1	2	2	卓越的市场定位		Q4	√
U1	5	2	清除废物（减少 10% 的工作量）		Q3	√

7 年计划：2012 年 12 月 31 日						
目标	标准	过渡目标编号	过渡目标 / 标准	周期性 / 瓶颈	达成	第一步
U1	1	1	建立管理体系，聘请经理		2007/Q1	√
U1	1	4	为专业人员和经理规定明确的目标		2007/Q1	√
U1	1	5	保障资金		2007/Q2	?
U1	1	6	建立风险管理体系		2007/Q3	√
U1	5	2	清除废物（减少 10% 的工作量）		每年 Q3 √	

周期性任务表

U1.5.5　给伯尔特拉姆打电话（每个月月底）

U1.5.2　大扫除会议（每年夏天）

U1.5.7　年度规划（每年 11 月）

U1.2.1　开发新产品（每年）

首步列表

U1.1.1　列出对经理的要求（2006/Q2）

U1.1.2　制定流程一览表（2006/Q2）

U1.1.3	把工作移交给诺贝尔特和保罗（下星期，从 3 月 7 日开始）
U1.1.4	同拉迪斯先生制定企业愿景（3 月 6 日）
U1.1.6	完成风险列表（2006/Q3）

U1.2.1/2/3, U1.3, U1.4	同拉迪斯先生的战略日（2006 年 3 月 17 日）
U1.5.1	大扫除会议（3 月 7 日）
U1.5.2	大扫除会议（每年第三季度）
U1.5.3	把所有个人目标拆分、归纳（从 3 月 8 日开始）
U1.5.4	总结下周任务（今天）
U1.5.4	与伯尔特拉姆先生通电话（3 月 31 日）

我写完之后，拉迪斯先生扫了一眼我的笔记，点了点头说："总体上来说，我很满意。不过我还有三条评语。第一条牵涉与伯尔特拉姆先生通电话的那一栏，您必须把目标、过渡目标同任务明确地区分开。目标或是过渡目标描述的是一个结果，而任务描述的是一项活动。

"同伯尔特拉姆先生通电话是一项活动，因此不应该归在过渡目标里。这里的过渡目标应该是，努力地发展您的公司，让伯尔特拉姆先生作为您的继任者向您支付全额的工资。而这个目标的第一步就是，在完成本月的规划之后，第一时间把它用邮件或传真发给伯尔特拉姆先生，最后一步则是与他通电话。

"第二条需要注意的是过渡目标的标准。您在过渡目标里写到，希望能够完成卓越的市场定位，可是您没有办法衡量这一点。您将永远也不会知道，自己是否实现了这个目标；您也不会知道，自己距离目标还有多远，这简直毫无激励性可言。所以您应该尽可能地把这些标准制定得具体一些。

"我的第三条评语针对的是过渡目标'保障资金'后面的那个问号。一方面，一旦您弄清楚'保障资金'的确切标准到底是什么以后，您就可以把那个问号拿掉，在那一栏里打一个勾。另一方面，因为您现在想不出任何起始步骤，所以在那里标记一个问号也是一种聪明的做法。它会时刻提醒您，您永远也不可能实现这个目标，因为您根本就不知道应该为此做些什么。"

"等一下，让我把您的这几条意见加上去。"我打断道。大约 5 分钟之后，我再一次抬起头，拉迪斯先生点了点头。这的确很累人，我太不适合做细节工作了。不过它的确很有成效，至少我现在觉得许多事情不再那么模糊了，"现在我感觉自己已经很明确地知道，为了达到我的第一个目标——也就是成为出色的企业家，我下一步应该做些什么了。"

2.2.3 参数

拉迪斯先生点了点头："很好！这只是标准的规划练习，没有太过于颠覆性的东西。下面的东西会比较有意思，我们现在要开始讨论监督和评估方面的内容了。您以前打过乒乓球吗？"

"打过。"

"您在打乒乓球的时候，给双方记分的玩法和不记分的玩法之间有什么区别呢？"

我不假思索地回答道："如果记分，那两方会打得更激烈，成绩也更好，这样比赛也会更有意思。"

"同理，您也需要评估和计算每一件能够对您的梦想造成影响的事情。您必须尽可能迅速地完成这件事，否则它就没有作用了。这跟打乒乓球是一个道理，如果有人第二天才跑来告诉您，昨天您以 17：21 输掉了比赛，这个时候您已经与再一次全力以赴的机会失之交臂了。"

我思索了一会儿："嗯，道理我已经懂了。可是您难道不觉得评估和计算自己的每一项活动太过麻烦了吗？"

"的确会有一些不太习惯，不过为了达成您的目标，您不得不去做许多令人不习惯的事情。亚伯拉罕·林肯曾经说过，'如果你用惯性思维来考虑问题，用老方法来解决事情，那么你也只能达到与从前一样的高度。'

人们还可以补充为，'如果你像那些一事无成的人一般思考和行事，那么你也会一事无成。'

"很多成功人士都使用过这种方法，我所知道的最早使用这一方法的人是生活在大约 250 年前的本杰明·富兰克林。他为自己设定了 13 个行为目标，每周他都会严格遵照执行。等到一周结束的时候，他会做出评价，检查自己这一周是否进行了相应的行为。"

"好吧，可是给乒乓球记分很简单啊，如果对方的球出界了，我就能得一分，这很好计算。可是像个人规划或是富兰克林的行动目标那样的东西，对我来说就要困难得多了。我很有可能在评估了许多各式各样的东西之后，反而把自己的重点丢失了。"

"最初的时候，您应该从仅仅评估一条价值理念开始，"拉迪斯先生解释道，"而且这条价值理念最好与您的瓶颈问题切实相关。等到将来您面对新瓶颈问题或是重要目标的时候，可以把其他的价值理念也补充进来。不过您需要注意的是，每一个时间层级所包含的价值理念不要超过 10 条，一旦超过了，请您删掉一部分！在每日计划那一级最多只能有 5 条价值理念，而且一定要特别突出当前的瓶颈价值。"

我考虑了一会儿："我的瓶颈问题就是时间紧张，具体来说就是要处理好专业人员任务和企业家任务之间的关系。如果我从现在开始每天计算自己在这两方面分别工作的小时数，我就可以及时地了解到，自己到底是不是前进在正确的道路上。"

"很好，这个方法我喜欢！"拉迪斯先生赞同地说，"关于参数，还有几个需要注意的地方。

"第一，参数必须是可以衡量的。休伯特·兰佩萨德[1] 提出了个人平衡记分卡理论，那也是一种个人参数体系。他建议的那些参数都太莫名

---

① 休伯特·兰佩萨德：在企业行为学和企业管理咨询领域享有国际声誉，现担任 TPS 国际董事会主席。——译者注

其妙了，比如，'笑容的质量'或'可用战略能力的百分比'之类的东西，没人能解释清楚它们到底指什么，即使忽略掉这一点，我们在现实中也没有办法对这些东西进行定量地衡量。如果连估测都没办法进行，那么您要如何利用它们开展工作呢？

"第二，这些参数必须能够确实地评估您所希望实现的东西，否则它们就没办法真正地激励您。假设您希望通过健身来锻炼您的耐力，最常用的办法是随便选择一项练习，然后计算做的组数或运动的时间，或类似的指标。这种方法虽然看起来很不错，却是自欺欺人的。在这个事例当中，您做整件事的目的是为了锻炼自己的耐力！做了多少组练习只是间接地与耐力有关。更好的方法是计算一下，您在做练习的过程中有多少次需要靠类似'还剩一分钟了'或'只剩一组了'这样的口号坚持下去。

"第三，您需要注意观察这些参数是不是会产生一些不受欢迎的副作用。比如，当您想要建立人际关系网的时候，人际关系的绝对数目并不能对您有所裨益。相反，对于数量的追求会导致为了保证关系的质量和目的性而产生高额的成本。因此，追求数量会直接导致您无法实现建立优质人际关系网的目标。

"第四，您每时每刻都需要关注参数的变化。在体育赛事中，场内都会有一面很大的记分牌，上面会实时更新当前的比分状况，最快甚至几秒钟就更新一次。如果在一场乒乓球赛中，裁判员把比分记录在一个小本子上，没人能够了解到当前的得分情况，那么这场比赛也不会特别激动人心了。所以请您在视线所及的地方用一张 A0 或 A1① 大小的纸把这些参数都写下来。对于每一个时间层级，评估的第一步都是把参数记录在您的记分板上。

"稍后在您制定战略方面的重要企业参数时，您也需要做同样的事情。它必须每天能够被每一名员工及时地看到，否则没人会对它做出反应。

---

① 德国工业标准 A0 或 A1 大小的纸张。——译者注

"第五，您需要以某一种方式对所有的参数进行归纳和总结。我想您一定玩过不少电脑游戏吧，我的儿子总是在玩电脑游戏，他最喜欢角色扮演游戏和即时战略游戏。"

我点头，这些我都玩过。

"这些游戏到底对他有什么样的吸引力，对此我很感兴趣。在角色扮演游戏中，您可以创建一个虚拟的人物。这个人物具有一定的属性特征，并且这些特征会随着时间的推移而不断地变化发展，人物会完成各种任务，得到经验点。当人物积攒到足够的经验点之后，就能够升到下一级。

"您看，我们可以从这些游戏设计者身上学到许多东西。他们必须有能力让客户热情高涨地去做一些毫无意义的事情，否则这些游戏根本卖不出去。下面一些基本要素是普遍适用的。第一，只涉及几项参数。第二，这些参数即时性都很强，而且能够随时给出反馈。第三，即使任务进展得不顺利，经验点也会有持续的增长。第四，游戏里有许多隐藏的中期目标，例如，升级等。

"我们可以用这些知识来作类比，您需要衡量自己的经验点，为每一次升级设置明确的过渡目标。在玩游戏的过程中，我的儿子还发现，现实生活本身就是最刺激的游戏。"

"您不会也要求您的儿子制作参数列表吧？"我惊讶地问道。

"那当然，"拉迪斯先生笑道，"他计算的东西与你我又有所不同。对他来说，重要的事情也许是一次有收获的对话，或是他又赢了多少场网球赛。自本杰明·富兰克林以来，有那么多伟大的成功人士都运用过这种方法，那么我为什么要对我的儿子隐瞒它呢？"

"是啊，可是并不是所有事情都可以用数字来衡量。"我反驳道。

2.2.4　核心问题

拉迪斯先生点了点头："这一点当然没错。不过如果您对每一件可以被衡量的事情进行衡量，那么您就能够更加清楚地了解到自己所处的状态，我想您一定很愿意对此进行评估，并从中学到一些东西。而对于那些您没有办法进行衡量的事情，您最好弄清楚它们的核心问题。"

我深吸了一口气，"这些细节已经快要把我逼疯了。"

拉迪斯先生笑了："我想也是这样，遗憾的是您没办法回避这些事情。

"现在我们就来讲核心问题，这是我们接下来需要在企业家体系中讨论的一部分内容。

"作家博多·舍费尔曾经说过，'您所提出的问题的质量就决定了您生活的质量。'核心问题指的是，您提出的问题有可能把您带上一条新的、更有效率的道路。有一些问题对某一些情境起作用，另一些问题则对其他的情境有影响；有一些问题对这部分人有帮助，另一些问题则能够帮助另一部分人。所以我们必须定期地检查和更新这些问题。

"在其他方面，核心问题也有其意义所在。在传统的时间管理体系中，经常会出现这样的情况，任务计划已经制订好了，可是相关人员却不能够按照计划完成任务。对于这种情况，最愚蠢的，但也是最经常被使用的方法是把这些任务顺延到第二天、下周或者下一年去完成。聪明的人会在顺延的时候考虑到事情的轻重缓急，并会适当地删去一些任务。

"不过，最聪明的做法是，利用核心问题把这些任务同信条联系在一起，特别是关于结果、职能和自我认同的信条。这里再一次涉及财富、行为和存在三项基本要素。不过因为与任务有关系，所以关于行为的信条自然是重中之重。至于具体运用这些信条的方法，我会在以后的某一次会面中详细说明（参看章节 4.2）。

"合理地运用核心问题，您就能够使自己的体系条理分明。如果您不能够做到这一点，那么您的整个体系也没办法继续运转下去，它会被垃圾填满。

"您可以在企业家体系当中寻找到许多针对核心问题的好建议，起初您只需要把那些您认为有益的问题挑选出来就可以了。等您积累了一定的经验之后，您就会知道哪一些问题对您的帮助最大。也许您可以在那些伟人的传记中寻找到更多的核心问题，不过首先，我向您推荐以下几条核心问题，您需要在每日、每周和每季度①的基础上提出这些问题，并且给出书面的回答。"

每日核心问题（最多 5 条）

● 我已经完成企业家的任务了吗？如果答案为"是"，我从中享受到乐趣了吗？我能够（对我的信条）做出哪些改变，使我可以享受到更多的乐趣？如果答案为"否"，原因是什么？是哪些信条使我认为别的任务更重要，或更令人愉快？我应该怎样改善这种状况？

● 我最应该对什么事情心怀感激？

● 如果着眼于最重要的 5 个目标，那么在达成这些目标的过程中，我最大的 5 个成就是什么？哪些优势和优点使我实现了这些目标？

● 如果这一周过得比预想中有进步，那么进步体现在哪些方面？怎样才能使这种情况经常发生呢？从中能够产生新的机会吗？

● 我朝着自己最重要的目标前进了多少？我本来可以把过去的哪一些事情做得更好，使我更加接近自己的目标？

每周核心问题（节选）

● 我是不是已经解决了自己的瓶颈问题？如果答案为"是"，我的新瓶颈是什么？基于新瓶颈所产生的每日核心问题又是哪些？如果答案为"否"，就我的检验范围所见，解决这一瓶颈的最好出发点是什么？根据哪些信条能够找到解决办法？

● 是否存在最简单且直接的办法，使我能够达成我的基本目标？

---

① 基于每日、每周、每月、每季度、年度和 7 年计划的所有核心问题请浏览 www.unternehmercoach.com。——原注

● 在过去的一周内，有哪些事情没有很好地按照计划进行？哪些事情进展良好？是什么原因造成了这种状况？

● 假如我已经实现了自己的梦想，那么我又会做些什么？我的行为与现在会有怎样的不同？有哪些事情我目前就可以着手去做？

● 有哪些事情我不应该再做了？

● 在过去的一周内，有哪些时候我真正觉得自己很幸福？我如何才能够让自己经常感觉到幸福？

● 在过去的一周内，我突破了哪些极限？哪些极限还有待突破？

● 我得到了哪些助力？我能为这些帮助我的人做些什么？

每季度核心问题（节选）

● 我能够对自己的年度目标做出哪些改变，使我能够更加容易，也更加迅速地实现我的长期愿景？

● 在明年的年度规划中，有哪一些任务我现在就可以完成？

● 在下一个季度中，我希望自己能够学到哪些东西？我应该养成哪些对我有所裨益的新习惯？我在哪些方面需要教练或顾问的指导？应该请什么人做教练或顾问？

● 对于实现我的年度目标，哪些措施和活动起到了切实有效的作用？它们还能够起到更大的作用吗？

● 哪一些核心问题可以删去？哪一些需要补充进来？

● 我可以通过设想哪些图景使我的目标更加形象化和具体化？

● 我将在下一季度实现哪一些过渡目标？

　　我仔细地回味着这些问题。很明显，对于其中的某一些问题，如果我定期地利用它们来自省，并且每一次都诚实、认真地用书面的方式回答它们，它们的确能够使我长期地把握住自己的方向。而对于另一些问题，我感觉它们的背后还隐藏着一些意义更加深远的东西。

而现在，半年以后的今天，我可以说已经把这种定期的自我拷问融入了骨血中。也正是这个重要的新习惯使我前进到如今所处的位置上。

　　在刚开始的时候，我当然也提出了不少异议——对于拉迪斯先生建议我的许多事情，我都存在强烈的抵触情绪。如果我当时能够在第一时间接受那些建议，我们的进展一定会更快吧。不过现在回头看过去的那些事情，我才发觉那种想法很幼稚。学习和成长需要一个过程，我的那些抗议很有价值，因为它们让我认清了我的那些陈旧的、需要改变的思维方式。

　　我当初刚看到那些问题，就知道这件事一定相当耗费时间，我向拉迪斯先生指出了这一点。

　　他轻描淡写地问道："您估计自己每个月要花多长时间来做这件事？"

　　我粗粗地算了一下："每天20分钟，此外还要为每周问题和每月问题各预留1小时。所以如果我每个月工作20天的话，需要将近12小时。"

　　"现在您只需要从中选择一个问题，例如，'有哪一些事情我不应该再做了？'如果您真的能够严肃认真地回答这个问题，并且坚持把答案落实到行动上，那么它能够为您节省下多少时间？"

　　我又在脑子里把昨天列的那张任务清单回想了一遍，然后不得不承认："估计不止12小时。"

　　"或者您也可以换一个问题，比如，关于瓶颈的那个每周核心问题。如果在这个问题的帮助下，您能够使自己更经常地关注如何解决瓶颈问题，而不是其他乱七八糟的症状，这又能够为您节省多少时间？"

　　我被说服了："如果我很早就把这个问题运用到我们昨天找到的瓶颈问题上，节省的岂止是几个小时，我简直能省下好几个月。拉迪斯先生，您真是个天才！"

　　拉迪斯先生微笑了一下："为了能让您更好地运用它们，我再给您三个小提示。

　　"第一，从现在开始，您就要在日程表里把所有预留给参数和核心问题的时间都标记出来。您需要为它们选一个固定的时间，它们将成为您所有日程计划中最重要的一个环节，任何事情都不能够成为推迟它们的理由——即使有炸弹落在您的门口也不行。

"第二，您最好把各项核心问题的时间错开。比如，在年末的时候，您不得不同时进行当日、当周、当月、当季度和一整年的核心问题，那个时候您肯定会手忙脚乱。所以您可以采取一些手段，例如，把季度核心问题提前到当季的倒数第二周来进行。

"第三，每日核心问题所需时间最长，所以您最好有选择地运用这些问题。因为您每天都需要写日记，所以您干脆就把它们写进日记里吧。不过您一定要坚持写下去，即使只有一句话，也不可以间断。养成这种习惯对您来说是非常重要的事情。

"到目前为止，我们已经完成了企业家体系的第一部分：目标、成果和方向。对此您还有什么问题吗？"

我摇了摇头。

2.2.5 紧急的事和重要的事

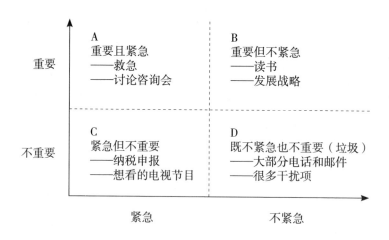

"在第二部分中，我们会更多地同时间规划体系打交道，不过我们将会对它做出一些调整，尤其是把企业家的需求作为它的中心点。在这里，有一条基本原理拥有非常重要的意义，您对它并不陌生，它就是艾森豪威

尔的理论中关于'紧急和重要'的区分。

"简单来说，紧急的事就是那些出于外在要求或短期需求而不得不解决的事情。重要的事就是那些有助于您实现长期目标的事情。"

"对，或者像您昨天所说的那样——紧急的事情就是那些长着两条腿，会自己找上门来的事情。"我笑道。

"没错，"拉迪斯先生赞同地说道，"您把大部分时间用于处理哪一类事情呢？"

"当然是 A 类事件，那都是最重要也最紧急的工作。"

拉迪斯先生摇了摇头："如果您能够达到事事向愿景看齐的最优状态，那么您根本就不会有 A 类任务。如果一切事情都能够按部就班地运行，那么重要的事情很难变得紧急。所以您应该把 B 类任务作为自己工作的中心，每天至少花 6 小时处理这类任务，因为只有 B 类任务才能够为您的长期发展打下基础。

"不过问题在于，紧急的事情总是动静很大，而且会更多地占据我们的视野。于是我们的大脑就不由自主地被 A 类和 C 类事件所吸引，而优先完成 B 类事件这种建议就变成了一句空话，根本起不到任何作用。解决办法就是，您必须把 B 类事件变成 A 类事件，也就是说，您得努力把那些重要的事弄得很紧急。基本上，所有其他的解决措施也都是为了达到这一目的。那么您要如何人为地把 B 类任务变成 A 类任务呢？

"您首先可以做的是，尽量对 B 类任务进行长期的规划。这也是我为什么让您把一整年的核心问题都确定下来的原因。对于重要的事情，您至少要在周的层面上进行规划，最好能规划得更长一些。

"其次，您可以给重要的事情安上两条腿，就像我昨天让您在第一时间联系伯尔特拉姆先生一样。关于这一点我们吃完午饭之后还要详细讨论。

"再次，您可以就任务的内容向自己提问，大部分时间规划体系都回避了这一点：到底什么事情才算是重要的事呢？为什么？在昨天的讨论中，我们从一种狭义的视角出发，最终定义了企业家的 7 大任务。现在，我们需要从更加广义的角度来看待您的人生，因为生活的各个领域之间都存在着联系。如果您都在办公室里晕倒了，那您又怎么能够指望自己建立一家卓越的企业呢？"

2.2.6　对于企业家来说，哪些事情最重要

"对您来说最最重要的事情就是休息。在这方面您也需要提前为自己做一年的规划，最好能为自己安排诸如冥想、散步，或者任何能够让您放松精神、恢复活力的事情。"拉迪斯先生继续讲着。

"休息？"我奇怪地问道，"您之前不是还就'慢慢来'发表过一通批评意见吗？"

"没错，就是休息，"拉迪斯先生笑道，"在20世纪80年代，美国著名体育心理学家吉姆·洛尔曾经做过一项研究，探寻是什么造成了世界一流和二流网球运动员之间的区别。他观察了运动员的球技、训练活动、饮食习惯等许多方面，结果他并没有在一流和二流运动员之间观察到明显的区别。在对大量的录像资料进行分析之后，他终于注意到关键的一点：最优秀的运动员能更好地利用休息时间放松自己，哪怕只有20秒。为此他在比赛中监测了运动员的心跳，最终证实了自己的结论。在休息时间里，一流运动员的心律下降得更明显，因此他们能够得到更好的恢复，为接下来的比赛保存更多的体力。

"在这一点的基础上，他又进行了其他方面的研究。他发现肌肉的生长不是发生在负荷阶段，而是在恢复阶段，前提当然是它们之前承担了一定的负荷。人的精神也遵从同样的规律，您的成长只会发生在休息的时候。所以您需要为此做规划，在新年伊始的时候，您就应该为自己计划好闲暇的每一分钟、每一小时、每一天和每一周。我想您今晚乘飞机回家的途中就可以开始做规划。

"所以，我提倡劳逸结合，把雷厉风行看作负荷阶段，而适当的休息就是恢复阶段。问题的核心不在于行事的速度，因为单调的工作抹杀了成

长的时机，最终只能导致压力和超负荷的工作。另外，这个方法同起始水平并没有太大关系，您必须要有针对性地给自己施加一定的压力，然后进行有效的放松。

"您的健康已经出现了问题，这也是长时间超负荷工作的结果。考虑到这一点，我认为继休息之后第二重要的事情就是所有 7 个生活领域当中的事情——或者更确切地说那些属于其他 6 个非企业家任务领域的事情。请您每天为自己安排 1 小时的健身计划，而且它的优先级别仅次于休息。不过，把其他生活领域看作第二重要的事情，这一点仅仅是针对您而言的。这世上的大部分人从一出生起就在不停地计划着度假、下班、看电视，对于他们来说，应该反其道而行之……不过他们当中也很少有人会成为企业家。

"除了适当的休息和关注其余 6 个生活领域之外，第三重要的事情是您的个人成长。最顶尖的运动员只把 10% 的时间花在比赛上，其余的 90% 都用来训练，这就是他们如此杰出的原因。如果一名足球运动员每天要踢 4 场比赛，他肯定一天也撑不下来。对于一般的企业家和独立职业者来说，这个时间关系刚好相反。90% 的时间都在比赛，只有 10% 的时间用于训练和学习，也许还要更糟。您无论如何一定要改变这种情况，否则您永远也不可能成为一位能够一直保持成功状态的企业家，您最多也就是昙花一现。"

"您所说的'训练'到底指什么？"我见缝插针地问。

"这首先指的是读书和参加讨论课①，不过并不是所有花在这些事情上的时间都能算训练，它们必须有助于您实现长期计划，或者能够解决您当前的瓶颈问题。读报纸或者看新闻通常就不能算作训练，而您同顾问或教练待在一起的时间却都可以算进去。

---

① 讨论课，德国大学的一种授课形式，一位教师带二十几位学生就某一个专题进行自由讨论。——译者注

"今后'训练'的内容还会继续扩展，不过目前的这些对于您现阶段的情况来说已经足够了。您还有问题吗？"

我叹了一口气，有些无奈地点了点头。我本来希望自己可以摆脱一部分工作，可是就目前的情况而言，我反而又接到了新的任务。"我可不可以把这些任务简化一下？"我不抱什么希望地问道。

拉迪斯先生摇了摇头："如果您当真想成为一位杰出的企业家，那就不可以简化！请您务必要认识到一点，您现在的工作量与从前的工作量相比已经减少很多了。您得到的这些新任务会逼迫您去处理很多细致的事情，您将来就能习惯成自然了。"

我点了点头。

"好的，我们现在回到训练同比赛的关系问题上。有三种方法可以帮助您调节训练和比赛之间的时间关系。第一种方法是提前为您的训练计划好足够的时间。最好的情况是您能够把 1/3~1/2 的工作时间用来训练，不过眼下您还做不到这一点。您最好先从每天学习 1.5 小时、每年参加 5 门讨论课开始。同重要的事情一样，您现在就应该把训练的时间计划确定下来，或者最迟在今晚的回程中开始做这件事。

"第二种方法是转移您视线的焦点。您的大部分行动不会带来直接的成绩，或者说产生不了什么值得一提的成绩。不过如果这些行动是重要而不可或缺的，那么您可以试着用学习的态度来对待它们。您可以从中学到些什么呢？您应该如何提高自己？举个例子吧，如果您要找员工谈话，您事先一般不会期望能够获得什么特别的成果——事实上这种方法长期来看也起不到什么特别重要的作用。所以您在同员工谈话的时候，可以专注于积累自己的学习经验。您可以事先进行一些准备，问一问自己，您想做些什么？是批评，表扬，还是鼓励？在谈话之前，您可以把自己想说的东西先写下来，然后在结束之后对自己的表现进行检验。利用这种方法，您不仅可以迅速地成长，还能够在时间上为自己减轻许多不必要的压力。学习的过程其实比竞赛有趣味得多。

"第三个方法是提前计划好比赛的日程。一名奥运选手很清楚地知道下届奥运会将在什么时候召开，自己在什么时候有比赛，这名选手的一切其他的行动都将围绕奥运会这个最高任务为中心展开。

"作为企业家，您当然不可能每次都得知'比赛'的确切日期，不过对于其中的很大一部分，您都可以提前进行规划。比如，您事前可以确定同银行谈判的时间。如果您需要在一场展销会上作报告，以此来宣传您的企业和您的成就，那么您事先也能够把时间确定下来。还有与媒体见面的时间、公司进行年度规划的时间等，您都可以提前确定。针对这一点，您可以在年度核心问题里加一条：'在今年之内，哪五件事对于我实现自己的愿景最为重要？'

"当您把这五件事确定下来之后，您就可以提前对其他的事情进行编组，尽可能地利用它们对自己进行训练，使自己能够抱着最大的勇气去面对那些最重要的事情。"

在听拉迪斯先生介绍这些方法的时候，我一直在心里计算它们所带来的工作量。不过我考虑得越久，就越发觉得工作量没有我想象得那么大。我只需要坐在那儿，把所有情况搞搞清楚，然后再把结果记录下来就行了，可我的收益相当大。我还记起来，自己曾经因为超负荷工作而忽略了一些真正重要的行程计划。如果我能运用好拉迪斯先生的方法，那我肯定能把这些工作完成得相当成功。

拉迪斯先生观察了我一会儿，然后说："到目前为止，除了您每天花在企业家体系上的时间之外，我们还确定了三个重要的时间模块：休息，六个非企业家生活领域，还有您的个人成长。接下来我还要给您介绍两个时间模块，一个是留给瓶颈的时间，而另一个是留给机会的时间。最初的时候，您每天需要为它们各留出 1 小时。"

"您干吗不直接说，我需要为不可预知的事件预留时间呢？这听上去还简单点呢，而且也比较符合一般的时间管理理念。"

拉迪斯先生差点没把眼珠子瞪出来："因为给不可预知事件留下缓冲

时间根本就是失败者才会有的理念！根据西里尔·诺斯古德·帕金森①的观点，我们在安排工作的时候，不应该给自己留一点空闲。把这句话同缓冲时间联系在一起，我们就能够理解它的意思了。如果您给自己预留了时间进行缓冲，您就是在告诉自己，您需要缓冲的时间。其实没有缓冲您本来也能做得很好。"

"但是不可预知的事件的确会发生！难道您想否认这一点吗？"我反驳道。

"它们当然会发生！可是如果您能够理性地进行规划，那么现实不仅会负向地偏离计划，也会发生许多正向的偏离，这样您就可以把它们互相抵消了！在时间和项目管理中，人们总是会错误地忽视计划的正向偏离，而只去关注和寻找负向偏离。我们稍后还会对造成这一点的原因进行讨论。这里的关键在于：正负偏离会互相抵消！"

这一点我还从来没想过。虽然我当时还是有一些将信将疑，不过我还是下定决心要开始留心正向偏离。在那之前，我从来没有意识到正向偏离的存在。我也下定决心，要逐渐减少自己的缓冲时间。回首往事，我发现随着自己对于正向偏离的了解和应用，我的确渐渐不再需要缓冲的时间了。

"现在我们说说留给瓶颈的时间，"拉迪斯先生继续道，"在您的每周核心问题中，也有关于瓶颈的问题。为了消除这些瓶颈问题，您必须有针对性地进行工作。在接下来的几周内，您的瓶颈问题就是时间紧张。请您每天额外拿出 1 小时，用来归结您的工作时间问题和相关的信条。"

"但是，假如我不知道自己有什么瓶颈问题，或者根本就没有瓶颈，我又该怎么做呢？"

---

① 西里尔·诺斯古德·帕金森：英国历史学家、政治学家。通过长期调查研究，他出版了《帕金森定律》一书。该书入木三分地描述了"官场病"，即行政权力扩张引发人浮于事、效率低下的"官场传染病"。——译者注

拉迪斯先生转了转眼珠："我可以这样来安慰您：瓶颈几乎无时不在，如影随形。如果您还没有认识到自己的瓶颈所在，那么您可以花点时间做瓶颈分析，并找到它。如果您眼下的确没有任何瓶颈问题，那么您可以看看在未来的两到四周内，自己可能会遇到什么瓶颈，然后针对它进行一些准备。"他开玩笑般地说道，"如果您还是什么都想不出来，那么就去度假3个月吧。您会觉得自己比以前更像一位企业家，因为您已经达到自己的第一条标准了。"

顿了一顿，拉迪斯先生又继续说道："现在我们来说说留给机会的时间。无论您干什么，都会遇到事先计算不到的事情。其中的一些事情有积极的影响，而另一些事情则有消极的影响。对于那些正向偏离，我们需要特别予以注意。有时候，您需要给自己留一些时间，用来拾取路边的机遇，或者用来对正向偏离进行系统化分析。如果您因为缺少这些时间而错失了良机，那就太可惜了。"

"可是如果我没有发现任何机遇或者正向偏离，那这些时间不就白白浪费了吗？"

"如果出现那样的情况，您就用这1小时来寻找它们。威尔曼先生，您看，我们的思维都被限制住了，使我们只能看到那些负向的偏离。什么事情会失败？哪些地方会出问题？我应该对哪些事情进行干预？这根本就是专业人员的思维方式！您得忘掉这些东西！我们要有目的地去寻找机遇和正向偏离，以此来锻炼自己的眼力和洞察力。实在没有办法的时候，您可以花1小时在您的公司里四处转转，看看哪些部门运转得特别好，您说不定能发掘不少优秀员工呢！"

"是啊，可是负向偏离还是没办法避免啊，我总不能直接无视它们吧。"我再次反驳道。

"从某种程度上来说，您是要无视它们，不过这一点我们稍后再讨论。现在有意思的是，您不需要为它们花费任何时间，因为这些偏离不会连续出现，而且正如我们先前所说的那样，它们通常情况下能够相互抵消。

"因此，您必须有意识地把注意力留给正向偏离。理由很简单，因为如果我们把注意力集中在某件事物上，我们最后总能得到它。这只是一条非常简单的心理学规律，完全没有什么神秘之处可言：大部分人最渴望得到的东西就是他人的注意，因为我们得到的关注太少了。

"为了得到它，很多人愿意做一切事情。看看那些年轻人吧，为了吸引别人的注意，他们都做了多少傻事啊。所以您千万不要把注意力放在那些负向偏离上面，否则事情会适得其反。请您把注意力都留给正向偏离，不仅要关注员工，更加要注意您自己。为此您每天需要留出 1 小时的时间！"

我还是半信半疑，忍不住又想提出反驳，可是拉迪斯先生截住了我的话头："我还想给您举一个很浅显的例子。一般来说，亚洲的格斗选手要比西方的格斗选手更强，您知道这是为什么吗？"

他随即自己回答了这个问题："很简单，因为他们利用了对手的力量，借力打力，他们不会纯粹依靠力量来打击对手。而给机会预留时间也是同样的道理。您不应该把全部的精力花在毫无止境的对抗中，负向偏离的出现是不可避免的。您更应该把现有的精力放在正向偏离上，利用它们来达到自己的目的。在面对负向偏离时，您应该向自己提出下面的问题，'我应该如何去做，才能使眼下的问题不仅不会阻碍我，反而会对我有所帮助？'请您先试一试这个方法，然后我们在 2 个月之后来检验成效，您觉得怎么样？"

东西方格斗的比喻让我明白了不少，我决定试一试这个方法，于是我点了点头。

"很好，现在您已经用重要的规律性工作把半天的日程填满了。首先是 1~2 小时的休息时间，然后留半小时给规划和评估，用 1.5 小时来学习，再为瓶颈和机遇各留 1 小时。等到您习惯这一切之后，您当然也可以对它们做一些变动。"

2.2.7　为重要的事情制定筛选标准

"现在我们要讨论的内容是，您剩下的那半天应该干些什么。为了能够找出真正重要的事情，您必须制定一些筛选的标准。我想悄悄透露给您一个秘密，那就是为什么时间管理在大多数企业中都不能发挥作用。因为它们都没有明确的标准。您还记得我们昨天谈论的，关于专业人员、经理和企业家之间的区别吗？"

我点了点头："记得很清楚。"

"就一名专业人员来说，有很多其他事情对于他们的意义要比对于一位经理或企业家更加重要。我们之前做了一个热带雨林的比喻，对于专业人员来说，他们面前疯长的灌木丛就很重要；对于一位经理来说，运用哪些方法可以最为迅速地通过不同种类的灌木丛，这才是他需要关心的问题；而一位企业家关心的则是整片森林的全貌。不同的关注点、不同的内涵、不同的优先级别。如果您不能时刻牢记这种区别，您在工作的时候就会分不清主次。根据您所处角色的不同，任何事情从某个角度看来都有可能显得很重要。而当所有事情都显得很重要的时候，我们就没办法以重要性作为标准来进行规划了。

> 当所有事情都显得很重要的时候，我们就没办法以重要性作为标准来进行规划了。

"所以在您规划任何一项任务之前，您都必须好好地想清楚，这是一项属于专业人员的任务，还是经理的任务，又或是企业家的任务。然后您要相应地用字母'F''M'和'U'把它们标记出来，在企业家体系的日程簿里专门有这一栏。"

"难道我只应该完成企业家的任务吗？"我惊讶地问道。

"这是最理想的状态，但是我所认识的企业家基本上都做不到这一点。不过利用这种方法，您能够对自己的状态一目了然，您会知道自己是前进在正确的道路上，还是又一次被专业人员的任务或管理经营工作打倒。您也可以以此来锻炼自己的眼力，即这些任务分别属于哪些角色。通过这种手段，您能够很容易地区分清楚事情的轻重缓急。"

我好像明白了一点："您的意思是说，这是一个渐变的过程，我应该循序渐进地给自己增加企业家的任务。直到刚才我还一直以为，自己应该斩钉截铁地与过去划清界限呢。"

拉迪斯先生把头摇得跟拨浪鼓一样："是，也不是。您需要在心里坚定地与过去划清界限，并且从现在开始坚持用这三个角色对所有的工作进行分类。在面对每一项 F 任务或 M 任务的时候，您都要问问自己，我该怎样摆脱它们呢。这些并不是您分内的工作，所以您可以很轻易地摆脱它们中间的一部分，您应该坚定地与这部分工作划清界限。对于另一些工作，您就要循序渐进地摆脱它们，比如，您想把专业人员的任务交给另一个人，而这个人需要为此进行一些学习，这个时候您就不可以操之过急。还有一些任务眼下您暂时没办法摆脱，因为您目前还没有聘请任何一位经理。所以为了完成 M 任务，您需要先完成一项 U 任务——为自己找一位经理。

"在您用字母 F、M 和 U 做好分类之后，您就可以开始规划自己的工作了。您应该把最重要的 U 任务排在最前面，然后再安排其他工作。

"等到未来的某一天，您日程表中的绝大部分任务都是 U 类任务的时候，您就需要利用企业家的七大职能范围对这些任务进行分类，这也是为了再一次锻炼您的眼力。不过现在您暂时不用这样做，因为这太复杂了，反而会对您有不好的影响。

"现在我们已经大致把纯计划的部分完成了，您其实已经可以开始工作了。不过我觉得，如果您就这样开始的话，那么您基本上不会取得太大的进展。"

我想起办公室里还有成堆的电子邮件和记事便笺在等着我，于是我无奈地点了点头："我该做些什么呢？"

2.2.8　独立的工作分拣区域

"不急，这个板块的内容比较多，我们先休息一下，然后再来详细地讨论这部分的内容。在休息之前，我还想着重强调几条基本原则。其中最重要的一点是，您必须有一个与体系单独分开的工作分拣区域。对于大部分人来说，他们想出一个主意，看到一个机会，或因为某些事情而分了神，然后他们就在这些事情的影响之下屈服了，转而把精力投入新的想法、机会，或那些令他们分神的事情上去。

"今天上午，我曾经提到史蒂芬·柯维的一个观点——在诱因和反应之间存在一定的空间，您可以自己决定对诱因做出何种反应。[①] 可是在95%的情况下您都做不到这一点，因为在95%的情况下，您都会下意识地行动，您唯一的机会在于人为地扩大这个空间。

"因此，您需要为所有的要求、想法和类似的东西准备一个独立的工作分拣区域。除非是遇到亲人过世或者炸弹袭击这类情况，其他任何事情都不能够未经过滤就闯入您的时间规划当中。您需要为自己规定几分钟的时间，比如，每天晚上下班回家之前的时间，用来彻底清空您的工作分拣区。如果这个分拣区变成了一个垃圾堆，那么整个体系也将无法正常运转。

"请您依次向自己提出以下三个问题，它们由大卫·艾伦[②]的理论转化而来：

"第一，'有哪些事情是我必须完成的？'如果没有，就当作垃圾处理掉，或暂时搁置。

"第二，'这是一项U类任务吗？'如果不是，就把它交给相应的专业人员或经理。

---

① 这个观点在前文中已提到，是由精神病学家罗纳德·莱因提出，作者可能记错了。——译者注

② 大卫·艾伦：美国知名作家、管理学顾问。——译者注

167

"第三，'下一步是什么？'如果您得出答案所花的时间不超过2分钟，您就需要立即进行下一步行动。否则就请您把它记入您的企业家体系，或您关于下一步任务的清单中。利用这种方法，您就可以保证自己不会被某些任务打乱了节奏，从而导致您的体系分崩离析。

"所以，明天早上到办公室的时候，您应该把整个办公桌都清空，不让任何事情妨碍到您，能做到这一点吗？"

我点了点头。

2.2.9　体系针对个人的调整

拉迪斯先生继续说道："现在我们来谈下一点。这个体系必须与您的个人情况相适应，否则它就不可能真正成功。这里的'适应'有两层含义。

"首先，我们需要对体系进行持续不断的调整和完善。每个月，或者至少每个季度，您都必须问一问自己，为了更好地实现您的目标，您可以对自己的企业家体系进行哪些改善？这里着重强调的必须是实现目标，否则您就又回到时间管理的那一套理论了。您所追求的并不是一个完美的计划，而是要实现您的目标！

"整个企业家体系本身并不是您的目标，它只是您的仆人。一旦您觉得这个体系不再有效果的时候，您就应该立即停止使用它，为此您只需要在相应的时间层面上运用合适的核心问题。

"其次，企业家体系必须同您的习惯、优势和能力相适应。当您一个人在家的时候，如果您想要提醒自己去邮局寄点东西，您会怎么做呢？"

我不假思索地说道："我会把信放在门边，这样，第二天出门的时候就能看到它们了。"

"您看，您就不会把这件事记在日程簿里，因为您很有可能到了邮局才会查看它。您甚至有可能忘记查看日程簿，于是把这件事情记下来也就变得毫无意义了。您可以试一试这种方法，这需要您考虑到自己的习惯，并把它们同企业家体系联系起来。

"举个例子，假如每天早上到达办公室的时候，您要做的第一件事情就是喝一杯咖啡，而您又希望自己每天能在开始所有事情之前先检查一下企业家体系，那么您就可以把糖、咖啡伴侣和企业家体系一同放在抽屉里，而且最好把糖和咖啡伴侣放在下面。这样一来，在您找糖块的时候，您就会自动地把体系列表拿在手里。

　　"或者假如您有这样的习惯：在员工来向您请教问题的时候，立刻起身去帮助他们。因此，您就必须离开您的电脑。一般您都会顺势瞥一下自己的电脑桌面，这时候您就会看到自己用来作桌面墙纸的那个问题：'这是一项 U 类任务吗？'如果您仔细思考一下这个问题的话，那么您的员工也许就会独自一个人离开了。"

　　"您的意思是说，我要利用现有的各种习惯来帮助我养成新的习惯。这听上去的确简单又实用。

　　"明天早上到公司之后，我可以把我的汽车钥匙放在工作分拣篓的最下面。这样一来，每天晚上回家之前，我为了能够拿到汽车钥匙，就需要把分拣篓里的所有东西先拿出来。等我拿到钥匙之后，我就可以立即对工作进行整理了。"

　　"好主意！"拉迪斯先生称赞道，"请您仔细地思考一下，自己需要养成哪些新习惯，以及您可以怎样把它们同现有的行为习惯捆绑在一起。不过我的意思并不是要求您建立全新的习惯，那样太困难了。我的意思是，您可以像亚洲的格斗选手一般，借现有习惯的力量为您所用，使自己走上正确的道路。我想，您已经得到不少灵感了吧。"

　　然后他又笑着说："那么现在，我们也许应该响应习惯的号召去吃午饭了吧。午饭之后，我们来讨论企业家体系中的最后一个重要板块。"

　　我轻松地点了点头："吃午饭是一个好主意。在接受了这么大的信息量之后，我的确需要休息一下。"

2.3　企业家如何与社会环境产生联系

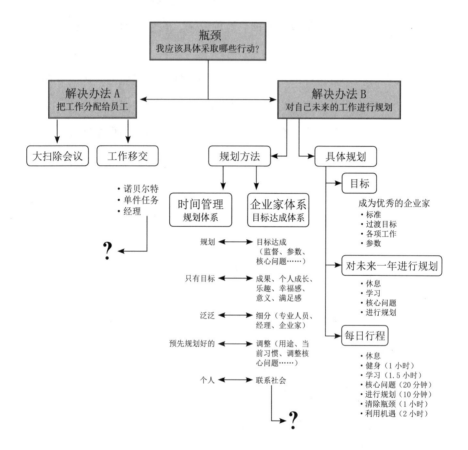

　　休息的时候，我把上午学到的内容在脑子里又回想了一遍。我们讨论了很多内容，而我现在已经头昏脑涨、筋疲力尽了。为了把一切梳理清楚，我又画了一张简图。通过这张简图我清楚地认识到，从昨天到今天，我的瓶颈问题发生了变化。昨天我的瓶颈只不过与信条有关，而今天它提出了一个现实的问题，我到底应该如何展开行动。

　　几分钟之后，我画出了如上的简图。

　　这张简图使我能够更加清楚地看出各部分之间的相互关联。通过企业

170

家体系，我获得了一个实现自己未来目标的方法，此外我们还完成了相当一部分的具体规划。

我看着这张简图，忽然想到一个问题：'我每天的日程表里已经有半天排得满满当当，那么我应该用什么时间来处理工作呢？'可是两秒钟之后，我的脑子里就浮现出拉迪斯先生的面孔：这些就是您的工作！我的专业人员思维总是令我看轻这些工作的价值。不过至少我自己已经意识到这一点了，这对我来说是一个巨大的进步。

此外，在仔细地研究了这张简图之后，我明确了接下来我们需要讨论的几个方面。

可是我还是觉得自己好像忘记了什么非常重要的事情。它与我的瓶颈并没有什么直接的联系，而是一种普适的价值。

突然间，我记起它到底与什么有关系了。拉迪斯先生总是会介绍很多普遍的原理、原则，我觉得这些东西很重要，所以一直在做记录。我把上午做的记录又翻了一遍，发现有两条原理令我记忆深刻。

● **企业家的行动要效仿亚洲格斗选手的特点。**
　　重要的并不是对抗，而是顺势而为，借力打力，驾驭现有的能量。
● **要驾驭能量，就需要对期望的目标施加注意力。**[1]

就在这个时候，拉迪斯先生回到了会议室，我向他展示了我的简图。

他看了一会儿，点点头，然后说道："非常出色，威尔曼先生，您总结得真是太棒了，您连那三个未完成的部分都总结出来了。对于我们已经讨论过的那部分内容，您还有什么疑问吗？"

"还有一个问题。我觉得这个体系看上去有些死板而缺乏弹性。我的

---

① 如果您想要浏览全部的原理列表，请登录 www.unternehmercoach.com。——原注

时间都被固定了。比如，每天用 1 小时解决瓶颈问题，等等，这样我就不能够自由地分配自己的时间了。"

"从某种程度上来说的确是这样。如果您希望建立新的习惯、获得新的才能，那您就必须定期地进行练习。这就好比弹吉他，首先您要学会指法，这需要不断地练习，接着您开始练习曲目，这也要求您不断地练习。大量的练习能够使您提高得更快，基础也更扎实。直到您对吉他弹奏掌握得非常熟练之后，您才可以即兴演奏或是自由创作。企业家体系也是如此，通过这样密集的工作安排，您可以学会如何处理企业家任务，而不致走弯路。在最开始的时候，您需要的是练习和纪律，而企业家体系恰恰能够为您提供高效的学习方式和严格的纪律保障。几年之后，您就可以更加自由地行事了。您觉得这个答案足够了吗？"

这个比喻点醒了我。

拉迪斯先生继续说道："很好，现在我们来讨论企业家体系的最后一点。企业家如何与社会环境产生联系。

"如果您很仔细地观察这个体系，您就会发现，它现在还不能够正常运行。您已经有了明确的目标，也清楚哪些事情最为重要。您衡量所有的结果，并且不断地运用体系来完善自身、向前发展。通过把工作分拣区域从您的体系中分离出来，您得到了一个有力的武器，使您能够抵抗外界影响和自身杂念的干扰。可是如果您周围的环境不能够与您同步前进，那么您最终所面对的还是一场持久的战争。届时您只可能有两种结局：要么把过多的精力花在捍卫您的体系上，要么就是输掉这场战争。"

我思考了一会儿道："也就是说，我们面临这样的问题：为什么别人不应该干扰到我和我的体系？他们应该抱着怎样的动机？"

"对，这个问题总结得不错，"拉迪斯先生回答道，"不过它们从某种程度上来说还是更倾向于被动防御。您不应该总是把注意力集中在如何保护您的体系，使其不致受到您周围环境的干扰上。您应该更进一步，向自己提出下面的问题：您可以采取哪些措施，使您的周围环境能够主动地帮助您依照体系来行事。

"我们在前面已经说过：您依照企业家体系进行工作是'重要的事'，而所有的干扰则是'紧急的事'。'重要'与'紧急'之间的区别在于，紧急的事情都长着两条腿，会自己找上门来，并且对您提出一些要求。请您回想一下，我曾经说过，由于存在许多紧急的事情，因此把自己的工作限定在 B 领域之内是非常不现实的。

"把重要的事情变得紧急，秘诀就在于寻找到一个能够带着重要的事情找上门来的人。就像我们昨天晚上为您的继任者确定了一位代理人一样，对于其他一切重要的事情，您都可以采取类似的措施。

"事实上您必须这么做，如果您想要建立一个能够对您的个人发展和目标达成长期提供帮助的体系，这是唯一的办法。"

是啊，如果我能够与周围环境产生互动，使它对我的体系产生促进作用，那么我就不必再与外界干扰对抗了。我可以节省很多能量，与其他人共同进退。这真是太美妙了，美妙得不真实。我感到非常好奇，于是不停地催促拉迪斯先生继续说下去。

"我们的面前有两个重要问题，一是您应该采取什么措施，保证自己不会被非重要事项影响，二是您又应该怎样保证自己优先处理重要的事。"

2.3.1　阻止非重要事项

"我们先从第一个问题开始：'您应该采取什么措施，保证自己不会被非重要事项影响。'针对这个问题的其中两种方法您已经知道了，其一就是独立的工作分拣区域。在工作分拣区域中您会发现许多非重要事项，通过把分拣区域从体系中独立出来，您成功构建了诱因与反应之间的空间，使自己能够驳回一切非重要事项。而关于猴子的故事中所建议的方法与前者也有相通之处。不过这两种方法都有一个很大的缺点，即您至少得把一部分注意力放在这些非重要事项之上，因为您必须首先弄清楚，它们是不是非重要事项。

"如果这些非重要事项完全不会出现在您的目光所及之处，那就是最好的状态。为此也有两种方法，我们先来看看第一种。

"不重要的和紧急的事情总会自己找上您，对您来说，它们究竟指的是哪些人呢？"

拉迪斯先生顿了一会儿，自己回答道："在这种情况之下，它们指的是所有那些能够威胁到体系运行的人，也就是所有能够与您直接发生接触的人。"

"您的意思是，我应该把办公室的门关上，只允许两三名员工面见我？这在我的公司可行不通，我们实行的是开放式管理。"

"高效的时间管理同时也是一种接触渠道管理！在特定的时间里，您应该把自己的门关上。您最好能够确定一个闭门时间，并且提前通告其他人，比如，每天从8点到10点，所有人都不得上门打扰。而其他时间，例如，10点到12点，只有您的秘书能够见您。不过这只是部分地解决了问题，事实上您不能够仅仅同有限的几名员工接触，因为这会使您闭目塞听。

"您需要确定的一点是——问题的关键在您的员工身上，他们会直接干扰到您的体系。"

"没错，还有我的客户！"我补充道。

拉迪斯先生笑了："我们不用考虑客户，与客户交流和互动是专业人员和经理应该负责的工作。您只需要在一种情况下与客户进行联系，那就是对于您完成自己的企业家任务非常重要的时候。这样一来，主动权就掌握在您的手中了。"

"可是在一些危急情况下，我也必须直接与客户交流！"我反驳道。

"难道您希望今后时常发生这种危机情况吗？如果不希望，您就要学会去避免它，那样您将来也就不会有这方面的干扰了。只有您的员工才是产生干扰的重要原因。那么现在该谈这个问题了：为什么您的员工应该依照您的体系行事？"

拉迪斯先生停顿了一下，然后说道："因为他们有共同的目标！还因为这也是员工们的兴趣所在。那么为什么您的员工应该关心您是否完成企业家的任务呢？"

　　我一脸疑惑地看着拉迪斯先生，可是他沉默了，于是我只好带着疑惑继续思考。很快我就回想起，昨天上午进行瓶颈分析的时候，我们曾经发现了一点：我其实根本就不知道我的员工们想要些什么。

　　最后我有一些无奈地说道："我只能做一些猜测。"

　　"很好，那么您现在就进行一些猜测，然后您可以在接下来的这周中弄清楚，员工们所在意和关注的东西。请同您的员工好好聊一聊吧，没有员工的支持和帮助，您永远不可能向前进！现在开始猜吧！"

　　我思考了一会儿，"如果我能够严格依照企业家体系来行事，我的公司应该可以获得更大的成功，这也会给我的员工带来利益。他们的饭碗会捧得更安稳，能获得加薪，说不定还有升职的机会。"

　　"是一个不错的切入点，"拉迪斯先生肯定道，"这些是他们的长期个人目标。除此之外，您还能想到了其他什么吗？"

　　我想了又想，可是脑袋里空空如也。最后我不得不摇头道："我什么也想不出来了。"

　　拉迪斯先生沉默了一会儿道："您的员工在什么样的情况下更乐于工作呢？"

　　"他们喜欢独立性、自主性比较强的工作，最讨厌不停地被干扰，他们乐于接受那些内容具体而明确的任务。您是想问这个吗？"

　　"请您诚实地回答我，您觉得您的员工总是清楚地知道，自己应该做些什么吗？"拉迪斯先生又把问题抛了回来。

　　我思考了一会儿，最后摇了摇头。有些时候任务本身就很不明确，有些时候则是职责划分不明确，还有些时候是任务规划做得不好。我一直找不到时间来解决这些问题。

　　拉迪斯先生继续道："我们来做一个假设，假如您告诉您的员工，通过运用企业家体系，他们的工作内容和职责会更加明确。如此一来，造成他们对工作环境不满意的重要原因就被消除了。您觉得这有可能会吸引员工的注意力吗？"

"我知道了，您的意思是说，这一点可以成为员工的第二个兴趣所在。他们不仅关心自己是否能实现个人的长期目标，而且期望能够直接改变工作和行为的模式？"

"没错。关于为什么您的员工应该关心您是否完成了企业家的任务，您还能想出其他的理由吗？"

于是我又思考了一会儿，结果一无所获。

"威尔曼先生，您可以联想一下足球队的情况。如果教练不时地关起门来研究球队的出场阵容和比赛策略，球员们会出于什么样的动机对此表示支持和关切呢？"

这个问题实在是很简单："那当然是因为他们都想赢球！"

"没错！他们有一个共同的目标。如果每个人都能够尽全力完成自己的任务，他们就能够更好地达成这个共同目标。而您作为企业家的任务绝对不是射门！您的第一项企业家任务就是为大家确定共同的价值观和愿景。"

"您说的确实没错，可是我的员工不懂这些道理啊！如果我不和他们一起工作，他们就会觉得我很懒，总是在剥削他们。"

拉迪斯先生有一些不耐烦地回答道："威尔曼先生，您的脑袋里肯定装了一个闪着红光的信号灯，上面写着'是啊，可是……'。如果您的员工不了解专业人员、经理和企业家承担着不同的职责，那么您应该怎样做呢？"

"您的意思是说，我应该向员工普及企业家、经理和专业人员的理念？有这个必要吗？"

"当然有必要！"拉迪斯先生激动地说，"如果您的员工压根儿就不知道您的目标和任务是什么，也不知道您到底想做些什么，那么您还怎么能够对他们有所期待，认为他们会让您好好地完成企业家的任务呢？"

"是啊，可是……"

拉迪斯先生翻了翻白眼，无奈地摇了摇头。

"……如果我对我的员工说，你们将来要做的就是埋头砍树，而我却舒舒服服地坐在树上，我想他们绝对不会高兴听到这种说法！"我还是把心里的话说了出来。

"您说得没错，不过这一点我们在今天上午已经说过了。每一个例子都有它的应用范围，这个热带雨林的比喻只能用来形容您的状况，也许还可以用来描述那种简单机械的流水线作业岗位同企业整体之间的关系。可是恰恰相反，您的员工都是高素质的人才，把他们形容成伐木工人就太愚蠢了，用伐木工的故事来激励他们显然也不能起作用。所以您必须换一种方式来为您的员工讲述这个故事。

"您看，到目前为止，您的公司还缺少一个坐在树梢上的角色。你们所有人都在砍树，没有任何一个人曾经规划过，你们开拓出的这条林间小道到底应该通向何方。所以，您的目标就是使所有人都能够有大局观，从而使他们主动对大部分专业任务进行自我管理。

"为了达到这个目的，您首先就需要着手处理您作为企业家的任务。此外，您还可以让员工参与一些对未来的规划工作，您可以在开讨论会的时候进行这件事，对大家说明，您希望对公司做一些改变。"

我在脑子里把所有事情又想了一遍，"那我就在下周开会的时候，比如，在周二的大扫除会议上对我的员工说，我希望对公司做一些改变。为了进行这些改变，我需要一些个人时间。

"然后，我准备向他们介绍'专业人员—经理—企业家'理论。我会首先谈一谈自己对员工的个人目标的猜测，然后我打算改变工作方式，最后向他们灌输我们的共同目标。您觉得我用这种方式向他们兜售这个理论，员工们能接受吗？"

"如果我是您，我会把这件事放在大扫除会议之前来做，这个主题本身是一个铺垫。您最好明天上午就能够做这件事。您离开公司已经有四周时间了，员工们都知道您的健康出现了问题，所以他们也想知道未来公司会走向何方。至少每个人心里都清楚，公司现在这种状况绝对不可能持续下去。

"如果您在周一早上就做出一副积极主动的姿态，您的员工就会明白，您准备亲自操戈了。这样您还可以结束这四周以来在公司中传得沸沸扬扬的流言蜚语，使公司重新进行正常的生产活动。

"在明天上午的会议上，员工的热情极有可能并不十分高涨。也许有一些员工还不能完全信任您——因为从前他们也不能够很好地与您建立相互信任的关系。明天早晨，您要向所有人宣布，您决定在公司推行一种新的工作模式。这种工作模式能够让您更好地完成身为企业家所承担的任务，也能够让您的员工更好地履行他们身为专业人员所应尽的职责。为了贯彻这一举措，您必须赢得每一个人的支持！

"只要员工能够理解并容忍您的新举措，您明天早上的任务就完成了，您不需要他们立即就热情高涨。接下来，每当一位员工用一些非重要的事项来打扰您的时候，您就向他灌输'专业人员—经理—企业家'模型。一方面，您要利用恰当的问题来引导员工，或让他们去求助正确的对象，使员工能够获得解决办法。而另一方面，您要向他们解释，虽然他们的请求对企业来说很重要，可是对于您所扮演的企业家角色却并不重要。这样，您的员工就能够逐渐学会自主地完成他们的任务，只有遇到真正重要的事情的时候才会来找您。"

"我估计我的员工会很不习惯这种方式，"我思索着，"可是如果我想为企业家的任务腾出时间，那么就必须这么做，不过我担心他们会冲我发牢骚。"

拉迪斯先生点了点头："这就需要您掌握好尺度了。首先，对于一切与企业发展相关的事情，您都要关心，因为它们关系到您作为企业家的任务。其次，对于一切与员工的个人发展相关的事情，您也需要关心，因为它们最终也会关系到您作为企业家的任务。可是如果一名员工跑来问您，他应该如何处理某某客户的投诉，那么您就应该让他知道，他要么独自解决这个问题，要么与经理或投诉的责任人一起解决这个问题。而且您必须保证员工真正能够理解这之间的区别，好吗？"

我点了点头。要想让我的员工完全适应这一切，肯定得花上好几个月的时间，不过这对我来说很重要。

拉迪斯先生继续说道："我们刚刚讨论的是防卫措施，现在我们来看第二种方法，那就是如何彻底避免非重要事项在您的眼前出现。为此您需要一名门卫，您能想到什么合适人选吗？"

"我的秘书玛丽亚可以做这件事。哦，等等，她不行。"

"为什么不行呢？"拉迪斯先生有一些疑惑地问道。

"玛丽亚要离开公司了。"我干巴巴地回答道。

"她已经向您递交辞呈了吗？您应该早一点把这件事告诉我，它又加剧了您的瓶颈问题！"

"没有，她还没向我正式辞职呢，"我向拉迪斯先生解释道，"不过她明天就会辞职了！"

"为什么？"拉迪斯先生冷静下来。

"昨天我曾经对您说过，玛丽亚把我赶出了办公室，她还锁了我的电子邮箱，根本不让我工作。我讨厌员工这样自作主张！如果有一个人带头这样做，其他人就会有样学样，为所欲为。"

拉迪斯先生用一种不可思议的目光瞪着我："这就是原因？"

我点点头。

他大摇其头："您真是大错特错了！就您目前对我所叙述的事情来看，我觉得玛丽亚是唯一头脑清楚且行事正确的员工。

"我并不清楚，玛丽亚这么做是因为她觉得您的健康比工作更重要，还是因为她对自己说，如果您不能恢复健康，那么您的企业也会崩溃。事实上这个理由无关紧要，因为她的想法很有道理，她也这么做了，尽管她心里清楚，自己这么做很有可能会丢掉饭碗。

"她认为您的利益和公司的利益比她的个人利益更加重要，她非常勇敢。所以您绝对不能解雇这样的员工！"拉迪斯先生让自己平静了一会儿，然后说道，"我甚至建议您当着所有员工的面对玛丽亚表示感谢，感谢她的勇敢，还有她为维护公司的利益做了正确的事。"

"感谢玛丽亚？"我倒抽一口凉气。

"没错，就是要感谢她！您需要更多像她这样勇敢的员工。"

我非常恼怒地喊道："您凭什么认为您有资格告诉我，应该解雇谁或是嘉奖谁？这是我的公司！"

拉迪斯先生平静地回答道："是您聘请了我，让我为您的公司选择一条新道路。而我们第一步就需要解决您的瓶颈问题。如果您为了维护自己所谓的尊严不受到伤害，而执意要为自己制造新的瓶颈，那么您也不需要我了。换句话说，如果您解雇了玛丽亚，那么我的工作也就结束了。"

接下来是一阵令人难堪的沉默，我俩谁也没有说话，只是死死地盯着对方。最后我建议道："我们先休息5分钟吧，然后再继续讨论这个问题，可以吗？"

拉迪斯先生点头同意了。我走到阳台上，试图让自己清醒一些。回想自己经历的一切事情，我知道拉迪斯先生没有说错，是我把一切搞砸了。在过去的一天半时间里，我的骄傲和自尊心受到数次打击。而现在，在这样一件相对来说比较次要的事情上，我终于忍不住爆发了。

另外，我感觉自己还能从拉迪斯先生那儿学到很多东西，甚至可以说，我必须从他那儿再学到些东西。于是我决定，暂时忘记我的骄傲和自尊心。而如今我已经不再拥有这种可笑的自尊心了，与过去两个月所发生的一切相比，自尊心根本就不值一提。现在当我回想起那次争执，我又一次惊讶地发现，我的生活在过去的半年中发生了巨大的改变。

我再次走进会议室，冲拉迪斯先生点了点头："好吧，玛丽亚留下。不过我不会当众对她提出表扬。"

"决定权在您，"拉迪斯先生回答道，"不过您至少应该考虑一下，私下里对玛丽亚表示感谢。您就把这看成一种策略好了，因为在接下来的一周内，您需要玛丽亚的大力支持。"

我怒气冲冲地回答道："我会考虑的，接下来又是什么？"

拉迪斯先生耸了耸肩，然后说道："很明显，玛丽亚早已把您和公司的利益作为她行动的准绳。因此，让她接受您的说法应该会比较容易。您只要告诉她，您希望在工作中引进一种新体系，使自己能够轻松一些，并且有助于身体恢复健康。"

我的情绪缓和了一些，于是我同意了他的说法："是啊，这应该会比较简单。"

"很好，接着您首先要向她解释体系的基本原理，然后交给她一项任务，就是对您的工作分拣区进行监督和预分拣，包括所有的电子邮件和来电。"

"可是玛丽亚自己不能够决定这些事情！"我反对道。

"为什么不可以？"

"因为她不知道我的判断标准，而且她跟我不一样，她对公司的全局没有总体的概念。"

拉迪斯先生笑了："您就把您的判断标准告诉玛丽亚，然后向她介绍一下公司的大局不就行了。第一个星期，您先让玛丽亚按照自己的想法，把工作分成'是''不是'和'不知道'三部分。请您每天把三个部分的工作都浏览一遍，然后向玛丽亚解释：如果是您的话您会怎样进行分类，还有您这样分类的理由。只要她的智力正常，一周之后，您就只需要在每天下班前同她一起把'是'和'不知道'这两类工作过一遍。两周之后，'不知道'这一类基本就应该消失了。处理来电的方法也是如此：玛丽亚把来电者的姓名告诉您，然后告诉您她认为这通电话应该属于'是''不是'和'不知道'中的哪一类。"

"那么那些属于'不是'和'不知道'的工作，又应该由谁来处理呢？"

"这些就是玛丽亚的新职责。原则上，您应该把所有的 C 类任务和 D 类任务，有时候甚至是 A 类任务交给别人来处理。您需要清楚地知道，这些工作是谁的职责所在，以及哪些工作会进入工作分拣区。您觉得自己能做好这些事情吗？"

我点了点头。可是我只要一想到，自己将不再如从前一般参与所有的事情，我的心里就不舒服。我向拉迪斯先生解释了这种感觉。

他点了点头："威尔曼先生，您现在只有 15 名员工，可是您都不能做到参与每一件事，所以这只是一种错觉。而且如果您坚持参与每一件事，那么公司的生产效率会严重下降，因为您会干扰到正常的生产活动。这就好像那个 1：1 的柏林城市模型。这个模型会让您没有重点，找不到方向。

"您需要做的事情是建立一个报告体系。这个体系规定您的经理什么时候会以何种形式接收到哪些信息，以及他应该在什么时间向您汇报哪些事情。这样您就能够确保自己不遗漏任何重要信息了。"

我还是有些游移不定："尽管如此，我还是感觉到自己被排除在信息流之外了。"

"当然在某些特定的时间，您也需要给予所有人直接与您对话的权限——但这只是暂时的，您不需要每天都这么做。重要的是，那些来找您的人必须清楚地了解到：在您把他们的请求从工作分拣区中清理出去之后，这些工作又会去哪里。在您把这些工作交给别人去完成的时候，您还必须解释清楚，自己为什么会这样做。这样，一段时间之后，您办公桌上的工作量就会减少。

"还有一点，您绝对不能够把不请自来的信息流同您完成企业家的任务所必需的信息流弄混了，您必须主动地构建后者。您需要越过所有层级的部门来获取这些信息，幸好您公司目前的等级构成并不复杂。现在，您满意了吗？"

我点了点头。假如有些事情脱离我的控制，我必须有能力对它们进行干预和修正，这对我来说似乎是一个长期的学习过程。

"对了，还有一件事情牵涉玛丽亚，"拉迪斯先生笑道，"明天早上到公司的时候，肯定有一堆的电子邮件和信函在等着您。所以您不妨和玛丽亚先练习一下工作分拣，这可以为您省下不少时间呢。"

当拉迪斯先生说完这些话的时候，我第一次感觉到，这种工作分拣的办法以及他教给我的新系统的确有些作用，它们确实能给我带来一些好处。在过去的一段时间里，那些堆成山的待处理的工作时常令我感到惊慌失措、焦躁不安。

2.3.2 给重要的事情安上双腿

"针对整个防御行动领域——也就是联系您的周围环境，以达到为您减少非重要工作项的目的——您还有什么问题吗？"

我摇了摇头。

"很好，那么接下来的这部分就比较有意思了：如何给真正重要的事情安上双腿？您已经同伯尔特拉姆先生就公司的发展达成了协议，对于其他所有的目标，您也可以采取相同的办法。为了让自己能够成体系地进行这件事，您只需要在处理每一个目标的时候问自己一个问题：除了您之外，达成这项目标还会给谁带来利益。

"真正重要的事情总会对别人有所裨益。请您让这个人来帮助您，如果他还没有出现，那就为他寻找一位代理吧。"

"这听上去很不错，可如果这项目标是我的私事，我又该怎么办？比如我的健康，或者我想登山的愿望。"

"您当然要首先考虑自己的福利。而且许多为自己谋福利的事情您不用别人提醒也会主动完成，所以您也不需要为它们准备什么特别的方法。而针对另一些事情，您就需要问自己，除此之外还有谁会因为您的福祉而获益。比如您的朋友，或者女朋友，还有您的员工。请您选一个人，然后请他定期地对您的行动或成果进行监督。

"对于一个目标，如果您确实想不出来它能够使谁获益的话，那么您就需要严肃地问一问自己，它是不是真的很重要。"

"如果我想做得正式一些，我还可以与别人像同伯尔特拉姆先生那样签订一个类似健康协议或存款协议之类的东西，这样我就可以受到比较好的约束。"

"您说的有道理，"拉迪斯先生赞同道，"不过，您最好不要滥用这种签订协议的手段。如果您为自己签署20份这样的协议，您或者就会像被上了紧箍咒一般，或者会降低对每一份协议的重视程度。我建议您把协议的数目限制在5份以内。

"您还需要试验一下，对您来说是奖赏性条款的作用更大，还是惩罚性的措施更加有效，以及对您来说什么时间段最合适。不过最重要的是，必须保证协议的另一方能真正从中获得切实的利益，否则他就会用敷衍的态度来对待这份协议。他必须主动地对您施加影响，他只有一个任务，那就是把重要的事情变得紧急。如果您履行了协议，那么另一方也会受到奖赏。

"为了把事情具体化，我再交给您一个小任务。昨天您确定了自己的目标，在目标的列表中，目前还有一栏空白项。现在请您为最重要的3~5个目标各自寻找一位恰当的人选，这些目标关系到他们的切身利益。或者说，他们就是这些目标的客户。"

目　　标	客　　户
成为出色的企业家	伯尔特拉姆先生
在郊外买一幢小别墅	（女朋友）
重新唤起曾经的活力	员工（玛丽亚）
攀登安纳布尔纳峰	登山友

几分钟之后，我完成了上表，开心地说道："这的确很简单！"

"很好，"拉迪斯先生很高兴，"在接下来的几周内，您需要经常与这些人见面，并且同他们谈论相应的目标。如果您的猜测被证实了，这些目标的确能够给这些人带来益处，他们应该会表露出十分感兴趣。这时候您就可以请求他们给予支持和帮助了。"他停了一会儿，又继续说道，"如果您被他们拒绝了，而您又不能找到任何合适的人选，我随时愿意为您提供帮助。"

"这个方法的确让我觉得非常可信。还有什么其他好方法吗？"

"当然，还有很多。您要多与成功人士接触，他们期望能与您最好的一面打交道。您还要多与员工相处，他们真心盼望企业能够做大、做强。您可以建立一个大脑"托拉斯"，也就是把站在同样高度的人们召集起来，建立一个互惠互利的研讨小组。您也可以把自己的一些比较大的目标以某种形式公开，这样如果您不能够完成它们的话，就会觉得很难堪。不过您不可能同时使用以上所有的方法，那样只会让自己陷入混乱。

"您应该首先从继任者的代理人开始，然后逐渐地让其他目标的代理人加入进来。您应该循序渐进，以免自己一下子接受不了太多。不过请您千万不要半途而废，为了能够达成您的目标，这是您所拥有的最行之有效的手段。

"现在，我们已经把企业家体系中对您比较重要的部分都讨论完了。在接下来的几周之内，您还会了解其余的部分。现在我们要不要休息一下？"

"好啊，休息 10 分钟总归没有坏处。"

2.4 区分经理和企业家

休息时间，我又到阳台上呼吸了几口新鲜空气，并且把我们之前讨论的几点内容又思考了一遍。我忽然发现，我们在过去的两天之内发掘出了我最关键的几个问题，并且为它们寻找到了解决之道。

导致我身体垮掉的罪魁祸首是我对于自己的工作时间处理不当。为了能够合理地安排自己的工作时间，我必须正确理解企业的用途和企业家所扮演的角色。我必须把完成企业家的任务作为自己的义务，为此我与菲利克斯·伯尔特拉姆签订了一份协议。

为了完成企业家的任务，我需要大量的空余时间。我可以利用下周的大扫除会议，把专业人员的任务移交给手下的员工，并以此为自己赢得时间。最后我还需要一个体系，它能够帮助我完成企业家的任务，帮助我学习用企业家的方式来思考、感受和行事，并最终帮助我达成自己的目标：企业家体系。

在接下来的两周里，我的任务已经很明确了：我必须着手开始这一切。我把笔记翻回瓶颈分析的那一节，我的下一个瓶颈是制定战略和提高员工满意度的问题。我感觉自己只要把这些事情做完就可以了，可同时我的心里又有一种不安定的感觉，我好像把什么东西给漏掉了。

几分钟之后，拉迪斯先生回到了会议室，就在这时我突然想起一件事，"我们之前一直在讨论三个角色：专业人员、企业家和经理。可是我还没有经理呢。"

"的确，"拉迪斯先生点了点头，"不过目前，没有经理一事还不能构成一个瓶颈，您还能再撑一段时间。而且这不是一个能够迅速解决的问题，所以我们应该从容不迫地处理这件事。您绝对不可以草率地把第一个遇到的随便什么人聘为经理。等我们把这个话题讨论完，今天的内容差不多也就结束了，到时候我们只要把已经规划好的任务写进您的日程计划里就可以了。关于经理的问题。您有什么想问的吗？"

"是的我有不少问题要问。第一个问题是，我是否可以承担经理这个角色。这样，我就可以一次性解决两个问题：一是节省了一笔工资费用，二是我可以不用给予这个人巨大的信任。"

"威尔曼先生，该怎么说您呢？您总是用专业人员的方式来思考问题，"拉迪斯先生无奈地摇了摇头，"一旦有问题产生，您就又变成了工作狂，因为您坚信通过自己的努力工作，问题最终能够被解决。可是您不可能总是保持这种高强度的工作状态，否则您又要进医院了。

"不过我很怀疑，其实您对经理和企业家之间的区别还不甚明了，对吗？"

我思索了一会儿，然后回答道："您说得没错。经理和企业家这两者都是以企业为工作对象的，而不是身在企业中，所以我真的可以把这二者区分开吗？经理和企业家之间的区别有那么大吗？就我对绝大多数企业的认识来说，它们的创始人总是身兼企业家和经理二职，这种模式有什么不好呢？"

"我们一下子确实很难说清楚这二者之间的区别，"拉迪斯先生说道，"二者都是以企业为工作对象，二者从某种意义上来说都是领导。在这个问题上，那些以企业领导为主题的书籍也不能给我们带来太大的帮助，因为它们基本上在讨论企业的整个领导层，而从来没有对企业家和经理之间的区别进行过讨论。

"原因很简单，几乎所有的管理学丛书所关注的都是大型企业，特别是大型股份有限公司的管理。在这类公司里，企业家的角色已经不复存在，而那些从未接受过企业家岗位培训的经理们却时常要扮演企业家的角色。因此，这两者才会在书里被画上等号。关键是大型企业，即员工人数超过250人的企业，只占到企业总数的0.3%。除此之外，还有许多中小型企业，它们都是由企业家领导的。可是管理学理论著作的目光却只集中在千分之一的企业上，它们只占经济总量的25%~30%。

"不过这些书籍却给出了经理和领导者之间的区别，这一点我们之前也提到过。前者专注于事，而后者专注于人。不过这与我们所讨论的企业家和经理之间的区分有一些不同，因为在我们的理论中，经理和企业家二者都需要既关注事，又关注人。而二者的区别在于，他们拥有不同的目标和不一样的任务，这一点在那些书里从未被提及。

"乍一看，我们很难理解这二者的区别。迈克尔·格伯曾经对中小型企业进行过研究，可是在定义企业家任务的时候，他也想当然了。在他的著作中，经理和企业家又被混为一谈。

"不过幸运的是，我们所拥有的不仅仅是那些管理学丛书，我们还有很多成功企业家的传记，在这些传记里，经理和企业家之间的区别向来是一个重要主题。很多企业家曾经提及这一点，例如，Vobis 公司的创始人特奥·利芬和斯沃琪（Swatch）的创始人尼古拉斯·海耶克等。那么二者最重要的区别到底是什么呢？"

拉迪斯先生走到白板前，画了一个表格："关于经理和企业家之间的区别最早可以追溯到经济学家约瑟夫·熊彼特的理论，并且这一理论已经被许多学术研究所证实。

经　　理	企　业　家
对当前的客户负责	对未来的客户和继任者负责
管理和激励员工	处理未被满足的客户需求
战术	战略
对现有资源进行最优化配置	寻找新的机遇
协调工作、维持组织结构的秩序	确定总体框架条件
小幅度地对体系进行优化	对体系进行变革
领导和监督所有人	确定管理原则和共同的价值观，促进员工发展
安排产品的销售计划	安排继任者的接班事宜

"虽然二者都以企业为工作对象，可是他们的关注点有所不同。企业家需要有长远的眼光，而经理则需要看到日常工作的细节之处。企业家制定战略，而经理确定战术。企业家负责企业的长远发展，而经理负责企业的日常运行。这两个领域的工作都不可或缺，而且它们对于各自的工作承担者提出了完全不同的个性和才能要求。有长远眼光的人往往不一定能够注意到细节，而优秀的战术家不一定能成为优秀的战略家。

"因此，最理想的状态是，企业家和经理应该是两个不同的人。请您回想一下那张体现两个管理维度的草图（参看第 33 页），经理在水平的维度上工作，而企业家处在纵深的维度上。

"无论是过去还是现在，很少有人能够在身为企业家的同时，亦出色地完成经理的任务。这就好像在那些 DAX① 和 MDAX② 上市的大公司里一样，只有极少部分的经理能够出色地完成企业家的职能。就我所知道的人来说，只有两位受聘的董事长同时具有卓越的企业家素质。"

"拉迪斯先生，我怎么觉得您对这些经理的评价不怎么高呢？"

"不，"拉迪斯先生摇了摇头，"我认为那些董事长们有很多都是极为优秀的经理人，而且成功的企业也离不开优秀的经理人。举个例子，我有一位非常优秀的医生，可是在我想要打官司的时候，我绝对不可能去向他寻求帮助。如果说我反对经理，那也只是反对那些自以为是企业家的经理，我还反对那些自以为是经理的企业家呢！

"针对那些企业创始人，人们做过各种调查和研究。其中，有人曾经研究过是不是大多数成功的创始人之前都拥有管理经营的经验。如果经理和企业家是相同或类似的，那么拥有管理经营经验的创始人大概会比那些没有管理经验的企业家更为成功。不过约瑟夫·布鲁德尔或库派的研究结果显示，事实并不是这样！他们失败的次数也同样多！他们的管理经营经验对于他们履行企业家的职责没有任何帮助。

"此外，经理和企业家完全是两种不同的人，他们两者的社会化过程完全不一样。为了成为经理，您必须努力为自己谋求升职，例如，通过出色的工作业绩或是良好的人际关系。终归有一天，上级领导就会决定奖励给您一个经理的职位。

"大学教育背景或 MBA 学位对于成为经理也很有帮助。读书的时候，您的教授觉得您应该得到一个不错的成绩，工作之后，人事部觉得可以给您一个经理的职位。您虽然可以把成为经理当作目标，并为此做出许多

---

① DAX：德意志交易所集团推出的一个蓝筹股指数。——译者注

② MDAX：一种由 70 种德国股票抽样而成的股票指数。——译者注

努力，可事实上您的任命权还是掌握在别人手里；而且您所经营的一切事实上并不属于您。

"相反，一位企业家可以自己决定，他是不是要成为一名企业家。这个决定权不受任何外事、外力的影响，而是完全掌握在企业家自己的手中。您既不需要大学学位，也不需要向某个地位比您高的人证明什么。可是为了始终保持企业家的角色，您却需要做出巨大的成绩。不过收获这些成绩的人却并不是您的上级，因为在您的整个职业生涯中，根本就不存在，也不会存在上级。所以一位企业家也不可能有'升迁发迹'的机会：他一直都站在金字塔的最顶端，永远不可能有升职的可能性。企业本身是企业家的所有物——至少有很大一部分是。这些不同的外部条件有广泛的心理学前提，也会造成不同的结果。它们之间的联系不是肯定而必然的，而是可能的、不易于界定的。为此我想给您举几个例子。

"第一，如果一名企业家总是犯错误，那他就会同他的企业一起走下坡路，很多企业甚至会因此破产。如果一名经理总是犯错误，他最多只会被解雇，并且能够得到一些补偿金，可能他很快又会找到一个新的经理职位。您认为，这两种不同的结果会不会造成二者在企业领导行为中的不同呢？

"第二，如果一名经理犹豫不定，并且想回避一个决策，他完全可以把决策权交给上级，或在经理集会上从同事那里得到肯定。可是作为公司最高决策人的企业家不能这样做。他们肩上所承担的责任不一样，您觉得二者的企业领导行为会有所不同吗？

"第三，如果一名经理犯了几个错误，而他的上级发现了这些错误，那么他会丢掉工作。而一名企业家——只要银行和客户还愿意搭理他——可以犯很多错误，他不可能被解雇。这会不会使他们对于风险的承受能力有所不同呢？

"第四，如果一名经理对于自己的工作或薪酬不满意，他可以找一份新工作。而一位企业家却绝对不能够离开自己的公司，因为事实上95%的企业都找不到收购者。所以企业家等于与自己的企业结了婚，而且还被禁止离婚。您觉得这一点会在他们对待企业的态度上造成什么不同呢？

"第五，经理是被雇用的，并且有合约期。一旦出现比较大的问题，他的职位就会动摇。因此经理必须竭尽全力地巩固自己的职位，比如，通过大量的备忘、谋划、怠工、拉拢、投入或者其他战略手段来达到这个目的。不管他选择哪一种战略，对于公司的生产活动都没有好处。而一位企业家却不需要为稳固自己的地位花费心思，所以他也从来不会产生使用这些手段的念头。

"第六，一般经理的工资会比普通雇员要高很多。而企业家在前 10 年的平均工资比承担相似工作的正式员工要低 35%。您认为这会不会导致他们对于工作产生不同的理解？您要知道，这代表着个人的薪酬在管理活动中有很重要的作用！只有极少部分（糟糕的）企业家会产生这样的念头，那就是解雇与自己同样工龄的员工，并且给自己涨工资。可是在由经理领导的企业中，这种情况却有发生。

"第七，企业家的公司多数是由他们自己创建的，不论是在高潮或是低谷，企业家与公司都相伴而过。而经理是在后期才被聘用的，很多过去的事情他只是听说，却从未经历。这一点又会对他们与企业的情感纽带造成什么样的影响呢？"

我的脑袋嗡嗡作响，我觉得他简直要滔滔不绝地一直讲到世界末日，于是我试图打断拉迪斯先生的话："好了好了，我懂了。经理和企业家确实有所不同。他们起的作用不一样，承担的工作也不一样，而且他们有不同的心理基础、不同的动机、不同的事业路线，以及不同的工作态度。然后呢？"

"每一个人都有一定的性格特征，这些特征决定了他们更加适合成为经理还是企业家①。这些性格特征当然会随着时间的推移而不断地改变和发展，可是他们绝对不会在同一时间向两个不同的，甚至完全相反的方向发展。您既然已经决定要成为一名出色的企业家，那您就不应该期望自己能够同时成为一名杰出的经理人。"

"就您刚才所说的来看，让别人来承担经理工作的理由确实有些不清楚。所以这意味着，我现在就得为自己找一个职业经理？"

拉迪斯先生笑了："不用这么快！您之前说过，自己还有不少问题。关于您应不应该自己承担经理一职，这个问题我们刚刚已经讨论过了，也解决了。您还有什么问题吗？"

"我的问题与寻找合适的人选有关系，我到底怎么样才能找到一位优秀的，以我的财力又能承受的经理人呢？"

拉迪斯先生思索了一会儿，然后说道："我想向您提一个问题。到目前为止，您已经聘请了不少员工，比如，您的项目经理等人。那么以前您是怎样聘请他们的呢？"

"我在员工和熟人圈子里四处打听，请他们帮忙推荐一些合适的人选。如果他们没有合适的人选，我就会发布招聘启事。然后应征者会来面试，我就从他们中间挑选员工。大家不都是这样做的吗？"

"那您是根据什么标准来确定人选的呢？"

"根据他们的专业素养，当然我的个人喜好也会有一些影响。"

"您事后对于自己的选择满意吗？"

我摇了摇头："不满意，真正令我满意的选择顶多占 1/4。他们的专业能力都还说得过去，可是他们没什么上进心，工作态度也有问题。而在软

---

① 在章节 4.1 第 234 页您可以看到汉斯·乔治·豪伊瑟的边缘图景（Limbic Map®）。在这个图标中，人们被大体地分为各种不同的类型。经理在 Limbic Map® 中处在右下到右上的区间内，而企业家处在左上到右上的区间之内。两者之间只在右上的区域内有一个小交集。——原注

件开发这一行，在那些真正有热情的人和为了编程而编程的程序员之间，存在着很大的差别。我觉得他们做出的成果有十倍甚至百倍的差距。"

"您很好地认识到了问题所在，虽然我觉得您还是把结果估计得太乐观了。如果纯粹以专业能力作为择人标准的话，那么8次面试里有1次能选对人就很不错了，这一点我稍后会向您解释。您当然不会允许自己在经理人的选择上犯错误，不过我还是想说，选择不同的经理人会得到不同的结果，而这些结果之间的差别要严重得多：这已经不再是十倍或百倍的差距了，而是成功与失败之间的差别。

"而选人的关键就在于价值观、态度和进取心。在英语中有这样的谚语，'雇用看态度，技术靠培训。'这句话一语中的。通常情况下，您可能会遇到两种找工作的人，一种人寻找工作岗位，而另一种人寻找工作任务。当第一种人找到一份工作时，他们的目标就达成了。人们一旦达成了目标，努力的积极性就会下降。而第二种人则正好相反，他们的目标在找到工作之后被具体化，因此他们会比原先更加有积极性。

> 找工作的人分为两种：一种人寻找工作岗位，而另一种人寻找工作任务。

"这是一个关于态度的基本问题。心理学家维克多·弗兰克曾经说过，'人类最后的自由是，能够在每一个给定的环境下选择自己面对它的态度。'他并不是在平和安定的环境里做研究，最后安详地度过了晚年的心理学家。弗兰克说出这句话的时候，他正身处纳粹的集中营，他的所有家人都被杀害了，而他自己也饱受折磨。正因为如此，他的话才显得格外有深度。在任何环境下，您都可以自己选择生活的态度。

"对于身为企业家的您来说，这一点会导致一个后果。不管您做些什么，不管您是用严厉的态度对待他们，还是给予他们大量的金钱和尊敬，他们在任何情况下都可以自主选择自己的态度。也就是说，对于员工的工作态度和积极性而言，您无法施加任何直接的影响。现代管理理论认为，领导者应该为员工的工作积极性负责，这个错误的认识危害性很大。您根本就不可能对工作积极性产生任何直接的影响！您倒是可以削弱他们的积极性，不过您在选择人才的时候显然不会想要这样做。当您无法直接施加影响的时候，最符合逻辑的结果自然就是，您要找的人本身必须抱有您所期望的工作态度。您可不能抱着买彩票的心态，认为员工会随着时间的推移慢慢改正自己的工作态度。

"相反，您倒是可以抱有这样的想法：工作态度端正，但是专业能力有所欠缺的员工会渐渐进步，并最终达到要求。

"您的经理在专业能力方面肯定会有所不足，因为您的企业属于中小型企业，经管类的教育，比如，MBA课程等，基本上是为大型企业量身定做的。虽然有一些内容比较相似，但还是会存在相当多的差别。大部分MBA毕业生所掌握的专业知识都与他们的工作不对口。恰恰相反，很多中小型企业都要求经理具有一定的实践经验。因为经理这一职务需要具备很多重要的经验，所以很多时候都会出现从专业人员到经理的转变问题。这些人被提拔为经理的原因是，他们作为专业人员表现很突出。这真是太可笑了！

"您无论如何都必须对经理候选人进行专业培训，对吗？"

我点了点头："我觉得您说得很对。现在我有两个问题。第一，这世上到底有多少人是在寻找工作任务而不是工作岗位？第二，我该怎样找到他们？"

"我们先从第一个问题开始吧，有多少人是在寻找工作任务？答案就是不到16%的人。我是如何得出这个数字的呢？盖洛普研究所会定期在雇员中间做调查。他们会询问雇员，有多少人对工作很有积极性，多少人是在机械地完成工作，还有多少人已经在心里放弃了他的工作。就调查当年的数据来看，对工作抱有积极性的员工比例在12%~16%波动。而未被雇用人群的工作积极性应该会比被雇用者更低，所以，只有不到16%的人在寻找工作任务。

"这意味着，每8个应征者中间，只有1个人可以被考虑，而且这个

194

人也不一定就是合适的人选。他至少要与企业的核心价值观产生强烈的共鸣，而且他还要具备一定的管理学知识。也就是说，在这 1/8 的人选之内，顶多也只有 20% 的人可能合适。"

"所以，为了挑选出区区 3 名合适的候选人，我必须得见 100 多名应征者！"我失声叫道，"我可没有这么多时间。如果我真要这么做的话，那我每天就只忙着面试了！"

"这些时间您必须花！"拉迪斯先生说道，"在小型企业里，人们一般在两三次面试之后就把人选确定下来。这简直就是在买彩票！关于您到底为什么要花这些时间，我可以为您做一个很简单的计算：如果聘请了一名错误的员工，您会损失几万欧元，想一下工资、他犯的错和他对其他员工的正常工作所造成的妨碍。而且他拖延了企业建设的进程，您得向他支付补偿金，还要找能替代他的人。您浪费在这一个人身上的时间将远远大于多跟几个应征者面谈所需要的时间。因为经理人的工作态度不端正，您很有可能会赔上整个企业。

"不过我还想向您提一个问题，作为开发软件的公司，在制作软件产品的时候，您肯定会投入一些技术装备吧？"

"对啊，比如说，软件开发系统或模型管理软件之类的东西。"

"很好，那么您为模型管理软件投入了多少钱呢？"

"一文不花，这是一个开放的资源，网上可以免费下载。"

"为了选择合适的软件，您又花了多长时间呢？"

现在我终于明白拉迪斯先生想要说什么了。我若有所思地点了点头："您说得有道理。我们差不多花了 3 个月的时间，反复比较和测试不同版本的软件。有 5 名工程师参加了这个筛选过程，保守估计，每个人在这项工作上至少花了 80 小时。"

"对啊，"拉迪斯先生说道，"虽然您的技术软件没有任何成本风险，可是您还是愿意在选择软件的过程中投入大量的劳动时间。而一名新员工会带来巨大的成本风险，您却仅在两三次面试之后就确定了人选，我觉得您的行为实在是互相矛盾。您自己觉得呢？"

我必须得承认这一点。到目前为止，我还从来没有考虑过，要把面试和选择软件这两项行动的劳动投入和风险进行比较。

拉迪斯先生继续说："造成这一现象的原因通常很简单：在大多数的小型企业中，只有当人手实在不够用的时候，人们才会进行招聘。您会给自己施加压力，催促自己尽快招到人手。在这种情况下，您根本就不可能悠闲地对二三十位应征者进行面试。因此对于企业家来说，招收抱有正确工作态度的员工是一项长期的任务。吉姆·柯林斯[1]甚至在他的作品《从优秀到卓越》中写道：对于真正的优秀员工，最卓越的领导者会在需要他们之前就预先把他们招揽到自己手下——真正优秀的员工总会有办法让自己创造价值。所以，您可以在自己的日程表里规定，每周对一两个人进行面试。您首先需要思考一下，拥有合适价值观和工作态度的人会集中在什么地方，然后您可以优先在这些地方进行搜寻。为了找到合适的候选人，您必须运用自己所拥有的一切可能的渠道——员工、人脉网、朋友圈，等等。在同任何一个人见面的时候，记住是任何一个人，您都需要做笔记，清楚写明他们有没有可能被纳入经理候选人名单，即使是客户的采购员，您都不要放过。这样，6~12 个月之后，您基本就可以找到一个适合的人选了。我想这些时间您还是有的，您也不用担心自己会因此遇到新的瓶颈问题，就是这么简单。"

我有一些垂头丧气地说道："我还以为，自己只需要完成企业家的工作，我的工作量就会大大减小呢。现在我算是明白了，我只不过是改变了自己的工作内容，工作量可一点没少。"我继续说，"好吧。不过我现在应该根据哪些标准和筛选程序来找人呢？"

"在这里，您只有一个多级的筛选程序可用，它有固定的书面形式，

---

[1] 吉姆·柯林斯：著名的管理专家及畅销书作家，影响中国管理的十五人之一。他与杰里·波勒斯合著了《基业长青》一书。——译者注

包括测试①、试用表现、面试和员工评价这些部分，只有这样您才能兼顾到各个方面。您在进行面试的时候又需要注意什么呢？第一，您可以了解一下克劳斯·考普教尔②的重点推荐，他是一位在各个方面都相当杰出的成功企业家。他在面试的时候首先会注意观察，在谈到未来的工作任务时，这位准员工的眼睛会不会发亮。这可以作为一条淘汰标准来使用。

"第二，候选者个人的核心价值观必须与企业的核心价值相吻合。下次会面的时候，我们会详细讨论企业核心价值观的问题，现在我只说一点，在面试的时候，请您让应征者们谈一谈他们的生活经历，就像昨天讨论价值观的时候，您对我讲述的那些故事一样。这样就可以大大降低一种风险，那就是应征者为了讨您喜欢而故意向您展示一些不真实的价值观。而且您一定要随时注意从这些故事当中寻找蛛丝马迹，来判断应征者是否具有自主性。

"第三，在面试的时候，除了企业的核心价值之外，您还需要关注一些其他的核心价值。候选人需要具备处理细节工作的能力和纪律性，他必须有明确的个人目标，而且要有执行力和工作效率，最后他还需要有强烈的责任感。同样地，您也可以通过应征者的叙述来判断他是否具有这些品质。请您针对应征者所经历过的重要抉择时刻进行提问，询问他们为什么会做出这种选择。这样操作，您就可以很好地观察到他们的行为动机。使用上面所说的方式，您还担心自己找不到一名合适的经理人吗？"

"的确，通过这种方式，我得到的结果肯定会比当初招聘员工的时候要好很多。可是我还是有一些没把握，我永远都不可能百分之百地确定，自己决定的人选是正确的，也不确定我是不是真的可以信任他。"

---

① 例如 Limbic 个性测试（http://www.limbic-personality.com），虽然广为流传，却也有一些庸俗的 DISG 或 HDI 测试。——原注

② 克劳斯·考普教尔：德国著名企业家，他创建的辛德勒霍夫酒店总部位于纽伦堡。——译者注

"的确，您永远也不可能做到百分之百地正确！不过只要您注意到三个关键点，您就能够把风险控制在一个很小的范围之内。首先，只要您对某位应征者抱有哪怕一丁点儿的怀疑或者不确定，您都必须把这个人剔出候选名单。经理人的职位很关键，在这个问题上不能够有丝毫的妥协和让步。其次，您需要对经理人进行监督。最后，请您建立一个领导体系，您当前的经理以及之后所有的经理都必须依照这个体系来行事。不过，后两点是长期的行为，只有当您真正聘用了一名职业经理人之后，您才需要真正实行这两项活动。在那之前，只要您有空闲，您就可以对各种管理模式进行书面整理。

"在人员招聘的过程中，您应该把不断积累的经验书面地记录下来。或者在您指定参数的时候，您也可以就如何得出这些参数的过程进行记录。使用这些方法，在不到半年的时间里，您就能够为领导体系的基础框架收集足够的素材。然后，您可以把这些带有个人特色的素材同现有的管理体系①结合在一起，以满足您的需求。"

我静静地思考着。我们已经讨论了不少内容，可是有些事情我还是不太明白："拉迪斯先生，我还有两个问题。其一，假设我找到了一位经理，那么我应该给他开出什么样的薪酬呢？您也知道，我们公司的财务状况虽说不致太糟，可也好不到哪里去，我只能负担得起每年 8~12 万欧元的额外支出。其二，在找到经理之前，我应该如何顺利度过这个过渡时期呢？"

---

① 例如，弗雷德蒙德·马利克（欧洲管理学专家，被誉为"管理和教育大师"）的《管理成就生活》一书中所给出的体系，或鲍里斯·格林德尔和博多·舍费尔合著的《简约领导力》一书中所给出的简化办公体系，二者都围绕管理这个主题。此外，还有施密特学院的领导体系，不过在这一体系中，经理和企业家又被混为一谈，统归到领导人员一类了。

此外，在质量保障和 ISO 认证的领域也有很多手册，里面详细记载了许多模型。不过在众多模型之中，只有标准化模型可以完全照搬。因为这个模型能够反映企业的核心价值观，所以在不同价值观的影响下，同样的模型也会体现出不同的特征。——原注

"首先是工资问题,很多人有这样一种错误观念,认为要价高的人就是人才。您可以把这个谬论抛到脑后。那些要求高工资的人首先看到的是经济利益,如果其他的公司能够给他们提供更高的报酬,这些人肯定会转投别处。最优秀的人才寻找的是有意义的工作任务。所以,如果您想得到优秀的人才,您就需要给他们提供有意义的任务,使他们能够证明自己,并且能够继续进步。这也是我们下次见面的主题,即您应该如何制定战略,并相应地寻找到一个有吸引力,且意义非凡的愿景。而薪酬只不过是锦上添花——它只需要与人的才能相匹配就可以了。此外,您也不要仅在劳务市场上为自己找经理人,您也可以在公司现有的员工中寻找。

　　"最后您还需要注意一点,当您聘用了一位新经理之后,不要一次性把全年的薪水付给他。如果他有所作为,比如,提高了公司的销售额,制定了高效的工作流程,或者为公司节省了成本,那他就应该得到加薪,而且至少是原薪水的两倍。

　　"您具体可以这样来操作,在您的准经理首次向您提出工资要求的时候,您可以向他提供一份关于公司各方面数据的报告。然后,您要向他提问,如果他的薪水与工作业绩有关系,他希望二者之间存在何种关系。一个真正着眼于公司利益的经理会提出一个很低的固定工资标准,以及相当高的浮动奖金。他以此来表示,自己已经准备好要同您一起承担风险了。

　　"而一个把个人利益置于最高的应征者则刚好相反,他对于薪水的事情一步也不会让,或是顶多做一些微小的让步。然后他会夸夸其谈地向您提出一系列未经过深思熟虑的措施,内容不外乎如何提高销售水平或公司结构合理化一类的东西。遇到这种情况,您就应该立刻终止这次谈话,然后把那个人请出去!外面有好多大公司想招收这种纸上谈兵的人,他们应该到那些地方去。"

　　把薪水的问题摆在桌面上,让应征者自己提出解决建议,这个方法最初让我觉得很不习惯。不过后来我意识到,自己差一点又被专业人员的思维俘虏了:现在出现了关于经理人工资的问题,而我又一次试图亲力亲为地去解决它——至少我在思想上还残留着这种意识。如果采用拉迪斯先生建议我的方法，问题就很容易解决得多。特别是因为经理人的工资是由他自己建议的，所以未来我们就这个问题发生冲突的可能性就会小很多。"我觉得这个办法不错。不过我的第二个问题您还没有回答：我要怎么度过这一段过渡时期呢？"

"这就更简单了，您目前可以把经理的工作分给几个人来做。我觉得您的项目经理萨宾娜和秘书玛丽亚就是两个相当不错的后备人选。您可以像同诺贝尔特合作那样和萨宾娜进行合作。还有，每当您准备在企业家日程簿里添加一项 M 任务的时候，您都应该问一问自己，除了您之外还有谁可以承担这项工作。您应该找志愿者，就像在大扫除会议上做的那样。然后，您需要把任务分配和监督程序都书面地记录下来。一方面，在对经理任务进行监督的时候，您需要用到这个记录；另一方面，它对您建立领导体系也很有帮助。

"即使这样，依然会有少量的经理任务会存留在您的手中，直到您聘用一位经理为止。您只有暂时忍耐了。通过我教给您的这些东西，您应该在半年之内找到一名经理，并且可以顺利度过之前的这半年时间。"

我把听到的知识又回忆了一遍，然后点了点头。我的疑虑被打消了很多。我将来肯定会与这样一位经理发生一些争吵，不过这些仅仅只是因为工作内容的不同，还有性格使然。我甚至还有一种感觉，通过两人之间的这种角色分工，我们的工作成果会比现在要好很多。

此外，我还能够更好地把注意力集中在重要的企业家任务上。我的心像放下了一块大石头似的，我将来再也不用操心细枝末节的日常工作了，我可以把它们统统交给一个喜欢做细节工作的人。

所以我很干脆地点了点头："能够把经理任务交给合适的人去完成，我感到很高兴。那么我们现在是不是先休息一下，然后为我接下来两周的工作制订一个具体的计划？我现在觉得脑子又有一点乱。"我有一些疲惫地笑了笑，"这可不是训练教学的意义和目的所在，不是吗？"

拉迪斯先生笑着点了点头："没错，是该休息一下了。然后我们来整理一下这两天的成果。"

2.5 合理安排工作计划

拉迪斯先生回来的时候，我已经把过去两天我们讨论的所有工作都整理了出来。他扫了一眼，然后点头道："我们开始吧！首先，通常您在什么时间段工作效率最高？"

"一般是上午 8:00~10:00。"

"那请您把这段时间全部用来处理企业家任务。以前因为时间太紧，您在周末也必须加班，这种情况不可以再发生了。周末的时候，您的工作就只能与个人成长或休息有关。我们根据事情的优先级别来计划吧。首先是休息，每工作 2 小时，您至少要休息 15 分钟。"

我把这一条记了下来。

"人们很容易就会养成这样的坏习惯：不经意间又用工作、电子邮件或上网查资料之类的事情挤占了休息时间。对您来说这个危险也是存在的，毕竟到目前为止，您的习惯一直是完全不给自己留休息时间。您在休息时间完成的事项主要有冥想、在办公室外吃午餐、多眺望窗外，在休息时间喝咖啡、围绕公司大楼散步、做健身操，等等。而且我要再次提醒您：对于您来说，休息是一天当中最重要的日程计划，因为它能让您在高强度的工作之后恢复精神和精力。"

为了养成这个新习惯，一定的规律性对我很重要，所以我在同一个休息时段都安排了相同的事情。

"下面要进行的一项是每日计划、核心问题和评估。您每天从什么时间开始工作？"

"一般来说，是在 6:00~7:00。"

"我想您也不会好好吃早餐吧？"拉迪斯先生摇了摇头，"您一定吃早餐，而且不用那么匆忙，7:30 开始工作就可以了，您不是也希望能减少自己的工作量吗？那么就请您在每天开始工作的时候用半个小时来进行每日计划和核心问题的冥想吧。您通常在什么时候会结束一天的工作？"

"在晚上 20:00~23:00。如果我今后能够在每晚 20:00 就结束工作，我会很高兴的。"

"好的，那您可以在每晚 20:00 的时候对自己进行评估，然后结束这一天的工作，"拉迪斯先生一锤定音，然后笑了一下，"不过在那之前，您还要花一个半小时来健身，所以，您例行的工作时间到 18:30 就应该结束了。这样不算上休息时间的话，您每周就可以工作大约 50 小时。"

"太好了，"我高兴地说，"不过剩下来的时间我应该干什么呢？"

拉迪斯先生大声地笑了起来："和朋友聚会、睡觉、看电视，您想干什么都可以。只有一件事情您绝对不可以干，那就是工作！等过几周，您已经熟悉了管理工作之后，您就可以花一些心思在其他生活领域中的目标上了。

"现在要讨论重要的工作了，它们就是三项每天必须完成的企业家任务，即解决瓶颈、寻找机遇，以及个人的学习和发展。然后就是周一的通告会和周二的大扫除讨论会。"

我把个人学习计划安排在了上午，早餐之后是处理瓶颈问题的时间，寻找机遇的事情放在晚上，因为我晚上本来也喜欢胡思乱想，这种状态很适合用来寻找机遇。可是当我把通告会和讨论会写进日程之后，我发现这样一来，我就不得不把那两天上午的个人学习计划取消了。

"虽然您说的有一些道理，您在周一、周二确实腾不出别的空闲时间，可学习这么重要的事情绝对不能够就这样简单地取消了，"拉迪斯先生抗议道，"一而再、再而三地这样取消学习计划，到最后您就完全不记得还有这项任务了。这样吧，请您在周末抽出 2 小时的时间躺在沙发上读点儿书吧！

"关于处理瓶颈的问题，我们还要计划得更具体一些。您已经知道自己的瓶颈在哪里了，也知道自己需要做些什么。大体上来说，这部分预留的时间一方面是用来解决瓶颈问题，另一方面也是为那些亟待处理的事件准备的。特别是您已经有四周时间不在公司了，这类事件想必会有不少。

"第一步，您应该把处理瓶颈问题列入日程，也就是与玛丽亚、诺贝尔特和保罗进行工作移交，以及同萨宾娜就经理任务进行合作。在接下来的几周内，为了使这项工作能够迅速而高效地完成，您需要在与他们进行第一次谈话后，每天花半个小时的时间把这几个人聚在一起。这半个小时不是用来讨论具体的工作，而是为了能够让您把握这些工作的基本情况，你们需要在这半个小时之内互相提问，并且制定标准。请让您的员工把问题和标准都做书面记录，稍后您还会用到这些材料。"

我把这项任务也写进了日程表，我的日程表已经渐渐被填满了。我为玛丽亚和紧急事件预留了不少时间，不过我真心希望到周三之后，这些事情就会变得少一些。把这点写完之后，我扫了一眼日程表。现在只剩下最后一项任务了，那就是把企业家体系补充完整。我把它放在了周五，计划着周末也可以接着做。

"很好，已经基本完成了。不过还有一个问题，您离开公司已经四周了，对于公司目前的状况和员工们的情绪，您完全没有一点儿概念。我觉得您应该在周一上午花点时间在公司里四处逛逛，同员工聊聊天，旁敲侧击地打听一下大家的想法，看看该从哪里入手。此外，您还需要关注一下哪些部门运转得比较好。"

"我觉得这才是关键，"我打断了拉迪斯先生的话，"在用来寻找机遇的时间段里，我到底应该做些什么呢？"

"请您把以前收到的电子邮件再浏览一遍。您能从中找到客户的赞扬或感谢吗？有没有记者向您表示过，希望能对公司进行报道呢？这些都会成为流向您的能量。请您问一问自己，您能不能运用一种简单的方式或方法，使自己能够获得更多这样的能量，或更好地利用现有的能量。对于这个问题，您要把最基础的原因总结出来。然后，请您在公司里走一走，与员工谈一谈，看看大家认为什么样的工作比较简单，哪些任务进展很快，以及什么事情能够激起大家的兴趣。最后，您还要问自己，您应该如何对这些内容进行总结，并充分利用它们。

"请您同萨宾娜谈一谈您的项目计划，然后在其中找到比计划进行得更快或更好的地方。接着您还需要对造成这个结果的原因进行总结，找出其中可以利用的地方。您听懂了吗？"

"懂了，"我点头道，"我都有些跃跃欲试了。您之前还说过，我应该用字母 F、M 和 U 来标记自己的每一项工作。专业人员任务比较容易区分，那些紧急事项全部都属于这一类。在剩余的任务中，有几项 U 类任务也比较容易确认。可是对于把工作移交给萨宾娜、保罗、诺贝尔特和玛丽亚，并对他们进行指导和监督，我应该怎么办呢？这些到底算 M 类任务还是 U 类任务呢？"

"萨宾娜的任务很简单，因为您同她讨论的是经理任务，而对经理进行监督显然应该归到 U 类任务里。保罗和诺贝尔特的任务都将帮助您解决目前的瓶颈问题，因此这也属于 U 类任务。不过这个瓶颈总有一天会被清除的，到那个时候这就会由 U 类任务变为 M 类任务。因此我比较倾向于一开始就把它们归到 M 类任务当中去。而玛丽亚的任务则两者兼而有之。只要您还在对她进行培训并共同制定体系，这就是一项经理任务。可是玛丽亚的任务又是企业家体系的重要组成部分，因此这也是一件企业家任务。在很多情况下，二者的界限并不明显。好了，这样一来，下周的计划就制定好了。您觉得怎么样？"

我又细细看了一遍计划，然后回答道："实在是太棒了！不过，其中一点我还有一些问题：根据计划表，我每天直到下午 15:00 或 15:30 才开始处理邮件和来电。我真的可以一整天都把这些事情放在一边不管吗？"

"这就又牵涉企业家和专业人员之间的区别了。"拉迪斯先生回答道，"专业人员对事件做出反应，并迅速处理掉它们。而企业家所关注的是他们的目标。如果您早上就忙着处理外来事件，我想您自己也知道，您这一

y

204

天都不会有时间处理企业家任务了。刚开始的时候，让您把这些紧急事件拖到下午才处理，您肯定会有些不习惯。不过很快您就会发现，这根本就不成问题。"

	周一，3月6日	周二，3月7日	周三，3月8日
07：00			
07：30	每日计划和核心问题		
08：00	找人谈话	大扫除讨论会	个人学习计划／读书
08：30			
09：00	通告会		
09：30			
09：45	休息：冥想		
10：00	把分拣工作交给玛丽亚	大扫除讨论会	追踪进度
10：30			追踪诺贝尔特的工作
11：00	找人谈话		
11：30			
	周一，3月6日	周二，3月7日	周三，3月8日
12：00	午餐：在办公室外面吃午餐		
12：30			
13：00	同玛丽亚碰面	把工作移交给诺贝尔特	把工作移交给保罗
13：30	处理紧急事件		
14：00			
14：30			
14：45	休息：去休息间喝咖啡		
15：00	和玛丽亚碰面		
15：30	处理紧急事件／目前不能交给玛丽亚的来电和电子邮件		处理紧急事件
16：00			
16：30			
16：45	休息：围绕大楼散步或吃些小点心当晚餐		
17：00	寻找机遇		
17：30			
18：00	处理或清理工作分拣区		
18：30		慢跑	健身中心
19：00			
19：30			
20：00	评估和监督		

	周四，3月9日	周五，3月10日	周六，3月11日	周日，3月12日
07:00				
07:30	每日计划和核心问题			
08:00				
08:30	个人学习计划／读书			
09:00				
09:30				
09:45	休息：冥想			
	周四，3月9日	周五，3月10日	周六，3月11日	周日，3月12日
10:00	追踪大扫除工作责任人工作		完善企业家体系	
10:30	追踪诺贝尔特工作			
11:00	追踪保罗工作			
11:30	追踪萨宾娜工作			
12:00	午餐：在办公室外面吃			
12:30				
13:00	和萨宾娜讨论经理任务	完善企业家体系		
13:30				
14:00				
14:30				
14:45	休息：去休息间喝咖啡			
15:00	与玛丽亚碰面			
15:30	紧急事件或目前不能交给玛丽亚的来电和电子邮件			
16:00				
16:30				
16:45	休息			
17:00	寻找机遇			本周评估
17:30				下周计划
18:00	处理或清理工作分拣区			
18:30	慢跑	健身中心	慢跑	健身中心
19:00				
19:30				
20:00	评估和监督			

"您现在也可以把接下来几周之内必须完成的任务确定下来。您可以把那些还没有确定的任务单独列在一张工作分拣表中，留到您每周日制订下周计划的时候再处理。"

于是我又开始填写下周的日程计划，并且为接下来两周内的任务列了一张工作分拣表。

	周一 3月13日	周二 3月14日	周三 3月15日	周四 3月16日	周五 3月17日
07:00					
07:30		每日计划和核心问题			
08:00					
08:30		读书			
09:00					
09:30					
09:45		休息：冥想			同拉迪斯先生进行管理训练课程
10:00		追踪大扫除工作责任人的工作			
10:30		追踪诺贝尔特的工作			
11:00		追踪保罗的工作			
11:30		追踪萨宾娜的工作			
12:00		午餐：在办公室外面吃午餐			午餐
12:30					
13:00					
13:30					
14:00					
14:30					
14:45		休息：去休息间喝咖啡			同拉迪斯先生进行管理训练课程
15:00		与玛丽亚碰面			
15:30	处理紧急事件或目前不能交给玛丽亚的来电和电子邮件		外理紧急事件、来电、电子邮件		
16:00					
16:30					
16:45		休息：围绕大楼散步或吃些小点心当晚餐			

208

17:00				同拉迪斯先生进行管理训练课程
17:30	寻找机遇			
18:00	处理工作分拣区			
18:30		慢跑	健身中心	慢跑
19:00				
19:30				
20:00	评估和监督			

工作分拣表

- 完善企业家体系，确定过渡目标，为其他时间维度上的目标制定标准；
- 同"长期目标的客户"进行谈话。

周期性工作

- 每周同伯尔特拉姆先生通一次电话；
- 每周进行 1~2 次经理人面试。

"很好，这样我们就清楚接下来的两周应该干些什么了。哦，对了，之后您还要把这些东西复印一份，签上名字，然后传真给伯尔特拉姆先生。为了确定您 3 月的工资浮动额，他需要一些基础信息。"

只要一想到签订了这项协议，我的心里就很不舒服。不过从另一角度来说，我也意识到对于明天我将要面对的邮件洪流来说，伯尔特拉姆先生是我唯一的、真正有效的堡垒。

因此我答应了："好的，我今天会给他发传真。不过我还有最后一个问题：我是不是本来可以避免让现在所面临的这些问题发生？"

"完全避免是不可能的。最初建立公司的时候，您是一个人。因此您必须同时承担三种职能，而且专业人员的角色还是其中最重要的一个，因为只有它才能够给您带来收入。如果您从一开始就能够意识到这三种角色之间的区别，并且及时地运用企业家体系来工作的话，那么从三位一体向企业家的转变过程会更早发生，也会进展得更迅速。您将不是以每小时400公里的速度冲向跑道的终点，而是能够及时地起飞，并且收起起落架。

"除此之外，还有两种方法能够给您提供一定的帮助。第一，如果能够雇用到工作态度端正的专业人员，而且他的专业水平又比您高得多的话，那您肯定不会再有被专业人员任务缠身的危险了。相反，您的自尊心会促使自己去完成那些您做得更好，或是您应该做得更好的工作：那就是企业家的任务。

"第二，您可以依靠外部的服务商。我认识一些经营不是很好的独立职业者，他们已经拥有5~10名员工，可还是自己做会计工作，而且没有秘书。这些服务明明可以用很少的成本从外部获取，可是他们一定要自己来干，还成天抱怨自己没有时间。"

拉迪斯先生摇了摇头："不过虽然他们的做法有一些愚蠢，可也不是完全没有道理。

"当然您也可以采用一些比较粗暴、野蛮的办法，那就是向银行贷款，在企业成立之初就雇用专业人员和经理人。除非企业家从一开始就清楚地知道自己应该做些什么，并且有明确的目标和盈利战略，否则我不推荐这种做法。不过这两个状态都很难达到，所以一开始就花很多钱基本上是浪费，而且危害性不小。您还有什么问题吗？"

我摇了摇头。

拉迪斯先生站起来，盯着我看了一会儿，然后说道："威尔曼先生，和您一起度过的这两天真的很有意思，我们会在两周之内再次见面。在过去的这两天里，我向您介绍了许多知识，可是如果您不进行实践，那么这世上的任何知识都不能给您带来什么帮助。

"虽然这一点似乎还没有被我们的教育系统所采纳，不过还是有很多聪明人看到了这一点，比如，赫胥黎[1]在数十年前就曾经断言，'教育的最终目标不是获得知识，而是付诸行动。'而只有当您彻底理解了自己的任务之后，您才有可能采取行动。您觉得您已经做到这一点了吗？"

"长久以来，这是我第一次感觉到自己前面的路清晰地展现在眼前。我现在非常兴奋！"我有些激动地回答道，"如果您能允许我在需要的时候给您打电话，我就更加感谢您了。"

"这没有问题，如果您需要帮助，您可以提前跟我的秘书预约，商定一个来电时间。我可以向您保证，我对于您接下来两周的行动进展也非常期待。衷心地祝贺您马到成功！"

晚上我乘飞机回到慕尼黑。在飞机上，我又对企业家7大任务的那张简图进行了完善和补充。

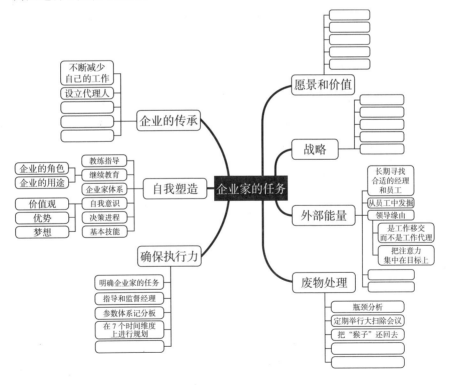

---

① 奥尔德斯·赫胥黎：英格兰作家，其祖父是著名的生物学家托马斯·赫胥黎。——译者注

第 3 章　企业的价值、战略和愿景

　　自从我与拉迪斯先生的第一次会面之后，已经过了两周，在这两周之内发生了很多事情。我到现在还记得，自己当时很惊讶地发现，只要改变观点，很多事情都会不一样。现在我对即将再次与拉迪斯先生的会面感到非常期待，我已经迫不及待地要同他分享我的成果了。

　　我在 9 点的时候走进了会议室，拉迪斯先生已经在那儿了。他盯着我的眼睛看了一会儿，满意地点了点头，然后欢迎我道："看起来您已经开始对自己的生活和公司进行了改变。那您就快给我讲讲吧！"

　　他不需要再说第二遍了。"上上周一开始的时候，出现了一件意料之外的小事。安居然还留在公司里，她觉得很内疚，因为她把自己看作我健康垮掉的罪魁祸首。所以她决定一边训练，一边继续留在公司兼职，确保那些因为我的缺席而产生的问题不致进一步扩大。这是我第一次感觉到，我的员工也在为我担负着责任。

　　"在这种情绪的鼓励下，我成功地召开了周一的会议，甚至营造了一股离愁别绪，尽管有一些员工刚开始的时候还比较含蓄而谨慎。

　　"这对于我接下来针对玛丽亚、保罗、诺贝尔特和萨宾娜的行动实在是太有利了。特别是当他们注意到自己的责任范围和职能权限因此而有所扩大的时候，他们表现出了令人惊讶的主动性。当我提出自己每天会抽出半个小时与他们进行谈话的时候，他们的积极性就表现得更加明显了，他们觉得自己不再是孤军奋战了。我经常会回想起您提到的一条基本原则：想得到什么东西，就必须对它进行关注。有一次，弗莱迪和安甚至跑来告诉我，他们愿意承担更多的责任。"

"安？"拉迪斯先生插嘴道，"那她现在还准备辞职吗？"

"我周一在公司遇到她了，所以我就邀请她参加周二的大扫除会议，她同意了，而且在会议中场的时候找到我，希望能够收回她的辞呈。她说她感觉到我现在有能力驾驭全局了。不过她还是希望我能够批准她有一个不带薪的假期，以便去参加自行车长途拉练。我对这种直接的回应感到非常激动，于是我马上同意了她的休假请求。"

"既然您成功地把这种能量以如此直接的方式释放了出来，我想，您在那次会议上肯定做成了不少事情。"拉迪斯先生也为我感到高兴。

"没错，您要是当时也能在场感受一下就好了！特别是会议开始和结束时的巨大反差！会议刚开始的时候，大家的情绪还是比较克制和压抑的。我觉得员工们是想先试探一下，看看我现在有没有力量掌控全局。不过后来他们发现，这次会议的主题是清除一切不必要和不受欢迎的事情，而他们的工作也因此变得更加有吸引力，于是他们一下子就沸腾了。会议结束的时候我甚至要强制地让大家停止讨论，因为每个人都不停地提出新想法。

"通过这次会议，我们得到了以下成果：我们制定了明确的规章制度，规定哪些人在什么情况下会收到电子邮件。除了后勤部门，其他人统一每两小时接收一次邮件。我们的档案室以前堆满了文件，每次想要找东西总是很困难，通过这次会议，我们把档案室的文件存量减少了20%。以前我们有一些工作的内容很不明确，经常会导致四五个员工被绊在同一件事情上，这次会议我们也为这些工作划定了明确的职责范围。我们还删减了一部分内部信息和报告，因为事实表明，接受者对它们根本就没有一点儿兴趣，也从来不会读这些报告。

"除此之外，我们还可以在很多其他事情上做出改变。仅仅通过这次会议，我们所减少的工作量就能够节省出两个到三个人的劳动力。这实在是很了不起！

"萨宾娜自告奋勇地承担了大扫除任务总负责人的角色。我表示将会在公司里建立更多的体系，并希望她能够承担起一部分责任，当她得知这一点的时候，整个人非常激动。谈话结束之后，我甚至得到这样一种印象：假如公司依旧不发生明显的变化的话，萨宾娜会成为下一个辞职的人。现在她终于得到与她的才华真正相匹配的新工作了。"

"这情形听上去太妙了，简直都不像是真实发生的。难道就没发生什么不尽如人意的事情吗？"拉迪斯先生问道。

"很可惜，我倒希望您说错了呢！"我说道，"埃尔克和佩德罗，还有负责后勤工作的2名员工，他们都不能够理解我的新工作方式。所以，这4个人还是跟从前一样来找我，不停地用一些鸡毛蒜皮的事情来烦我。我并不是每次都能够及时地把那些工作交还给他们，有时候事情发生得太快了，我还没有反应过来，就又揽下了一堆琐事。

"在半数的情况下，我都能够立刻反应过来。另外一半的时候，我会再一次把员工叫到我面前，然后把工作还给他们。不过，他们有时候会因此感到有些恼怒，特别是佩德罗，我们的搜索引擎优化专员。他总是在休息的时候向其他人抱怨，我把自己的工作统统交给别人去做，自己却整天都在混日子。目前，我还没有想好应该怎样解决这件事。"

拉迪斯先生插嘴道："下周一上午一上班，您立刻就找他谈话，向他说清楚，您绝对不能够容忍他用这种消极的行为去干扰其他员工的工作。您需要弄清楚，他是没有能力完成他的工作，还是不愿意去完成它们。如果是第一种情况，您可以找一个人来教他，告诉他一些所需要的知识；如果是第二种情况，您就需要想一想，如何才能激发他的工作积极性。如果有什么方法是您力所能及的，就请您运用这些方法去激励他吧。

"不过，您一定要向佩德罗说清楚，他需要自己为自己的工作消极性负责，如果下次再出现这种情况，您就应该严厉地警告他，然后把他赶出去。您的员工有权利认识到这件事情的后果。"

我吞了一下口水，这种领导风格对于我来说有些太过于直接而严厉了。不过我转念一想，处理佩德罗的牢骚实在是太浪费我的时间和精力了，看来这件事没有别的解决办法了。毕竟在目前这种局面里，我不能够允许任何持消极态度和拖后腿的人存在。

拉迪斯先生总结了一下："很好，虽然遇到了一些小困难，可是您还是把"猴子"都成功地还回去了。我不能否认您做得很好。除此之外，还发生了什么别的事情吗？"

"有的，我没能完成我的企业家体系。"

拉迪斯先生一脸疑惑地盯着我，看上去有一些失望。

我解释道："是这样的。我们的一位老客户是登山学校的人，他听说了我身体的事情。这位奥博莱特纳先生和我很熟，他也知道我曾经是登山运动员。事实上，我觉得正是因为如此，他以前才会找我来为他制作网页和课程预订系统。

"他认为，如果我的精神面貌有所改观的话，那么我的健康情况也会有所好转，所以他就送给我一份他们学校登山课程的礼金券。虽然我犹豫了一段时间，不过最后还是收下了。所以上个周末，因为去参加了登山课程，我就没能完善我的企业家体系。

"不过在阔别三年半之后再一次登山，这种感觉实在是太棒了。由于长时间没有练习，我的技术没有从前那么好，大不如从前了。以前我能登上 6 级难度的山，有时候还会挑战一下 7 级，而现在我只能停留在 3 级。不过这丝毫无损我的乐趣，这两天的课程又给了我力量，并且让我下定决心，重新开始定期地进行健身运动。现在，我觉得自己的精力比两周之前要充沛得多。"

拉迪斯先生看上去很高兴，不过他又注意到我似乎还有话想说，于是没有说话而等着我开口。

现在我终于意识到，我当初根本就不是因为朋友的事故才停止爬山的："两周之前我跟您讲过爬山的事情，当时我还有一些事情没有解释清楚。您不是还曾经奇怪，为什么在那次事故之后，我还继续进行了几次登山活动吗？"

拉迪斯先生好奇地点了点头。

我继续说道："那是那件事情过去几周之后的事情了。我当时又想寻找一些新的挑战，于是就开始一个人登山。有一次，我想独自一人攀登一座6级难度的峭壁。一开始还是挺容易的，可是爬到半山腰的时候，我开始有一种不好的感觉，而且越来越强烈。我开始手忙脚乱，摔下去好几次，身上擦破了好多处。又爬了一会儿，我左方20米的地方突然发生了小型的山崩。

"我终于慌了神，吊在半空中，心里一点把握也没有。我的两条腿抖得跟筛糠似的，心想自己肯定会掉下去，然后在200米深的峡谷里摔得粉身碎骨。当时我简直是进退两难。只要挪动一小步，我的脑子里就全是自己摔下去的样子，那个情景我直到现在都还清楚地记得。我浑身都是冷汗，也不知道自己在那里挂了多久，也许好几个小时吧。然后我右手的一根手指忽然动了一下，接着是第二根，于是我开始慢慢往上爬。

"所以，当时我不再登山根本就不是因为自己失败过，而是因为在那个黝黑的山涧里，我发现了自己对于死亡的恐惧，我被自己吓住了。"

我稍稍顿了一会儿，又补充道："所以直到上周末之前，我再也没有登过山。我感觉有什么东西发生了变化，虽然我现在还不知道是什么。而且我想，正是因为我的整个生活都在发生着变化，我才会重新开始登山吧。"

拉迪斯先生沉默了一会儿，然后嘀咕道："害怕自己摔下去，就是怕死嘛。"他犹豫了一小会儿，接着说，"您又开始爬山了，这很好。不过这件事好像还没结束。我可以肯定，在接下来的几个月里，我们还会讨论到这个话题。"

有几秒钟屋子里很安静，然后他又开口道："我们还是回到完善企业家体系的问题上吧。我觉得周末外出是一件好事，特别是处在您目前的状态下，再没有比外出更好的活动了。不过您本来应该是能够在本周之内完成企业家体系的，我们不是还有其他的空余时间吗？这中间到底发生了什么事情？"

"是啊，这是我目前最大的问题。我住院的这段时间，公司事实上没接到什么新的订单。虽然我们的财务一直比较紧张，可是这个月的情况尤其糟糕，因此上个星期我的工作重点都放在招揽客户上了。而且我的体系虽然不够完整，可是还是有很大一部分可以运行，所以我的心里总是有一种侥幸心理，于是也就没有怎么把企业家体系放在心上。

"说实话：在运用新体系的问题上，玛丽亚、萨宾娜和安都对我格外支持，这一点很重要。可是如果没有伯尔特拉姆先生的鞭策，那么我肯定会把这个体系扔到九霄云外去。这是我第一次清楚地认识到，把我的体系与周围环境联系在一起，并且为自己寻找外部的支持者和监督人是多么重要的事情。现在我终于明白您的意思了，如果没有外部的监督者，这个体系就是一个拙劣的半成品。

"可是现在不断下降的销售额威胁着我的公司，所以我真的不知道该怎么办了。"

"依靠现在的销售额，您还能撑多长时间？"

我粗略地算了一下支出，目前的总收入，以及用做缓冲的现金流等，直到我的存款账户上再也榨不出一分钱为止："大概能撑到5月吧，我估计也就到5月初，然后我们就会弹尽粮绝了。"

"一个半月，"拉迪斯先生说道，"那么为了争取到新订单，您又做了些什么呢？"

"现在的话，有不少项目都在找我们。"

"都是新客户？"拉迪斯先生问道。

"是的，基本上是新客户。因为贝恩德·沙德辞职了，而保罗的技术又不够强，所以这些订单只能由我来接。"

"威尔曼先生，我还有一个问题。在您去年一年的销售收入中，新客户和老客户所带来收入的比例各为多少？"

"我想，老客户带来的收入能占到80%吧。"我估计了一个数字。

"那么为了这80%的收入所付出的营销成本又占到总营销成本的多少

比例呢？"

我恍然大悟："帕累托定律！那个80∶20定律！20%的劳动带来80%的收入，而80%的劳动时间都被浪费在追求那20%的劳动成果上了。"我突然意识到，自己又浪费了很多工作时间。"拉迪斯先生，您是说我应该从老客户那里争取新订单？这样的确会快很多，也更有效率，而且销售收入有可能更加丰厚。我甚至已经想到好几种方法了，马上就可以着手去做。"

拉迪斯先生微笑道："没错，我想说的就是这个。此外，您还可以把一部分的空余时间用来加强对保罗的培训，他可以负责所有的新客户，以及订单级别比较低的老客户。就我看来，在接下来的几周之内，您暂时还得负责高级别的老客户。请您保守地估计一下，如果您可以留住2/3的老客户，那么公司能撑到什么时候？"

我迅速地算了一下道："大概能到6月底吧。"

"3个月，"拉迪斯先生咕哝道，"时间是有些紧，不过我们必须得撑过去。"

"也许我们还能找到一两个新客户，"我满怀希望地说，"这两个新客户知名度很高，我实在很想得到他们。而且我不放心把他们交给保罗。"我补充道。

"停停停！"拉迪斯先生打断了我的话，"我说两点。第一点，在财务状况很糟糕的时候，您绝对不能够依靠自己的希望来工作。我可以用我自己的悲惨遭遇来告诉您。在这种情况下，希望根本没有作用，绝对不行！您可能会不断地用'嗯，也许……马上就……真的能行……应该可以……'来安慰自己。可事实上，您已经没有希望了。虽然您可能没有意识到这一点，不过在潜意识里，您已经接受了它。因此您的希望不会有实现的那一天，就算真的碰巧找到一位客户，您也会在几周之后回到原点。无论开始的时候您是何等的信心满满，结果还是，您快完蛋了！您的财务状况越糟糕，您的营销尝试就越不容易获得成功，因此您的估计就必须更加保守。

"第二点，在这两个新客户的问题上，您必须分清楚两个不同的方面。第一个方面是公司的销售收入问题，这是您必须解决的问题。可是名声在外的新客户往往很难解决您的问题，因为其他服务商也跟您一样紧盯着他们。所以对于解决短期的收入问题，知名的新客户并不能给您带来真正的帮助。而第二个方面是您个人的前途、您的简历和个人状况问题。这些也很重要，可是这个问题您不用急着解决，因为您目前既没有明确的目标人群，更没有相应的战略。因此请您把所有的新客户都交给保罗吧。此外，如果在保证完成企业家任务的情况下，您已经没有余力去应对所有的老客户的话，就请您把其中的一部分工作也交给保罗。至于那些新客户的订单，如果公司实在接不下来就不用接了。这些您做得到吗？"

显然，拉迪斯先生又说到点子上了。如果能够把这些客户写进我的个人简历，我的自尊心会得到极大的满足。可事实上，这些对于公司目前的状况并没有太大帮助。于是我点头同意了。

拉迪斯先生继续说道："不过最迟在两个月之内，我们就应该能为您找到一条新战略。这条战略一旦实行，您就可以放心地把老客户的订单也交给别人去做了。这就是说，您的下一个瓶颈问题并不是像现在所表现的这样与提升销售收入有关系，而是在于您缺少战略。如果您解决了关于战略的问题，销售收入的问题也会迎刃而解。所以我们现在先来解决这个问题，您觉得怎么样？"

我觉得实在是不怎么样。我总有一种感觉，拉迪斯先生根本就是想回避我的销售收入问题。"您刚才亲口跟我说，我不应该让希望来主宰自己的命运。结果您现在又轻巧地说，我们会在两个月之内找到一条战略，然后一切就会好起来？您到底有没有弄懂我在想什么？我现在真的很担心公司会破产。也许您觉得破产也没什么，反正您都破产过两回了。而且您可能是过于富有，就算再破产一次，这点小钱您也根本不在乎。可是我会破产的，不管是公司还是个人。破——产！所以我现在还是比较想讨论如何增加销售收入的问题！"

等到我的情绪不再那么激动的时候，拉迪斯先生解释道："在销售和战略之间存在着很大的差别。为了成功地进行销售，您需要一些别的因素，也就是客户。他们能够自主地进行选择，他们也有可能不选择您。因此您不应该寄希望于他们。而恰恰相反，对于战略您有绝对的控制权。如果您认认真真地对待它，那么在两个月之内，您就能制定出一条合适的战略。这跟希望没有关系，而是与经验有关。当然前提条件是，您得认认真真地对待这个问题。

"即使我们在4~6周之后发现，战略的酝酿时间可能还需要延长，您也还有削减开支这个应急方法。今天是3月17日，就算到了4月底您不得不因为削减开支而宣布裁员，可是在那之前您也还有一段时间。这样到了6月份，您的支出就会降到最低，然后情况差不多就应该开始好转了。不过到4月底的时候，您的一系列行动必须强硬、坚定地执行。类似这种裁员肯定会在公司里引起骚动，而公司在骚动时期肯定没办法正常运转，所以您就更加需要好好地利用之前的这一段时间。

"虽然销售收入并不是战略的最终目的，但它是一个重要的中间结果。因此，在我们讨论战略的时候，往往也会讨论到销售的问题。现在您有两条路可以走：您可以继续以六周之前的那种方式来工作，不过您会得到与以前完全相同的结果——身体垮掉；或者您也可以改变自己的态度和行为方式。

"两周前，我给您举了一个拳击手的例子。如果一名拳击手克服不了对于疼痛的恐惧，那么在比赛还没有开始之前，他就已经输了。他必须把全部心神集中在眼前的比赛上，也就是集中在对手身上，然后他要对自己在平时训练中所学到的东西有信心。而对于一名企业家也是如此。您最好还是别再发牢骚了，您应该赶紧把注意力集中到企业家任务上来！"

真是一语中的！是啊，我知道他说的有道理，我也知道现在面前只有两条路可走，可我就是想给拉迪斯先生找一点麻烦。另外，我还有一种感觉，拉迪斯先生似乎非常清楚地知道，他在伤害我的感情。

我实在不想继续被动防御了，也不想再像六周之前那样疯狂地工作了。于是在长久的沉默之后，我妥协了："好吧，我们开始制定战略吧！"

3.1 明确企业的核心价值

3.1.1 经济价值

拉迪斯先生迅速切入主题："您觉得销售收入是怎样产生的？"

我没有明白他到底想问些什么，最后我决定用最简单的方式回答："我把产品卖给客户，他们付给公司钱，这就是销售收入。"

"哈！"拉迪斯先生讥讽道，"所以客户都是被动的傻瓜，您随便对他们做些什么，他们就心甘情愿地掏钱？"他摇了摇头，"您需要转换视角！您就是客户，作为企业家，您一定要从客户的角度来看问题！如果您站在一家商店里，想买点东西。我们举个简单的例子，以面包为例。您为什么会想买面包呢？难道是因为那里到处都摆放着面包？因为有人辛辛苦苦地把面包烤了出来？还是因为店员不停地向您推销？

"不，当然不是。是因为我饿了，或者至少是因为我知道自己总归会饿的。"

"哈！"拉迪斯先生又开口道，"也就是说您有需求，并且您想满足这个需求。所以面包对您来说有一定的价值，对吗？"

我点了点头。

"因为面包对您有价值，所以您才会付钱买下它。对于面包店来说，这就是销售收入。销售收入只是结果，而绝对不是目标！遗憾的是从企业内部的角度来说，销售收入经常被当作目标——特别是当企业或企业家把自己看得过于重要的时候。

"安东尼·罗宾曾经很好地对这一点进行过总结，'金钱只是用来度量价值的一种工具，它只是能给这个世界锦上添花而已。'对于您来说，这个面包的价值有多大，店员可以通过您付的钱了解到这一点。"

"我知道应该转换视角，可是这看上去更像一个哲学问题。我现在需要创造销售收入，好让我的公司支撑下去！"我直摇头。

拉迪斯先生思索了一会儿："我再给您举一个例子吧。假设您身处在一个房间里，那里很冷，温度计显示的是零度。现在您可以全神贯注地盯着度量工具，也就是那支温度计。您可以坐在温度计前面，几个小时都一动不动，两只眼睛一直盯着它。您也可以不停地摩擦它，或者把它塞到衬衣里面去。也许温度计上的数值会发生一些变化，可是房间的温度并不会改变。

"聪明一点的人会把窗户关上，或者开始取暖。温度计实在是一件无关紧要的东西。您应该把注意力集中到原因上，而不是测量结果上。所以您应该关注的是为客户创造的价值，而不是您的销售收入！

"这根本就不是什么哲学问题，而是视角的问题。随着视角的改变，您的行为也会发生相应的变化。为了制定出合适的战略，您必须抛弃这种以自我为中心的态度，转而从客户的角度来看待问题。不过要坚持做到这一点比较困难，这就是绝大多数的战略、绝大多数的企业和绝大多数的企业家都失败的原因。"

现在我终于明白了，或者我觉得自己明白了。"您的意思是，如果我把注意力集中在面包的价值上，那么销售收入就会自动地滚滚而来。这就好比如果我在生火，温度计就可以自动显示出变化之后的温度，是这样吗？"

"没错，就是这样。"拉迪斯先生说道，"不过我们还漏掉了一点，最重要的一点是：到底什么是价值？您刚才的意思是，价值就藏在面包里。不知道我有没有正确理解您的意思？"

"没错啊，不然呢？"我肯定地说道，"如果价值不在面包里，那我付钱买面包岂不是疯了？"

拉迪斯先生轻笑着摇了摇头："威尔曼先生，可惜您说得不完全正确。所以我们现在又要回到比较理论化的部分了，我希望您已经准备好了。"

我翻了一个白眼，同意了。到目前为止，拉迪斯先生的理论确实总能让我学到些东西。

"作为企业家，您需要问自己一个很重要的问题——价值到底是什么。"拉迪斯先生开始滔滔不绝地讲，"如果事先没有清晰的概念，您不可能有针对性地采取行动。关于这个问题，很多理论家都提出过他们的看法，所以我们先来回顾一下历史吧。200多年以前，大卫·李嘉图曾经提出过一个价值理论，他用生产产品所必需的劳动量来确定产品的价值。如果您生产了一根铁钉，那么它的价值就是为此花费的所有必要劳动时间的总量，包括开矿、炼铁和生产钉子的时间。

"这个理论与它之前的理论划清了界限，以前的理论都把土地作为价值的源泉。这一切的发生自有其历史背景。随着工业化的进程，以前的农业社会逐渐失去了它的重要地位。从前是谁占有的土地多，谁就更富有，而现在则取决于谁能从劳动者那里获取到更多的劳动时间。价值理论一直是经济体系的一种反映。

"此外，卡尔·马克思的理论也建立在这一劳动价值理论之上。他提出了这样一个问题，既然价值是由劳动创造的，而在当时企业家所付出的劳动只比工人多一点，甚至他们并不比工人辛苦，那么企业家为什么会变得如此富有呢？于是他得出了这样的结论，企业家总是私自截留一部分由工人的劳动所创造的价值。这肯定是不公平的，人们必须起来反抗，直到今天，这还是工会和左翼党派的行动基础。

"有意思的是，劳动价值理论同时也是其他很多经济理论的基础。不过现在很少有人会公开地谈论这一点，人们大多会回避讨论价值的定义。也许这是因为，当我们深入地探究劳动价值论的时候，我们很快就会发现它的自相矛盾之处。

"今天的理论家在描述价值产生过程的时候，总会有一些含糊不清，您根本找不到一个能够诠释它的合理定义。那些概念总是很含混，价值是在一个过程中被创造出来的，也就是说价值会从某一个流程中产生。而这些概念所出现的关联语境也很模糊，似乎又是指产品生产的过程，所以他们想表达的其实还是劳动产生价值。

"其实您那个价值蕴含于面包的想法也建立在劳动价值理论的基础之上，尽管您自己可能并没有意识到这一点，您觉得肯定有人用某种方式把价值放进了面包里。"

我打断了他的话："按照您目前的说法，所有人，无论他的政治立场和理论派别是什么，都认为价值是从劳动当中产生的。而按照您一贯的叙述方式，您接下来肯定要向我灌输完全相反的观点。可是您为什么就能够这么肯定您说的是有道理的，而其他所有人都是错的呢？"

拉迪斯先生微笑了一下："这个问题提得好。价值来源于劳动，这个理论实际上是错误的。不过您也太没有耐心了！我还想补充一个要点，这个理论所触及的远远不止直接的经济学范畴。举例来说，它还为我们日常生活中对于公平、公正的设想奠定了基础。如果 A 认为，在付出相同劳动的前提下，B 的工资比自己高，在大多数情况下 A 就会宣称，这件事情很不公平。这种关于公平的设想只在一种背景假设下有意义，那就是承认劳动可以创造价值。

"可我想指出的是，您对于价值的这种理解不仅会影响企业的战略，还会触及很多其他方面的内容，甚至包括政治和道德，还有您的个人举止。"

我震惊地点了点头。我还从来没有思考过这些抽象的概念，不过它们听上去很有说服力。如果我对价值有另一种设想，那我对于公平的设想以及我的行为也会随之改变。

拉迪斯先生继续说道："最重要的一点是，劳动价值理论是错误的。其实在日常的理念中，每个人都意识到了这一点——至少在讨论到个人工资的时候是这样的。我还想给您举一个例子。"

他从包里拿出一本书，然后把书的背面对着我，问道："您觉得这本书有多大价值？"

因为只能看到书的背面，所以我耸了耸肩，回答道："也许 10 欧元。"

拉迪斯先生把书转了一面，然后说："这本书的内容与制定战略有关，这也是您所关注的主题。那么现在您觉得这本书的价值是多少呢？"

"也许二三十欧元。"我猜测道。

他翻开那本书，向我展示了书的最后一页，那里有一张礼金券。那本书的作者开设了一节讨论课，这张券可以让我在报名的时候获得100欧元的折扣。"威尔曼先生，如果我现在告诉您，这节讨论课能够使您的公司产生巨大的改变，那么现在您觉得这本书的价值有多大？"

"也许不止100欧元吧，大概120欧元或130欧元。"

"现在我向您保证，在这本书的读者之中，有一半的人成功地在一年之内把他们的销售收入翻番了。现在您觉得它的价值有多大？"

"这本书如果真的这么棒，我就是用几千欧元买回来也心甘情愿。只要有了它，我很快就能够把这几千欧元赚回来。"

拉迪斯先生微微一笑："现在还有一个人对这本书感兴趣，他的公司规模比您的要大得多，所以他以百倍的价格把这本书从您的鼻子底下抢走了。"说完这句话，他又把书放回了包里。

"同一本书，它的价值第一次是10欧元，后来变成120欧元，再后来又变成几千欧元。所以我们是否可以得出这样的猜测，那就是价值根本就不蕴藏在这本书里。既然价值本身并不蕴藏于书中，那么价值也就不可能来源于劳动。"

我恍然大悟："我知道了！价值与客户的需求联系在一起。"

"没错！"拉迪斯先生高兴地说道，"而且价值取决于与客户的需求还产生了一个结果：客户不一样，价值也会随之发生变化。对于不吸烟的人来说，香烟的价值最多也就是用来交换其他东西。可是对于吸烟的人，尤其是几个小时都无烟可抽的老烟鬼来说，香烟的价值就不可估量了。

"不仅如此，价值取决于客户还造成了一系列其他的后果：对于同一位客户而言，一件产品在不同的时间也会产

经济价值从交换中产生，它的大小取决于客户的需求和客户能够接受的需求满足程度。

生不同的价值。

"总而言之，价值并不存在于产品或是服务之中，而是产生于交换。而且价值的高低取决于客户的需求和客户能够接受的需求满足程度。

"因此，经济价值就是人情大小，是相互交流，并且受社会学、心理学和神经学法则的制约。"

"可是在劳动价值理论的发展历程中，人们为什么没有看到这一点呢？"

"因为在一个有缺陷的社会里，比如，在该理论产生的工业革命时期，人们根本就没有意识到需求的问题，因为人们对于一切都有迫切的需求。"

我突然灵光一闪，想到一个可以打击拉迪斯先生的说法："可是黄金或货币的确有价值啊。即使在我把它们从口袋里掏出来，付给某个人之前，它们就已经具有价值了。"

"它们之所以有价值是因为您知道收钱的那个人能够用这些钱满足他自己的一些需求，"拉迪斯先生说道，"请您回想一下 1923 年的秋天，那时候钞票上每天都能多一个零，简直变成了废纸。那个时候收钱的人都不认为，他能用这些钱满足自己的需求。

"黄金也曾遇到过同样的状况，1492 年探明的金矿使黄金的供给量迅速增长。所以黄金的价值也并没有蕴藏于黄金本身。"

我还是有些想不通："可我总要有些东西用来交换啊！价值总不可能凭空产生，所以价值肯定与劳动有点关系吧！"

拉迪斯先生摇了摇头："虽然您说的也没错，您确实得有些东西：一件产品、一些知识、一双手，或别的东西。这完全是一个二元的前提条件：有或没有。如果您什么也没有，那就不存在交换，因此也就没有价值了。如果您拥有一些东西，可以与别人进行交换，那么价值就产生了。

"您得到交换物的过程对于价值的高低不会产生任何影响。如果您通过一项技术革新为公司的一位客户节省了 10 万欧元，无论这项革新是来源于一个突发奇想的天才想法，还是来自数年的艰苦钻研，它们对于您为客户所提供价值的大小都没影响。在两种情况之下，通过交换产生的价值并没有变化，在这个例子里交换即指进行技术革新。"

我思索着道："这中间不是还存在一个妥协关系吗？产品的价格难道不是由供求关系决定的吗？"

拉迪斯先生否定了我的说法："价格和价值是两种完全不同的东西。我再给您举一个例子吧，以便您彻底明白。这个理论实在是太基础了，为了制定战略，您必须理解它。

"您现在身处沙漠之中，身边有一桶10升的清水。为了把这个水桶灌满，您花了两分钟时间，这桶水现在价值多少？"

"肯定不止灌装所花劳动时间应得的区区几个欧元。这桶水是无价的！"我回答道。

"没错，工作时间在这里没有太大作用。不过这桶水也没有经济价值，虽然您对它有很大的需求，而且这桶水也能够满足您的需求。可是这里除了您就没有别人，所以您不可能把这桶水卖出去，您也不可能把这桶水卖给您自己。没有交换就没有经济价值。

"现在您遇到了一个干渴得快要死的人，这个人肯定不会问您，您灌满这桶水花了多长时间，然后依据劳动时间付给您钱。他会把所有的财产都交给您，他这么做并不是因为您在这桩交易中的优势地位，也不是因为您垄断了水的供应，而是因为在这一刻，对于这个快要渴死的人来说，这桶水是无价的。

"即使现在又有一个人提着一桶水走过来，并且售价比您低，您这桶水的价值也不会有丝毫改变。对于那个快要渴死的人来说，这桶水仍然是他所能想到的最有价值的东西。即使您因为竞争者的出现而主动降价，或者是您干脆把这桶水送给这个人，分文不取，这个干渴的人仍然知道，他将永远欠您一个人情。

"现在我想总结一下，在第一次会面的时候，我们就发现企业的任务是为客户提供收益，当时我们是从社会的角度来讨论这个问题的。而现在我们从另一个角度，也就是经济的角度解析了价值理论。我们已经确信，价值是由客户的需求和客户所能够接受的需求满足程度决定的。从某种程度上来说，我们可以认为企业的任务是为客户创造价值，而这些价值会从交换中产生，并且与客户的需求有密切关系。所以销售收入仅仅是一个指示器，而且不是最好的那一个。"

这下子我终于明白了："一家企业越能够有针对性地满足顾客的需求，它就越能够更好地完成自己的任务——尤其在客户主观认为该需求极度迫切的时候。

> 如果一家企业越能够有针对性地满足顾客的需求，它就越能够更好地完成自己的任务——尤其在**客户主观认为该需求极度迫切的时候。**

"我进一步想到：您把价值提升到如此抽象的层面，所以，您所指的远远不只是企业的产品吧。这也可以用来形容我的员工所创造的价值。员工越能切中企业和客户的需求，他们所创造的价值就越大。所以如果仅仅按照部门、职位或工作时间来确定他们的工资，那就太不公平了。"

"停停停，"拉迪斯先生笑了，"没错，您说的很有道理，由此产生的后果将是巨大的。不过它会把我们的视线转移到工作领域去，我们想讨论的可不是这个问题。现在我们讨论的问题是价值和战略。"

"您说得对。所以我应该通过一些手段提升为客户创造的价值，比如，完善我们的产品和服务。"

拉迪斯先生微微一笑："对，就是这样。不过我们要讨论的也不是提升产品质量和服务的问题。在战略发展这一主题上，您总是能听到这些陈词滥调，例如，'与其他人不一样''专注于服务，因为这越来越重要'，等等。在认识了交换价值理论以后，您就可以用一种完全不同的方式来看待这些陈词滥调，并且认识到真正的核心所在。

"我们先来谈谈服务吧。如果您运用交换价值理论，那么您就会发现，服务只对以下方面有意义。它可以提高客户主观的价值接受度，也可以拉近与客户的关系。我想给您举一个例子。在绿色食品专卖店里，您能够接受一种很好的服务。食品的产地、运输路线、营养成分、生产者的理念、烹饪小窍门等，所有这些信息都被清楚地展现在您的面前。您主观上觉得这些东西物有所值，而且您会更加信任这家店。这项服务是有价值的。

"可是如果您在售卖薯条和烤肠的快餐吧里提供同样的服务，别人肯定会因此取笑您。在这个地方，人们唯一关心的就是食物的分量。

"另一方面，在快餐吧您却可以提供这样的服务：'我们24小时送餐上门'肯定会大受欢迎。可是在绿色食品专卖店，送货服务却未必会有很大的市场。

"对于所有其他的陈词滥调，例如，质量、价格、'与众不同'等也是这样。如果针对这几个方面的措施能够提高目标人群对于价值的接受度，并且能够拉近与目标人群的关系，您才应该实行它们，否则就是自讨苦吃。"

我有些糊涂了："等一下，您刚才说的价格是怎么回事？"

"好问题，"拉迪斯先生笑了，"您有不同的客户群。有的人很喜欢买便宜货，对于这些人来说，当价格比较低廉的时候，产品和服务会更有价值。还有人比较喜欢奢侈品，对于这些人来说，产品的价格越低，价值也就越低。您是不是可以通过改变价格来改变客户的价值接受度，您又应该如何对价格进行改变，这些事情全部与您的目标人群有关。这也就是为什么您需要选择一个固定的客户群体，否则您就得整天忙于改变价格。此外还有一些原因，不过那些我们稍后再谈。

"我们在制定战略的时候，首先要考虑到一些结果。我们已经提到了价格，价值由客户的需求决定，而价格则正好相反，它的浮动空间取决于您的竞争者。从客户的角度来看，您的竞争者越多，您索要的价格就越低，而价格就会愈加背离价值，而降低到接近竞争者的最低成本。如果您遇到这种情况，您将不能很好地完成企业家的任务，也就不能留给继任者一家拥有最大价值的公司。这意味着，如果您希望完成企业家的任务，您就必须采取措施，使客户的眼中没有任何与您水平相当的竞争者。

"这也就意味着，您必须尽可能多地了解您的客户和他们的需求，至少您得比您的竞争者更加了解他们。"

"这是没错，可是大部分客户不喜欢把自己的信息透露给别人，如果企业对他们了解得太细，他们会很反感。"

"事实上，如果企业对于客户的信息了解得非常清楚，这对于客户来说也不是一件坏事，因为这样一来，企业就可以利用这些信息更好地满足客户的需求，为他们创造更大的价值。如果您把由此获得的利润再次投入生产中去，以期在未来更好地造福于客户，那么您的客户就能获得更大的价值。可是如果您没有把由此获得的利润投入再生产，而是用它来满足其他人的需求，那您的客户就会觉得自己被利用了，并会从此对自己的信息守口如瓶。因此对于某一些企业，客户会同它们讨价还价。而对于另一些企业，客户付款却会比原定的价格高一点，因为他们知道，这些钱最终还会回报在自己身上。对于第一种企业，客户当然会吝啬于提供自己的信息；可是对于第二种，客户会很乐于提供信息的。我希望您的公司属于第二种。

"因此，交换价值理论要求供应者做到一点，那就是您必须与客户建立诚实而公平的关系。身为小型企业，只有这样您才能获得必要的信息，也只有这样您才能够获得最接近真实价值的价格。"

3.1.2　最新的神经学知识

我尝试着对所听到的知识进行了一下总结："这也就是说，当我们谈到经济价值的时候，我们事实上是在讨论人类的动机，也就是需求或是'精神'价值。所以在制定战略的时候，最合乎逻辑的出发点应该是人类的需求，对吗？"

"没错！"拉迪斯先生肯定了我的说法，"这就是我们的下一个主题。在两周前我们讨论价值观的时候，我就简略地提了一下最新的神经学研究成果。在战略发展的问题上，我们也不能绕开这些知识。"

他的话让我很好奇。

"我们还是以面包店为例吧。您想买一个面包，您为什么会产生这个想法呢？"

"这也有点太刻意了吧。不过在现实中，我可能会站在面包店前面，然后我会想，家里可能没有面包了，然后我就走进店里买了一个面包。"

"这个决定听上去是经过思考产生的。当这家面包店用电风扇把面包的香味送到大街上，它的销售收入就提高了30%。您要怎么解释这个事实呢？如果您站在这家店的门前，您会不会因为面包的香味，觉得自己需要更多的面包呢？"

"的确会，不过这是不正当营销！"我抗议道。

"我们先不管它正不正当。事实是这种手段的确管用，所以它肯定得有一个合理的解释，这一点很重要。"

"面包的香味让我能够更清晰地感觉到自己的饥饿，我在做决定的时候也会考虑到这一点。"

拉迪斯先生笑了："如果您每次都要想那么多，那您永远也不会去买面包。您现在正在从大多数人的角度出发来考虑这个问题。这些人是理性的，并且是有意识地行为。他们清楚地知道自己当前和未来的需求，并对它们进行衡量和比较，然后再做出决定。为了解释这30%的收入，我们必须承认，情绪和下意识的影响会扭转我们的决定。不过无论在哪一种情况下，有一点是肯定的，首先要产生有意识的决定，然后才会发生行为。

"神经学家本杰明·利贝特也得出过同样的结论。完整的理论是这样的：利贝特坚信，在人的大脑之外还存在一个精神世界。大脑是物质的，而物质遵从因果原则。有一些理论家承认物质世界不是由偶然构成的。而我们人类拥有自由的意志，自由的意志不会依照因果原则起作用，它也不具有偶然性。在这两种情况下，意志都将变得不自由。因此根据这种理论，在物质之外还存在着一些非物质的东西。这个理论与很多其他理论一起被二元世界观的支持者所采纳。

"不过利贝特与很多二元世界观的代表人物不一样，他希望能够更准确地理解这条理论的内涵，并为此设计了一个实验。如果我们动一下胳膊，一般来说，我们就可以确定，在半秒到两秒内我们的大脑曾经产生过一个活动，而且这个活动我们可以测量到——这就是所谓的准备电位①。如果我们可以证明，在大脑活动发生之前，或者几乎在大脑活动发生的同时，我们就做出了决定，那就表明，决定是在一个不可测量的非物质世界中被做出、并被改变的。

　　"为了证明这一点，利贝特做了一个非常简单的实验：受试者需要摇动他们的手，不过摇动的时间点是由受试者自己决定的。他们会得到一面钟，以便让他们能确定自己选择的时间点。事后人们就可以将摇手所对应准备电位的出现时间与选定的时间点作比较。

　　"实验的结果震惊了学术界：选定的时间点比准备电位出现的时间平均要晚 300~400 毫秒。这就意味着，与那些由大脑的其他部分早就决定的行动相比，我们的意识要慢上 1/3 秒。也就是说，我们有意识的决定根本就不是真正的决定，而只是一个事后的声明。

　　"所以您现在可以同出于理性动机、进行理性行为的客户说再见了。或者说：当您在面包店前开始思考的时候，您的两条腿早就已经走在半路上了。"

　　"您是说，根本就不存在什么自由的意志？"我有一些震惊地问道。

　　"遗憾的是，我没有办法回答您的这个问题。如果关于'自由的意志'，人们的理解还同以前一样，也就是指决定产生于有意识的理性思考，那么我只能对您说，'不，自由的意志并不存在。'很多人抱有一种崇尚意识和理智的世界观，他们贬低下意识和情感。对于依照这种世界观生活和行事的人来说，这的确是一个令人震惊的大问题。

---

① 准备电位：心理学、神经学术语，用来描述先于动作发生的大脑区域活动。——译者注

"不过如果我们以整个大脑为观察对象，那么我们就可以确定，每一个行动都产生于一个动机。至于这个动机究竟是有意识产生的还是下意识产生的，其实没什么区别。因为无论如何，是您的大脑在指挥这些行动，而不是我的大脑在指挥。"

我之前想到的那个问题又冒出来了："可是这种行为是不正当的！如果您把面包的香味吹到大街上，那么我就没办法自己做决定了！"

"威尔曼先生，就算没有面包香，您也不能自由地做决定！早在您告诉自己应该买面包之前，您的两条腿就已经在路上了。我觉得您的问题在于，您认为只有理性和意识层面上的、理由充分的影响才是正当的。而来自下意识层面上的面包香，或情感层面上的影响，例如，自由或欲望的诱导，在您看来都是不正当的，应该被拒绝。"

"没错，就是这样，因为那些都是在操纵人性！"

"不好意思，可是把您带进面包店的是您自己的大脑，让您服从于自由和欲望的也是您自己的大脑！"

他的说法让我感到很不舒服。"好吧，就算这一切都是真的，可是它们与战略又有什么关系呢？"

"这很简单。到目前为止，我们讨论的都是企业的任务，也就是为它的客户提供收益。在这个语境下，收益是比较理性的东西，客户会不断地进行衡量和比较，以确认他得到的收益是否比付出的成本要多。根据比较结果的不同，客户会选择是否接受这一供给。而在经济价值的问题上，这个过程就没有那么理性了。我们讨论的是客户接受的需求满足程度，不过当时我们还是认为这个过程的发生是有意识的，现在我们终于知道，这个过程既是下意识的，又是不理性的。

"根据企业管理顾问汉斯·乔治·豪伊瑟的理论，理智是情感的一部分。他有一个非常天才的想法，那就是把人类所有的动机、需求和价值观都画在了一张图中，也就是所谓的边缘图景（Limbic Map）。他把人类行为的三个基本维度当作轴线，'平衡'在下面，'支配'在右上方，'刺激'在左上方。此外还有过渡区域：左下方的部分混合了平衡和刺激，是幻想和享乐的过渡区；右下方混合了平衡和支配，是纪律和监督的过渡区；在上方还有一个支配和刺激之间的过渡区，也就是冒险和兴奋的区域。

"现在这幅图基本上就可以囊括人类所有的价值观和动机了：例如，责任感是在右下方，诗意在左下方，创造性在左上方，而地位则在右上方。

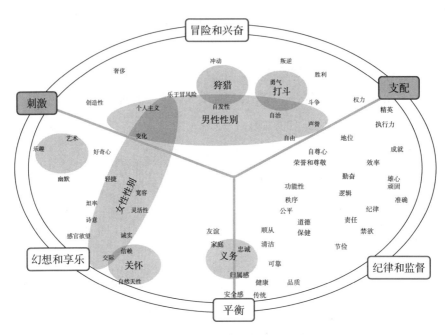

边缘图景（Limbic Map）（汉斯·乔治·豪伊瑟博士友情特许授权）

"所有由我们的理性所产生的内容都在右下方：秩序、纪律、逻辑、可靠性、功能性。所以'理性的'决定归根结底也还是感性的价值选择。当进行思考的人给规则附加上高度感性的意义，就产生了'理性的'思考，是以'理性的'行动能比'非理性的'行动获得更大的感性奖励。您可以看一看电视里那些所谓的理性大讨论，说到底它们还是百分之百处在情感的控制之下。

"说到进行理性抉择的人，他们的行事标准让我想起这样一个人。他

234

拿了一张纸，在纸上剪了一个洞，然后透过这个洞去看他要买的东西。第一次他看到的是一辆白色的汽车，第二次他看到的是一个涂了白色油漆的铁门。对于这个人来说，他两次所看到的东西是一样的，都只是一块涂了白漆的铁皮。现在一个售货员报价 2 万欧元，而另一个售货员报价 1000 欧元。除非这个人能够认识到全部的真相，否则他一定会觉得报价 2 万欧元的那个人是个骗子。

"所以事实上，如果您总是理性地进行价值分析，那么您只可能满足客户的一部分需求。或者说您面临把汽车看成铁门的风险，并会因此低估了它的价值。

"事情的真相是，您的大脑的确觉得闻起来很香的面包有更大的价值。如果香气飘散在大街上，而您拿到手的面包却一点也不香，这种情况才算是欺诈。

"现在我们来谈谈结果：您不能仅仅只为客户提供收益，这还只局限在右下方的理性区域内。您得向客户允诺，满足他们情感上的需求。因此您需要为他们创造价值，这样您就可以用到全部的人类价值空间了。您可以在边缘图景上对这些价值进行定位。如果您的战略仅仅关注于寻找收益，那么这就好比您从纸上的小洞里向外看一样。"

拉迪斯先生介绍给我的这些东西完全扭转了我的世界观。我很想为自己辩护，可是我想不出任何站得住脚的理由。于是我试图用其他例子来反驳："对于面包来说是没错，可是我们卖的是企业软件，在这个领域我们需要理性的决策！"

拉迪斯先生不可思议地望着我："什么？理性？我想认真地问您，您向客户提供更好的系统，您的竞争对手就因此受到打击，因为他不小心和您站在了同一块田里，这有什么理性可言？如果一个销售员很自信而且有魅力，那么他做成的生意肯定比他缺乏自信的同事卡西莫多要多很多，这又有什么理性可言？您有没有经历过这种情况，在进行推销的时候，您正在逐条地向客户列举收益，可是您忽然发现，客户并没有跟上您的思路？"

"没错，我常常遇到这种情况！有一些客户总是会思想不集中，或者他们干脆就完全不懂这些技术问题。"

"不对！"拉迪斯先生几乎是吼了出来，"客户并没有错，是您的观点有问题。有一些客户，或者确切地说大多数客户不喜欢这种理性而专业的方法，因为这不符合他们的需求。客户需要的也许是成就，也许是权力，也许是安全感，也许是变化。为了给自己做些掩饰，他们会跟您讨论销售收入或节约开支之类的问题。但这其实只是他们事后进行的合理化，是他们事后为自己找的理由。

"我对于您的反对意见实在是无法理解。威尔曼先生，您很喜欢登山。那么您能不能跟我讲一讲，这件事情同理性有什么关系？"

我的脑子里突然灵光一闪。是啊，为了登山我几乎付出了一切。虽然在挑选器械的时候我也会想，哪家厂商生产的钩子质量最好，哪家的缆绳更轻、更坚固。可是最终支持我的还是一种对于冒险的热爱。我又仔细地看了一下边缘图景。超越极限是我的价值观，所以如果我是一名客户的话，我将处在边缘图景中上半部分偏右的地方。

最后我还是点了点头："拉迪斯先生，我想现在我终于把一切都理解透彻了。这对于我们的战略来说意味着什么呢？"

拉迪斯先生说道："我想先问您几个非常简单的问题。如果有人向您推销一次冒险之旅，一个人是莱因霍尔德·梅斯纳尔[①]，而另一个人是书店店员。您更相信谁？"

"那还用问吗？当然是莱因霍尔德·梅斯纳尔！"

"如果有人向您提供一次享乐的机会，一个是微笑的年轻女子；另一个是身高 2 米的壮汉，而且冲您大声咆哮。那么您更相信谁？"

"我更愿意相信那个年轻姑娘。"我笑道。同这样一个壮汉一起享乐

[①] 莱因霍尔德·梅斯纳尔：意大利登山家。——译者注

还真是让人难以想象。

"如果有人告诉您，他能给您带来成功，一个是精干的职业经理人，而另一个人是一个看上去吊儿郎当的哥特迷。那么您更相信谁呢？"

"显然是相信那个经理啊！"我明白他的意思了，"您是想说，根据销售者的不同，对产品的可信度和价值感觉也会随之发生变化？"

"对，基本上就是这个意思！我还想说得再深入一点：合适的销售员可以提高产品的价值。而且我的意思是，供给方必须提高客户预期价值的可信度。这里的供给方指的不仅是销售员，而是整个公司。

"现在我们已经讨论到战略问题的关键点了：任何战略都有同一个出发点，那就是找出在哪一种价值上，您的企业拥有比较高的可信度。虽然很多人说，我们应该从自己的优势或其他方面入手，可是这种说法并不完全正确。关于这一点我稍后还会再讲。"

现在我终于懂了。一个做会计软件的人不管怎么努力，也不可能推销出一份登山旅行。即使规划做得很好，保时捷公司也不适合组织家庭远足活动。"您想问的问题其实是，我的公司能够代表哪种价值？只有这样我才能够卖出可信度高的产品，而且这些产品将具有更高的价值，因为公司就代表这种价值。我说得对吗？"

"完全正确！而且只有这样，您才能更加坚信自己的所作所为，并且从中获得更多的乐趣和能量。也只有这样，您才能获得对外的吸引力和对内的凝聚力，"拉迪斯先生又继续说，"这样您就获得了制定战略的第一个实际出发点。"

3.1.3　企业的核心价值

"可是我的企业难道不应该同时代表很多种价值吗？这样我们才能够尽可能多地接触更多的人群，满足更多的需求。"

"不，"拉迪斯先生回答道，"一方面，很多价值在某种程度上是互相矛盾的，如支配和交际就没有多少重叠的地方，禁欲与奢侈相冲突，安全感和冲动相违背。所以如果您想迎合这一个群体，您就不可能同时也迎合另一个群体。另一方面呢，我们的大脑也在寻找方向。所有真正成功的企业或品牌都代表某一种价值，它们指引着前进的方向。万宝路代表冒险，奥迪代表成就和技术。"

这听上去同拉迪斯先生之前说的东西有一些矛盾，"可是这样一来，不是又跟从纸上的小洞里向外看一样了吗？所以您的意思是：我还是可以留在理性的区域内？"

拉迪斯先生点了点头："没错，您可以关注那些以理性为基础的情感。但关键在于以下三点。首先，它们也属于情感的一部分。其次，它们在理性的收益范围之内，因此如果您想出人头地，会比较困难。第三，基于您所拥有的价值观，我对于您能够成为该领域的可靠代表感到有一些怀疑。"

"好吧，那么我的企业到底应该代表哪一种核心价值呢？我们应该如何找到它呢？"

"这与理论部分刚好相反，要找到这个问题的答案很简单，"拉迪斯先生笑得很开心，"大约两周之前，我们曾经讨论了您个人的价值观。现在请您把当时列的那张表找出来，然后从中选出您最喜欢的一条。"

"什么？这样就可以了？"我惊愕地问道，不过同时心里也有一些窃喜。"如果是在一家大企业中，为了确定企业的核心价值，整个团队有可能得花上好几周甚至好几个月的时间。结果您现在告诉我，我只需要随便选一条就行了？难道不需要参考员工的意见吗？"

"没错！您看，如果您把经理都召集在一起讨论这个问题，那么他们肯定会各执己见，争论不休。负责监管工作的经理肯定希望企业的核心价值是纪律和守时，市场部经理会更倾向于创造性，而人力资源总监则更赞成人际关系，诸如此类。最后的结果会是所有人相互妥协的产物，您会得到一个毫无用处的价值大杂烩。所以，这个念头您最好打消掉！

"核心价值只能有一个！而且您肯定会遇到阻力！如果您希望向大家

推行控制和支配，而那些自由散漫的享乐主义者却没有任何反对意见，那么您肯定在某些方面出现了错误！如果您推行平等、互助，那么公司里的实权人物肯定会心有不满，怨气丛生！

　　"在一家由企业家所领导的企业中，特别是这个企业家同时还是企业创始人的时候，他在企业中所扮演的角色是强大的。无论企业家本人是否有这个意识，他都会给企业最初的客户网络和企业与员工之间的互动打上自己的烙印。新来的员工不会反其道而行之，因为所有有关核心价值的关系和结构基本上已经被确定下来了。如果对于企业家来说，保持与客户的良好关系具有重要的意义的话，那么新员工在面对客户的时候也会延续一贯的亲善态度。如果企业家很看重革新和创造力，那么客户也会期望从新员工那里得到好点子。如果企业家只是把客户当成可以为自己提供利润的奶牛，那么新员工也不用考虑能和客户建立什么紧密的联系了。

　　"因此，企业的创始人对于确立企业的核心价值有着不可替代的地位。如果您不是企业的创始人，而只是一名继任者，您也一定要注意把创始人的价值延续下去——否则您就会遭遇失败。

　　"决定在很大程度上是由潜意识做出的，并且以价值观为基础。如果您想建立一家由核心价值来领航的企业，并且使它稳固地运行下去，您就只有一条路可走，那就是企业家必须清楚地意识到自己的价值观是什么（这一点并不会改变单个行为的无意识性），并且从中选出最重要的一条作为企业的核心价值。这样，企业家的价值观就会变成企业的价值观。除了这个方法，其他的一切都是不切实际且毫无用处的。从核心价值被书面定义的这一刻开始，我们就可以，也必须用企业的价值来衡量企业家和员工的行为。

　　"赫尔曼·西蒙①曾经写过一本关于隐形冠军的书，也讨论到那些虽然

---

① 赫尔曼·西蒙：德国著名企业管理顾问、经济学家、作家。——译者注

不知名，却是行业领头羊的中小型企业。在这本书中，西蒙总结了一个成功企业家的共有标志，那就是这些人对于公司的核心价值是绝对的独裁者，可是在细节工作上仅仅抱着参与的态度。如果您去观察那些真正成就斐然的企业家和他们的公司，比如，维珍和理查德·布兰森[1]，美体小铺和安妮塔·罗迪克[2]，还有微软和比尔·盖茨，您就会发现，企业家决定企业价值这条真理放之四海皆准。企业的核心价值是重中之重！丹麦市场营销专家杰斯帕·昆德[3]把它称作'企业的信仰'。而您现在所需要的也正是这个。所以，现在就请您选出一条对您来说最重要的价值吧！如果您有一些犹豫不定的话，那么您可以考虑一下：客户最早在您的公司里看到的，或能够看到的是哪一条价值。这会为您的选择做出一些方向上的指导。"

这些话他不需要再对我说第二遍了。我开始翻自己的笔记，并且突然想起了两周之前，我给拉迪斯先生讲的那个关于 ComSense Portal 有限公司的故事。"超越极限，超越自我。没错，就是这个！"

拉迪斯先生闭上眼睛思索了一会儿，我猜他是在脑子里构想这个价值，然后他点了点头："可以，这条没有问题。您还可以针对客户做出一些改变，向他们做出这样的承诺——'您将会超越自我！'"

又顿了一会儿，他再一次点了点头："很好，我们现在就开工吧！仅仅把价值写在纸上是不够的，为了把它变为现实，您还需要进行大量的工作。这其中最重要的一点就是，您必须以身作则，严格按照核心价值来行动！不过这对您来说并不难，因为这毕竟是您的核心价值。不过与过去相比，您必须要更坚定，也更自觉。

"第二点，您必须搞清楚自己到底想通过这条价值表达什么内容。关

---

[1] 理查德·布兰森：英国著名企业维珍集团的首席执行官。——译者注

[2] 安妮塔·罗迪克：英国著名的化妆品公司 The Body Shop（美体小铺）的创始人，也是英国五大最富有的女性之一。——译者注

[3] 杰斯帕·昆德：丹麦营销学专家，经济学顾问。——译者注

于这一点，下周您需要再一次与员工进行讨论。不过，您不能就为此召开员工大会，那样就有些太草率了。您可以先同安谈一谈，由她参加自行车拉练这件事可以看出，她应该也很奉行超越自我，所以安肯定会很赞同您的这条价值。请您弄清楚，这条价值对于安来说还意味着什么，以及她认为这条价值在工作环境中应该具有什么样的地位。

"您可以慢慢地收集这类故事和诠释，大约两周之内，您应该就能够从员工那里收集到足够的素材了。然后，您可以就这些素材召开一次员工大会，把这条核心价值以及相关的标准和事例都公开地确定下来。在最初的时候，您不必强求每一位员工都站在您这一边，能争取到40%~50%的支持者就足够了，不过到了中期，您则需要所有人的支持。

"这就好像踢足球。请您设想一下，假如您是教练，您可以在三支球队里面选出一支作为自己的球队。在第一支球队中，每一位球员都有同一个目标：他们想得冠军，对他们来说冠军就是一切。在第二支球队中，球员们也都有同一个目标：他们希望能够一起玩得开心，对于比赛则抱着重在参与、乐趣第一的心态。而在第三支球队中，您有一名技术出众的前锋、一名喜欢赛后狂欢超过比赛本身的中场球员、一名只是把踢球当做业余乐趣的守门员，还有一名一心想踢德甲的后卫。

"我觉得，我已经知道您肯定不会选择哪一支球队了。"

我点了点头："是啊，连想都不用想！"

"第一支球队能赢得联赛的冠军；第二支球队能够让比赛变得充满乐趣；而在第三支球队中，没有一个人会满意，也没有一个人能够达成自己的目标。即使最初第三支球队中球员的球技比其他两支队伍的都要高，不久之后他们就会垫底，或者干脆解散。因此，您需要的是一支统一的队伍，他们拥有同样的价值观。"

"可是如果有人不合作应该怎么办？"我插话道。不过我的心里其实已经知道答案了。

"如果您已经争取到了40%的支持者，并且能够让这条价值很好地实现，那他就会离开您的团队。如果他不主动离开，为了保护其他人的利益，您就应该辞退这个人。"

"这是不是有一些太独裁了？"

"是有一些独裁，不过这是十分必要的！如果您希望向客户推销公司的核心价值，那么所有与客户相关的人都必须奉行这一条价值。在一家小公司里，与客户没有关联的员工其实就是多余的人，因此您需要所有的员工都支持公司的核心价值。不过您也需要明白一点，除了企业的核心价值外，每一名员工还拥有许多其他的动力和价值取向，这可以是家人，可以是业余爱好，还可以是纪律和严谨。虽然这些差异也是您所需要的东西，不过核心价值依然是所有人都必须遵循的最高价值。当个人价值与企业核心价值相冲突的时候，应当以企业价值为先。"

3.1.4 价值和愿景的影响

"我还是有一些地方不大明白。我怎样做才能让大家都真正奉行一条价值呢？拉迪斯先生，您知道吗，我最不想做的事情就是像那些大公司一样，树立一个空洞的价值口号。没人会把这种口号当真的。如果我在公司里提出这样的口号：'我们要超越极限'。您觉得接下来会发生什么呢？"

拉迪斯先生思索了一会儿说："您的问题有些偏离主题了。虽然这个问题与战略本身没有太大的关系，不过它很重要！所以我现在就先来给您讲讲这个问题，然后我们再回到战略上去。您觉得怎么样？"

"好的，我也觉得这个问题对我来说很重要。如果我在公司里提出这样的口号：'我们要超越极限'。您觉得接下来会发生什么呢？"我再次重复道。

拉迪斯先生耸了耸肩："也许什么事情都不会发生；也许有一些人会问您，您的口号是什么意思，其他人说不定会嘲笑您。我敢保证，几乎所有人的行为方式不会同从前的状态有什么区别。"

我点了点头："我也是这么想的。难道说，我们到目前为止所做的一切都没有意义吗？"

"如果您现在不进行关键的下一步的话，是的，那将会没有意义！我想问您一个问题，《圣经》想传达给所有人的最核心的价值观是什么？"

"不知道，"我有些惊讶地说道，"我没有读过这本书。我想，可能是博爱或类似的东西吧？"

拉迪斯先生点了点头，"现在请您假设一下，假如基督教最重要的文件记录里包含了如下的内容：'我们最重要的价值观是博爱，我们所有人的一切行为都必须依照这一条价值观来进行。我们的长远预期是在人间建立天国。我们努力让更多的人接受这个想法。'那基督教会变成什么样？"

这种假设让我觉得很好笑："如果非要我说的话，我觉得基督教不会再有一个信徒了。"

"您说的完全正确，"拉迪斯先生肯定了我的话，"这种文献记录简直就是自杀行为。所以显而易见，大部分公司做出的提口号的行为都走入了歧途。您也对我讲了几个故事，这些故事都能够极其生动地体现您的价值观。《圣经》的作者也许只是把当时现有的故事收集起来，并根据他们所要宣扬的价值观进行筛选而已。

"有些事情是万年不变的真理：在听故事的时候，我们的头脑里会出现许多画面和场景片段。故事带有一定的情绪，它们可以打动人。故事会提供许多榜样，而模仿向来是这个世界上最有效率的学习方法。有一句话说得好，'如果您能够打动自己的心，那么您就能够打动整个世界。'而您的心则会被故事情节打动。所以，核心价值的设立绝对不是抽象的口号、原则或规矩。

"如果您去了解一下亚洲的文化，那么您也经常能读到关于师傅和徒弟的故事、和尚同士兵的故事，诸如此类。或者您也可以看看当代的许多演讲稿。如果 1963 年马丁·路德·金在华盛顿的演讲中仅仅是宣读了一些关于种族平等的空洞口号的话，您觉得他还能够达成自己的目标吗？他会一事无成！相反，他在那篇脍炙人口的演讲中谈论了他的梦想。他描绘出一幅这样的图景，那就是黑人孩子和白人孩子能够在佐治亚州的沙坑里一起玩耍。这非常打动人！您可以以此为榜样来行动！如果您只是大谈平等、朗读宪章，那您的大脑不会知道下一步应该干什么。

"因此，如果有人抱怨自己提出的价值口号收不到实际的效果，那么他们自己应该为此负责，因为他们采用了一种错误的方式来宣传价值。"

"现在我终于懂了，为什么您之前会说，我应该从员工那里收集关于企业核心价值观的故事和逸闻。您不管做什么事情，背后总是带有一定的深意，对吧？"

看来我的恭维让拉迪斯先生感到很高兴。"没错。您也可以自己虚构一些故事，或者根据您的需要对某些故事进行改编。您知道的，我比较喜欢利用一切现有的能量。秘诀就在于：这些故事本身都是存在的，虽然它们可能经过了一定的艺术加工。

"您自己就跟我说了几个故事，比如，ComSense Portal 有限公司的那个故事。您的员工肯定也会经常说这样的故事。当员工们去喝咖啡的时候，他们会讲故事；开会的时候，他们会讲故事；和朋友或客户聚会的时候，他们也会讲故事。我想即使他们睡着了，在做梦的时候，他们也会给自己讲类似的故事吧。

"您唯一要做的事情就是抓住那些能够承载您价值观的故事，有针对性地对它们进行加工，然后不停地把它们在员工中间进行传播。您甚至可以把这些故事公布到您的个人主页上。这样一来，您就不仅仅是在传播您的价值观了，您还构建了自己的形象特征，并且获得了人心。您可以以此建立起一个优秀的榜样，并且能够高效地约束员工们的行为。"

我简直太兴奋了！没错，这听上去完全行得通。不过同以往一样，我对于从什么地方入手还是没有头绪，于是我问拉迪斯先生，"那么我具体应该怎么做呢？"

"如果我们知道该怎么做，那事情就再简单不过了。我们现在最好能够用与您公司有关的一个故事来演练一下。首先，我们需要一个主题。今天早上您对我讲述了这样一个故事，您觉得要获得新的订单很难，而且以保罗的能力也不能完成这些订单。如果保罗以这个故事为榜样，并且对它进行模仿，那么您就会遇到问题，因为他将真的不可能完成这些订单。所以，我的第一个问题就是，保罗是否曾经完成过一项订单？"

"是的，他已经完成过很多订单了！"

"很好！我们想要传达的企业核心价值是超越极限，或挑战自我。这一点无论对于客户还是对于员工都适用。在以前保罗接到的那些订单之中，有哪些订单给客户带来了巨大的飞跃？"

我想了一会儿。"那要数 ZXK 印刷有限公司了，这是一家运营环境相对比较稳定的公司。他们一直有稳定的收入来源，因此很长时间以来，他们都没有对内部的运营方式做出任何改变。突然间，他们面临了很大的压力。保罗卖给他们一套企业局域网，帮助他们显著地提高了工作效率，并且重新获得了行业竞争力。"

"太棒了！"拉迪斯先生很高兴，"这个故事太妙了。那个订单对于保罗来说有难度吗？"

"有，那项订单进行了好几个月。不过我还是有一个疑问：假如保罗从来没有完成过订单，我又应该怎么办呢？"

"那您就从诺贝尔特那里找故事，或用您自己的故事，或直接讲一个其他公司的故事。这些细节都不重要，重要的是要树立一个榜样，您听懂了吗？"

我点了点头。

"很好。保罗在向 ZXK 印刷公司做推销的时候遇到了困难。太好了！现在我们就根据您的价值观对这个故事进行加工，之后我会向您介绍加工方法。那么保罗同这家公司之间的联系是怎样建立的呢？这个故事应该从何时开始，又以怎样的形式开始呢？"

"在一年半以前的一次展销会上，我认识了那家公司的领导，赫恩·哈努施先生。他想对企业的工作流程进行优化，可是他当时实在是太犹豫不定、毫无头绪，我认为他根本就不能下决心。"

"所以您就把他的联系方式给了保罗？因为您根本就不看好这笔生意？"

事实上，他说得没错。

"这真是太天才了！我们故事的主角——保罗，从您这里得到了一项不可能的任务，可是他成功地完成了这项任务。您之前也说到了这项任务的困难之处：对方的领导犹豫不定、毫无头绪。他曾经在自己的小天地里过得很自在，可是终于被现实无情地打倒了。他们公司到底发生了什么事情？"

"ZXK 一直有几个忠实的大客户，而这些客户希望能提高工作效率。于是他们向 ZXK 提出了最后通牒：他们希望 ZXK 能在一年之内把工作效率提高 20%，同时把成本降低 20%，否则他们就另找别家。"

"太好了，太好了！"拉迪斯先生点头道，"我们现在也有一个具体的目标了！提效 20%，同时降价 20%。下一个问题：保罗到底做了什么才争取到 ZXK 的订单？"

"他去那家公司拜访了 3 次，向他们展示我们公司提供的解决方案，更是同那个领导经常通话联系。"

"不，这远远不够！"拉迪斯先生连连摇头，"我们有一个极限。那个领导是犹豫不定、毫无头绪的。他的面前有一项任务，可是他根本就不知道应该如何解决这个任务。这项任务关系到他公司的未来，关系到他的未来，关系到家人的福利，还有所有员工的生活！这时候保罗出现了，我们的英雄！他具体做了哪些超越极限的事情呢？"

我不知道拉迪斯先生到底想让我说什么。

拉迪斯先生想了一会儿："举个例子吧。詹姆斯·邦德又要拯救世界了，全人类的生死存亡都系于他一人。这个时候您说，'他打死了几个坏蛋，同反派见了 3 次面……'然后电影就结束了。

"这种电影没人会看的！观众想看的是詹姆斯·邦德如何在最后 1 分

钟给自己注射解毒药，或者他如何骑着摩托车飞越悬崖，然后爬进一架快要坠毁的飞机，在最后 1 秒拯救了所有人。

"我再问一遍，为了解除那位领导的不安，保罗到底做了些什么？"

我想了又想，然后一无所获地抬起头："我不知道，我只知道自己有一次对保罗说，他要么在 1 周之内拿下这个订单，要么就给我操心那些更有希望的订单人去。"

"是啊，我们往往会忽略掉最有意思的部分。现在就给保罗打电话，问问他当时的情况，您觉得怎么样？不然，我们就没办法进行下去了。"

拉迪斯先生总是喜欢说到哪儿就做到哪儿。于是我走到阳台上，开始给保罗打电话。

大约 5 分钟之后，我回到房间："保罗告诉我，他很想争取到那个领导，因为他很同情那个人。而我当时给保罗设定了最后的期限，所以他又去拜访了对方。他在那位领导的办公室里坐了一会儿，这期间，他注意到那个人的办公桌上堆满了文件，简直就像一座垃圾山。同时他又看到墙上挂着一张照片，上面是那位领导与他的家人身处一间收拾得井井有条的公寓里。

"保罗产生了一个想法，他需要对此进行验证。于是他让那位领导带着自己在公司里四处转了转，以确认自己的猜想。事实上，公司里所有的办公桌都堆满了纸张。最后保罗鼓起勇气，问那位领导，为什么他的公司看起来这么没有条理，到处都乱七八糟？

"那位领导愣住了。他有一些伤感地四处环顾，好像他是第一次看到这些垃圾似的。然后他回答道，'那些都是工作指令、报告还有各类信息。'他从来也没有觉得这样有什么不对，他的员工也习惯了。他自己其实是一个很有条理的人，他也不知道这些混乱都是怎么产生的。

"在这一瞬间，保罗忽然意识到，他不应该推销局域网，而是应该通过局域网向他推行一种秩序和条理。于是他告诉对方，如果他们安装了局域网，这一切的混乱就会消失。这时候那位领导点了点头，'我们来签合同吧！'"

"太好了！您只需要注意一点，不要太强调秩序，以免您的真正主题被掩盖了。您所要强调的是，保罗充分认识到，如何利用局域网来突破当时所面临的混乱这个极限。事实上，这对故事本身没什么改变，只是突出强调了价值。现在我还对一件事情感兴趣：ZXK 公司最后真的实现了他们的目标，并留住客户群吗？"

"是的，他们做到了。"我回答道。

拉迪斯先生有一些惊讶地看着我："威尔曼先生，这远远不够！詹姆斯·邦德完成了他的所有历险，您也分享了那些令人热血沸腾的冒险经历。然后屏幕突然黑了下来，开始播放片尾字幕。在片尾字幕里出现了这么一行字，'对了，还有一件事——他还战胜了反派。'您觉得这可行吗？

"我的意思是，你们什么时候知道 ZXK 实现了他们的目标？又是怎么知道这件事的？"

"那个领导给保罗打了电话，说他们最新的订单成本已经下降到原来的 80%，不仅如此，他们的利润居然比原来更多。"

"您自己也觉得这段叙述不怎么激动人心吧？"拉迪斯先生说道，"我们在故事开始的时候不就设置了一个定时器吗？一年。这就好像一个定时炸弹，倒计时总是在最后几秒才会被停下来。他们达到目标花了多长时间？"

我算了一下："没错，您说得有道理。他们确实花了差不多一年的时间，好像离最后期限还剩不到一周的时候吧。

"太棒了！此外，当时 ZXK 的领导对于完成那个 20% 的目标有把握吗？保罗对于他们是否能成功，心里有把握吗？"

"没有，显然没有。"

"我想这两个人的心里肯定都惴惴不安吧？"

"那是肯定的。我想他们仅是电话沟通就有很多次。"

拉迪斯先生微笑了一下："好了，我还是不要再折磨您了。现在我来给您讲两个跟保罗有关的故事吧。第一个故事很短，而且基本上比较符合您一开始跟我说的内容。

"第一个故事，保罗曾经完成了一份订单。句号。故事结束了。

"然后我问了您几个问题，并把注意力集中到了几个比较关键的地方。"

他在白板上写道：

1. 价值是什么？
2. 主角是谁？
3. 从哪里开始？
4. 在哪里结束？
5. 主角想干什么？
6. 他面临哪些困难？
7. 解决办法有哪些？

- 越具体越好！
- 赌注越高越好！（主角需要力挽狂澜）
- 把注意力集中在关键的转折点上！（慢动作分解）

"这些问题以克里斯多夫·佛格勒的理论为基础，他本人是好莱坞的金牌编剧。如果您能够好好地利用这些问题，那么无论第一个故事有多无聊，您都能在此基础上创造出第二个精彩的故事，而且这个故事能够代表您的价值观。现在我站在您的角度上来讲第二个故事。

"大约一年半之前，我在一次展销会上认识了 ZXK 印刷公司的总经理赫恩·哈努施先生。他当时正在询问关于局域网的信息，因为他的客户正在向公司施压。客户希望他们能够在 365 个工作日之内把完成订单的工作效率提升 20%，同时成本也要控制在原成本的 80% 以内。这几乎是一个不可能完成的任务。

"哈努施先生的公司到目前为止所面对的都是比较局限却安稳的运营

环境，以致他不能够接受这突如其来的改变。他的心里没有任何的把握，而且也不认为自己能下决心进行改变。作为公司的最高领导，我把主要的精力都用来应对那些最重要的、也是最有前途的客户了，所以我让保罗接手了这项订单的洽谈工作，这是一个不可能完成的任务。

"当时我认为这个潜在客户对于我们公司的意义并不是特别大，所以也没有再关心这项订单的洽谈进度。后来有一次我对公司的旅费支出进行了核算，发现保罗居然3次上门拜访那家公司。我把保罗叫到办公室，他告诉我，他已经就这个项目同哈努施先生多次电话沟通，可是对方还不能下定决心。

"我当时很生气，于是给保罗下了最后通牒：要么在7天之内把哈努施先生变成我们的客户，要么这个项目就不用再谈下去了。我们可不能把钱浪费在毫无意义的地方。

"一周之后，保罗表情严肃地走进了我的办公室。他把一张纸放在我的写字台上，然后就静静地退到一旁。我看了他一眼，可他没有动，于是我也不开口，可是他依然面无表情。最后我只好探过身去，拿起那张纸。当时我根本就不敢相信自己的眼睛——保罗签下了ZXK公司的合同。保罗笑了，我对他说，'你是怎么办到的？'

"于是保罗就告诉我，'您给我下了最后通牒之后，我很不甘心，决心一定要拿下这个订单。'保罗左思右想了很久，最后鼓起勇气，背着我就悄悄地第4次拜访了哈努施先生。如果当时我知道这件事，估计会直接把保罗扔出去。

"当保罗坐在哈努施先生办公室里的时候，他注意到哈努施先生的办公桌上堆满了各种文件和纸张，看上去简直就像一个垃圾堆。可是在办公室的墙上却挂着一张他和家人的照片，从照片上看，他的家里井井有条。这让保罗觉得很奇怪，这简直就是自相矛盾嘛。为了证实自己的猜想，保罗让哈努施先生带着他在公司里转了一圈。保罗所看到的实际情况是：每一张办公桌上都堆满了工作报告和内部文件，简直是乱七八糟。

"保罗觉得很奇怪。虽然所有的营销学教材都反对这种做法，不过他还是再次鼓起了勇气，问哈努施先生：'您能不能告诉我，您真的喜欢在这样的垃圾堆里工作吗？'哈努施先生愣住了，他四处看了看，脸上的神情就好像第一次看到这些垃圾似的。保罗想，哈努施先生终于了解到，只要安装一个局域网，他就可以永远同这些垃圾说再见了。然后，哈努施先生很严肃地看着保罗说，我们签约吧。

"保罗的这次成功让我思考了很多。我觉得，我们有些时候必须挑战自己的极限。

"不过这并不是最好的事情。ZXK印刷有限公司的客户曾经给他们设立了一个为期一年的时限，直到那一年的最后一周，他们都不知道公司到底能不能成功地实现目标。在那一周，保罗和哈努施先生通话的次数明显增多了，保罗自己更是不知疲倦地对局域网流程进行着优化和完善。

"然后事情终于水到渠成了。在距离最后期限还有两天的时候，哈努施先生完成了最重要的一笔订单，这笔订单不仅关系到他本人，还关系到他的家人、员工和整个公司。

"哈努施先生承诺，周五晚上在他的客户做出决定之后，他会给我们打电话。保罗在办公室里坐立不安。6点、7点，电话一直没有响。8点时，电话铃声终于响了。哈努施先生在电话里说，'我们的成本下降了20%，工作效率提高了23%，利润率上升了7个百分点，而且每一张办公桌都井井有条！我从来没有想到，在如此的境遇之下，我们还能够超越自己的极限。是保罗你拯救了我们！'"

"大幕落下，故事结束。"

这真是难以置信！尽管已经知晓这个故事的所有情节，我还是不由得被它吸引，最后热血沸腾。现在我明白了："当某人听到这个故事的时候，他立即就能明白，什么是'超越极限'。员工能更加清楚地明白他们自己应该做些什么，客户也能知道他们可以从我们这里得到些什么。这真是太妙了！"

"没错，"拉迪斯先生点了点头，"最妙的事情是，您可以把这个故事讲给每一个想听的人听，不过除了保罗，他最后也总归会从其他人那里听说这个故事。只要这个故事足够精彩，那些听到故事的人也会主动把故事讲给更多想听的人听。那么您知道接下来会发生什么吗？"

"其他人会用另一种眼光来看待保罗，保罗也会用一种全新的眼光来看待自己。而且我猜测，他会使尽全身力气，以使自己与故事中的正面形象相符。一个像故事里的保罗这样的英雄是不会失败的。"

"仅仅用 1 小时的时间，您就创做出了一个具有模仿价值的故事。不仅如此，您还提升了保罗的个人形象，并且为他带来了巨大的动力，"拉迪斯先生强调道，"此外，您还推广了自己的价值观。不管您采用其他任何方法，都不会比讲故事更有效！您对此还有什么疑问吗？"

"任何故事都可以？"

"是的，基本上您可以利用发生的一切事件，"拉迪斯先生回答道，"首先，您需要用到我写在白板上的这些问题；然后，您就可以在短时间内创做出一个比较吸引人的故事；除此之外，您还需要学会细致地观察事物。您可以把这些故事从书面的形式整理出来，一开始不用写太多，5~10 个类似的故事就足够了。"

我点了点头，拿出我的企业家体系表。思考了一会儿之后，我从接下来 2 个月中的每一周里都抽出了 2 小时的时间，用来进行故事创作。

拉迪斯先生继续说道："您应该主要向公司里那些喜欢传播消息的人讲述这些故事，也就是那些不能够保守秘密的人。再没有人比这些人更适合做故事传播者了。

"有一些故事可能不会那么容易就被您的员工所接受或传播，不过没关系。这样也有好处，因为您就可以知道哪些故事比较管用，而哪些不行。"

"很好，那我还有一个问题，我觉得在您的故事里有很多比较夸张的地方，而且并不是所有的情节都符合事实，这样也没关系吗？"

"您当然能发现一些比较明显的问题，毕竟我对事实并没有您那么清楚。不过关于夸张的问题，我有三点想要告诉您。

"第一点，我们常常会低估了事情的真正意义。保罗的成就并不仅仅是签订了一项订单，如果 ZXK 印刷有限公司失去了它的客户，那么他们很有可能会破产。这一点您在故事里一定要提到。此外，您还需要搞清楚一件事：当您在讲述一个英雄故事的时候，一定要保证主体情节无误，比如，詹姆斯·邦德的任务就不可能是去商场里面抓小偷。

"第二点，我想问问您，在讲述一件个人经历的时候，您一般会怎么做？我想您所讲述的故事情节或多或少都会比现实中真正发生的事情要更加曲折吧？或者说现实会更无聊一些吧？人们其实经常会使用夸张这种修辞手法。"拉迪斯先生笑道，"至于我自己嘛，如果我去电影院看电影，我当然更希望看到'詹姆斯·邦德拯救世界'，而不是什么'巡警迈尔审问偷巧克力店的小贼'。也就是说，如果您利用了一些小小的夸张手法，把故事的情节变得激动人心，那么您的听众不但不会怪您，反而会感激您。

"第三点，就算您忠于事实，员工在接受和传播这个故事的时候，也会对它进行改变。所以故事的内容根本就没必要那么精准，最重要的是故事本身可以打动人，能起到榜样的作用，并能传播您的核心价值。这就足够了。"

"好吧，我还有最后一个问题。您之前说，我的员工自己就在不停地讲述这样那样的故事，那么我应该怎么让他们反过来听我说故事呢？"

"不需要！您只需要顺势丰富大家的故事集合就好了。不过因为您是唯一为了传播和引导核心价值而有针对性地讲故事的人，所以从长远来看，您的影响力是最大的。除此之外，从领导人口中流传出来的故事和事迹本身就更易于，也更经常被模仿。除非其他别有用心的人也通过这种方式散播完全相反的价值观，否则您只要顺其自然、因势利导就可以了。不过这种人我到目前为止还没遇到过呢。

"关于这个主题，我最后再补充一点。当您开始有针对性地讲故事的时候，您实际上也就开始了寻找的过程。总有一天，您会发现自己的行为方式越来越符合您的核心价值观，这也是您为了讲好故事而必须做到的事情。您会问自己，您最喜欢讲述有关企业的哪一类故事，并逐渐把故事里的情节变为现实。

"故事里的思维方式能够改变您的行为，与抽象的理念相反，故事恰恰能够做到一点：改变您的行为方式。"

我消化着刚刚听到的东西："关于价值的部分我现在已经明白了，虽然这让我花了很大力气，而且还推翻了我到目前为止的许多既有认知。不过，我现在终于有了一条企业价值，而且我知道自己应该如何把它同员工联系起来了。

"可是到目前为止，我还是没有确立企业战略。您看我们现在是不是先休息一下，然后开始讨论有关战略的问题？"

拉迪斯先生点了点头："我一刻钟以后回来。"

3.2 确定企业的战略原则

一刻钟之后，拉迪斯先生回到了屋子里。他问道："您对之前所讨论的内容还有什么疑问吗？"

我摇了摇头。

"很好，现在我们来讨论战略吧。战略到底指的是什么呢？制定战略的目标就是，建立一家能够为继任者带来最大收益的公司。"

"等等，对于这个目标本身，我们都还没有明确地进行定义呢。到底什么叫作'继任者的收益'？"

"没错，威尔曼先生，您听得很仔细，"拉迪斯先生称赞了我一句，"关于这一点我们稍后再说，现在我们只需要明白一个大方向就够了，即在第一天的时候我就对您说过，关于力量，最重大的秘诀之一就是路径与目标的同一性。您现在正走在实现自己企业核心价值的道路上，也就是超越极限、挑战自我。因此您的目标也只能通过这一条价值来实现。您的目标是建立一家企业，而这家企业能够为继任者提供如下收益：他能够利用这家企业突破自己的极限。这至少为我们指明了前进的方向，至于具体应该怎么做，我们暂时还不用去讨论。"

他说的这些我倒是很赞同。

"很好，那接下来，战略就是通向这个目标的路径。您现在的问题是，您的面前有无数可能的路径，几百万种甚至几十亿种可能的选择，可同时您个人的力量又是有限的。所以，选择一条好的战略就意味着找到那条通向目标的捷径。

"在过去的几千年中，数不清的理论家和实践家曾经投身于对战略的研究，并且得出了很多充满智慧的成果。战略的概念源自古希腊语，并且很长一段时间以来只在军事领域使用。在距今大约 2000 年以前的那一段光辉岁月里，出现了很多古希腊、古罗马或是迦太基（今突尼斯）的著名战略家，比如，埃涅阿斯[①]、恺撒，还有汉尼拔。此外，还有中国的军事理论家，比如，孙武。之后还有 17 世纪出现的日本武士，比如，宫本武藏[②]。还有 19 世纪的拿破仑、克劳塞维茨、冯·毛奇[③]，等等。除此之外，历史上还有很多理论家研究治理国家的战略，比如，马基雅维利。最终，战略的意义也被运用到经济领域中。在这一领域，我们经常提到的名字有迈克尔·波

---

① 埃涅阿斯：被视作古罗马的神。荷马史诗《伊利亚特》把他同传说中的赫克托耳相比较。——编者注

② 宫本武藏：日本战国末期至江户时代的剑术家。——编者注

③ 冯·毛奇：曾在 1906 年至 1914 年担任德国参谋部长。——编者注

特①，阿尔弗雷德·拉帕波特②，罗伯特·卡普兰③，大卫·诺顿④或阿诺德·魏斯曼⑤。

"所有这些人的著作我几乎都读过。其中有一些军事家和国策理论家提出的理论很有意思，有一些到今天还适用，不过也有很多已经过时了。恰恰相反的是，几乎所有经济领域的战略理念对于中小型企业来说都完全不适用，对于大企业来说，也只有弗雷德蒙德·马利克和彼得·德鲁克⑥的战略理念真正有一些可取之处。其他的理论之所以不适用，是因为它们选择了错误的出发点：他们认为企业的最高目标是为股东创造价值或利润。这种观点仅仅局限在股东的视角上，因此是完全错误的，这一点我们在第一天的讨论中已经解释过了。

"对于中小型企业来说，唯一真正可行、可用的战略是沃尔夫冈·梅韦斯的最小因素聚焦战略，简称 EKS。这个战略之所以可用，是因为它把目光集中在了正确的目标上，也就是收益；还因为它提供了一种具有可操作性的方法。我强烈推荐您深入地研究一下这个战略。"⑦

我做了笔记，然后好奇地问道："那这个战略如何起作用呢？"

"根据 EKS 来说，战略就是把力量集中到能够产生最大效果的节点上。

---

① 迈克尔·波特：哈佛大学商学院著名教授，当今世界上少数最有影响的管理学家之一。——译者注

② 阿尔弗雷德·拉帕波特：美国经济学家。——译者注

③ 罗伯特·卡普兰：美国经济学家，平衡记分卡的创始人之一。——译者注

④ 大卫·诺顿：美国经济学家，平衡记分卡的创始人之一。——译者注

⑤ 阿诺德·魏斯曼：德国著名经济学家。——译者注

⑥ 彼得·德鲁克：被称为现代管理学之父。——译者注

⑦ 此外，还有 2002 年凯尔斯汀·弗里德里希在奥芬巴赫提出的"新 1×1 战略"，以及 EKS 有限责任公司函授教程。赫尔曼·西蒙在 1996 年所著《隐形冠军》一书中曾经做过一个调查，正是在这一战略的帮助下，很多德国著名企业家才获得了他们今天的成就。——原注

这个战略建立在四条原则的基础之上，从实践方法来看一共有七个步骤。"

拉迪斯先生在白板上写下了四条原则：

- 集中化与专业化；
- 最小化原则；
- 非物质优先于物质；
- 收益最大化代替利润最大化。

然后，他继续说道："这部分内容我只想简单地阐述一下，因为很多内容我们之前都间接地讨论过了。"

3.2.1　集中化和专业化

"在讨论价值的时候，我们已经多次间接地谈论过这一话题。首先，为了能够在客户的意识里打下深刻的烙印，您必须专门代表一种特定的价值。此外，您还需要保证，这个市场上现有的竞争者数量越少越好。这样您就可以保证自己的价格不被竞争所左右，而是能够尽可能地反映真实的价值。或者说，在顾客的印象中，您必须是第一名。"

"等一下，"我打断了他，"我只有 14 名员工，我们可不是微软！"

"所以我们才要进行集中化和专业化的讨论。在选择市场的过程中，您必须考虑到，自己是否一定能够在这个市场中占据第一的位置。具体而言，您公司的规模应该要占据整个市场 5%~10% 的份额，这就使您可以比较迅速地获得行业领跑者的地位。与此同时，这种规模还能使您在未来的三年至五年中具有极大的发展潜力。"

"对于我们来说，这意味着 800 万 ~1600 万欧元的市场规模，"我思索着，"可是这之后呢？我的公司就始终保持这种规模吗？"我有些灰心丧气地问道。

"到那个时候，您公司的规模差不多会是现在的 10 倍，所以，您就可以相应地对更大的市场进行定位了。"拉迪斯先生解释道，"通常来说，做小市场里的行业领跑者比做大市场里的无名小卒要容易得多，特别是当那个无名小卒已经成为大鲨鱼腹中点心的时候。"

"可是这种小市场的风险难道不是很高吗？"

"一开始就投身大市场才有风险！在大市场中，您就是小鱼小虾，而在小市场中您却可以呼风唤雨。您与小市场之间的联系很紧密，而且还能够更好地把握大局。比起那些仅仅把这个市场当作分市场的公司来说，您能够更加迅速地做出反应。

"不过有一个问题很关键，那就是我们应该怎样定义市场。大多数现行的市场定义都指的是产品市场，也就是从供给的一方出发，例如，汽车市场、图书市场，等等。还有一些市场定义虽然从客户的角度出发，但是它们大多是用数据来衡量市场的规模，例如，针对 50 岁以上人群的市场，或针对年轻妈妈的市场，等等。第一种市场定义没有太大用处，而第二种则要看情况而定。对于市场定义来说，唯一真正有用的指标其实是客户头脑中的需求。EKS 理论提出，目标人群或市场其实就是一群拥有同样问题、愿望或需求的人。"

"这难道不是在钻牛角尖吗？"

"肯定不是！如果您只关注产品，那么您的市场很快就会消失。当汽车走向市场的时候，那些专门制作马车的人就遇到问题了。可是如果供给方关注的是'个人出行'，那么他可以很轻易地完成技术上的转变。需求和愿望所持续的时间通常比为满足需求和愿望所产生的产品更长，它们能够使您的市场和战略变得更加稳固。而且在日新月异的产品市场中，这一点对于企业的生存至关重要。确切地说，您的市场定义就是您在迅速变化的市场中安身立命的唯一倚仗，您可以把注意力聚焦在那些变化比较缓慢的事情上。

"这种以客户需求为中心的市场定义还会带来其他结果：当您进入一个产品导向市场的时候，就拿图书市场来说吧，您会发现《圣经》和马克思摆在一起，而超人和《O的故事》归为一类。所有图书在本质上都是一样的——它们都是印了字的纸。在顾客的印象里，它们的区别并不大。

"另一方面，如果您从客户的需求出发，比如，客户希望能够得到放松，那么解决办法可以是舒缓的音乐、一堂瑜伽课、一次休假旅行或一盘精彩的DVD。这些产品种类繁多，不尽相同。如果您是专门提供瑜伽课程的人，可是飞往印度的飞机票突然大幅度降价，对您的产品的需求肯定会减少。如果您用产品为自己的市场进行定位，您也很难马上就看到它们之间的关联性，因为相关变化会在另一个产品市场中体现出来。客户的行为却是这样：他希望能够放松自己，为此他有许多种不同的选择。所以，如果您想实现自己的目标，就需要从客户的角度对他们的需求进行总结、学习、体会和思考。如果您能有一个统一的核心价值，对您的行动会非常有利！"

"这就把所有事情都连接起来了。"我惊奇地说道。

拉迪斯先生点了点头："还有一方面，最小因素聚焦战略强调，我们应该专注于我们最擅长的领域，发挥我们的优势。这句话肯定没错，不过我认为在今天的环境下，这个观点所扮演的角色已经不如过去那么意义重大了。不过有一点很清楚，为了成为行业领跑者，我们肯定得比竞争者更加了解关键环节。还有一点也很明确，如果我们在一开始就具有优势，那么想要成为行业领跑者无疑就会简单很多。

"不过对于战略来说，我们的优势必须具有稳定且不可改变的特点，否则它们的意义就不大。现在的情况是，这同您个人的优势完全没有关系。您现在是企业家，在理想的状态下，您完全不用承担任何专业工作，您唯一需要的是企业家的优势。因此，这里所说的优势指的是企业的优势。在当今的社会，企业的优势更多地与员工素质、社会环境以及相类似的因素联系在一起。而在过去，企业的骄傲曾经有很长一段时间与生产设备的先进性联系在一起。与那个时代相比，现在的企业优势无疑更加具有弹性。您可以更加迅速地学习，也可以迅速地为自己获取所缺少的优势，或与他人达成伙伴关系。

"此外，优势与劣势的定义还与环境有关系。而在当今社会，环境的变化速度比过去要快得多。很多时候，被您当成优势的东西突然之间就不复存在了，而在劣势中却能够产生新的优势，因此优势的重要意义已经不复存在了。当然也有例外存在，例如，那些不知变通的资本集中型企业，以及身为独立职业者的专业人士。他们必须自己挖掘优势和优点所在，可是由于他们的各项任务过于繁重，以致他们根本就没有时间寻找自身的新优势。

"在最小因素聚焦理论发展之初，确立优势理论为两种行为奠定了理论基础，那就是尽早开展筛选工作，以及确立单一的发展方向。所有的这一切都是为了避免自身的混乱。在您所在的行业中，绝大多数的员工有很强的专业教育背景。如果我们对他们进行仔细分析，恐怕很轻易就能够得到很多种优势。如果我们用这些优势来定位，恐怕不仅不能够避免混乱，反而会直接栽进混乱的局面中去。"

我打断了他的话："可是，如果我们用另一种方式来制定战略，然后得出很多可供选择的结果，那么我们就需要从中选出最符合自身优势的一条。从这个角度来看，认清自身的优势是非常重要的。"

"从某一层面上来说，为了在制定战略的过程中避免给自己造成不必要的麻烦，您当然需要认清自己的优势。"拉迪斯先生肯定道。

"关于寻找自身优势，您有没有什么可行性比较强的方法？"

"有的。不过我们还是先来确定一下您的目标群体吧，您觉得怎么样？"

"没问题。可是我们为什么要依照这样的顺序来进行呢？有什么原因吗？"

"没错，的确有一个原因。在寻找优势的过程中，有一个环节需要在客户中进行调查。现在您的客户群体很不统一，他们各自都拥有不同的需求。因此，如果让他们回答您的优势是什么，他们只会把能够满足自己需求的特性当成您的优势。如果您现在对所有的客户进行调查，您只会得到一个乱七八糟的优势大集合，对您毫无用处。只有被您的目标客户群所肯定的优势，对您来说才是真正重要的优势，其他的都无足轻重，只会让您摸不着头脑而已。"

他的话说服了我。"所以我们可以由此得出，针对一个比较小的目标群体来进行自身的专业化，对我的公司来说是非常必要的。因此，比起关注公司的优势，我更应该关注的是公司的核心价值。"

拉迪斯先生点了点头："在我们第一次见面的时候，您也许就有这个疑问，为什么在我拥有的3家公司里，有一家运营得不是很成功。这就是原因所在：当时我在为这家公司制定战略的时候，根据的是它的优势。虽然这个战略是有效的，而且顾客很喜欢我们的产品，可是这对我来说没有意义，完全没有意义。这家公司和公司的产品同我的核心价值之间没有任何关系。因此，我对这家公司没有任何兴趣，也完全不愿意为它花费任何精力。不过对我来说，要把这家公司出售给别人也是一件比较困难的任务。为了摆脱它，我甚至想过直接把公司送给员工。我们在第一次见面的时候就讨论过这个问题：在开放条件下做出决策的时候，您越是重视自己的选择，您在情感上与这个选择的联系就越加紧密。在战略问题上也是如此。除非您完全地肯定和相信自己的战略，断绝一切其他选择和后路，否则这个战略也不可能成功。"

3.2.2　最小化原则

"关于最小化原则，我们前面其实已经讨论过这个问题了，而且是在第一天。不过当时我们并没有把它称作最小化原则。您还记得我们当时是怎样在一大堆问题中为您找到瓶颈所在的吗？"

"是的，"我点头道，"当时我们发现，造成我所有问题的罪魁祸首其实是我对于自己的工作时间抱有不正确的态度。"

"没错！我们当时并没有逐个地分析您的问题，而是把目光集中在一件事情上，并且由此入手，来解决所有的问题。这就是最小化原则：请您把注意力集中在一个限制因素上。为此，您需要分清楚，这是一个内部限制因素还是一个外部限制因素。内部限制因素指的是那些限制您的因素，而外部因素指的是限制客户的因素。对您来说，工作时间问题就是一个内部限制因素；而对我来说，这则是一个外部因素，因为您是我的客户。所以，这其实只是一个视角的问题。在您制定战略的过程中，外部限制因素要优先于内部因素：如果您不能解决客户的瓶颈问题，他们就会去寻求别人的帮助，这同您是否已经解决了自己的内部瓶颈没有任何关系。"

"很好，我已经听懂了。所以我们之后就需要寻找一个比较小的目标群体，然后再来寻找他们的瓶颈，而他们的瓶颈对于我的公司来说就是着眼点所在。这听上去很可靠，而且很简单！"

"只要我们知道应该做什么，并坚持去做，那么事情当然会变得很简单。"

3.2.3 非物质优先于物质

"下面我们讨论第三个原则，那就是非物质进程要优先于物质进程。其实，您的收支平衡表里到底有哪些项目根本无关紧要；您的账户是不是像史高治的金库一样充实，也无关紧要。重要的是，您是否成功地制定了一个有效的战略，并且为客户创造了极大的价值；重要的是，与您的竞争对手相比，您是否能够更加迅速地了解客户的需求。如果您能做到以上几点，您就会获得成功；如果您不能做到这些事情，您的金库就算再大，早晚有一天也会空空如也。"

"您这个说法是不是有一些太极端了？可能还会有这样的情况，比如说，我有一个很天才的想法，可是想要实现这个想法，我没有足够的资金。这又怎么解释呢？"我打断了他的话。

"我想，您应该已经逐渐习惯我的这些极端想法了吧，"拉迪斯先生笑道，"让我来回答您的问题：一个好的战略是能够实现您目标的最有效路径。如果您空有一个想法，却没办法将它付诸行动，这件事基本上就没有成功的可能性，战略也不可能给您提供任何帮助。所以，只有当您找到具体行动办法的时候，您的天才想法才能真正成为一个天才想法。比如，您不仅想到一个好办法，而且还能筹集到实现这个好办法的资金，这个想法才算是一个天才的想法。否则，这个想法只对那些拥有相应资金的人来说才是天才的想法，对您却没有任何意义！

"如果您不清楚具体的路径，那么这个想法就是纸上谈兵。这种纸上谈兵的点子已经很多了，您只要到街上随便找一个人，他就能给您一大堆听上去很深奥的好想法。所以，在今天的社会，我们所缺少的并不是想法，而是具有可行性的想法；尤其缺少能够投身于其中，并最终实现这些想法的人。"

> 您能够得到一箩筐的好主意，可是真正具有可行性的想法寥寥无几。我们尤其缺少能够投身其中并实现这些想法的人。

"很好，如果您把好想法的定义局限在这样的范围内，那我就可以理解您的说法了。"我点了点头。

"对于这个非物质进程优先于物质进程的原则，我还想做一些限制。这个理念所涉及的是一种二元的世界观，它把世界分成了物质的和非物质的两部分。而我们之前曾经说过，利贝特的实验已经证实了二元的世界观存在问题，因为这种世界观既不可能被证实，也不可能被驳倒。

"这种二元理念乍一看很有道理，例如，物质与非物质，或者理性与感性。可是这完全是一组对立的概念。认同精神世界的人会大力宣扬非物质的意义所在；而物质世界的支持者则会大肆嘲笑处在另一个世界里的那个可怜的天国。理性的人们会嘲笑感性的人不可捉摸和短视；而感性的人们则批评理性的人狭隘。

"关键点在于，这些概念关系到精神的地图。如果您是在与持有不同看法的人进行争辩，那么这些概念能够带给您很大的帮助。可是您只是一个企业家，就像卡尔·马克思所说的那样，您不需要阐释这个世界，而是要改变这个世界。您的目标只是领导一家企业，而这些对立的概念并不能够给您带来帮助。"

"那您觉得应该怎样呢？"

"这里牵涉有指向性的能量。我个人认为，一种非二元化的视角是非常有说服力的。在物理学的领域内，人们长期以来都把物质和能量看成两种完全不同的现象，直到爱因斯坦最后证明了物质就是能量。所以，非物质价值和物质价值之间的真正区别其实也非常小，它们二者都牵涉到同一种特定的价值。我们可以看到，物质财富的价值也是由一种假设决定的，那就是它们可以满足那些非物质的需求。价值并不蕴藏在物质的事物当中。从另一个方面来说，需求其实也并不是非物质的，而是相应地由大脑中的化学进程所产生。

"所以，我们也可以这样来表述非物质优先于物质原则：我们应该把注意力集中在能够产生价值的地方，而不是价值集中的地方。也就是说，把注意力集中在客户的大脑上，而不是史高治的金库上。"

"依靠我的物理学背景知识，我肯定能比依靠这种二元理念走得更远，"我点头道，"不过，这会造成什么现实的后果吗？"

"是的，很多！"拉迪斯先生笑道，"最突出的是您的祈祷词会与原来不一样。非物质的信徒向某一个神祈祷，而物质的信徒则向他们的财富折腰。如果您看待问题的方法是非二元的，那么您所信奉的就是您现在的以及未来的客户。不过我们还是不要讨论其他后果了，这只会让我们离题太远。"

我想拉迪斯先生有时候的确有自己的一套方法，能够很形象地切中问题的关键点，"很好，那么我们现在来讨论第四个原则？"

3.2.4　收益最大化代替利润最大化

"好的，不过这一条讲起来也很容易，我们在第一天也已经讨论过这个话题了。企业的用途在于尽可能多地为客户创造收益或价值，而不是为自己尽可能多地创造利润。不过如果您想为未来的客户创造更大的价值，

264

那么利润也是一个很重要的因素。"

"是的，没错。这条原则我们已经讨论过了。它会对战略产生什么实际的影响呢？"

"其一是您的注意力会有所转移，其二是您的行为方式也会有所不同。您还记得那个沙漠里的水桶吗？"

我点了点头。

"现在请您假设，在沙漠里经常会出现干渴的旅人。对于那些追求利润最大化的人来说，他们的战略是在沙漠里开一家水站。他们或许能够获得梦想的利润，可是客户不会向别人推荐他们。所有从他们那里买了水的人也许会对他们很感激，但是这些人会告诫后来人，最好还是自己带一些水。这家水站的名声传得越广，他们的利润就会越低。

"而对于那些收益最大化的人来说，他们的战略则会是在沙漠外竖起一块警示牌，告诫旅人注意带足饮用水，并且在警示牌下面开一家水站。也许他们的利润会比较微薄，但是每一个旅人在对别人提到他们时都会说：在您进入沙漠之前，您一定不要忘记去那家水站看一看。这样，他们的生意就会滚滚而来。"

"很好，我想现在我已经把四条原则都掌握了。而且我明白了，为什么您对于其中几条原则的说法与最小因素聚焦战略里的内容不一样。现在我想总结一下您说过的内容。我们应该进行专业化，选择一个比较小的市场，这样我们才能迅速地成为市场领跑者。为此，我们必须选择一个细化的目标群体，然后解决他们所面临的最迫切的问题。我们应该把注意力集中在产生价值的地方，也就是客户的需求和与客户交流的过程。如果我们有多种可能的选择，我们就应该从中选出最符合公司优势的那个选项。

"如果我们缺少优势，我们就应该努力创造优势，或寻找合作伙伴。您觉得对吗？"

"对，没错！"

3.3 选择企业的目标群体

"在确立了公司的核心价值之后,您现在需要做的就是选择目标群体。从需求的角度来说,如果您的目标群体同一性越强,您就越容易迎合他们;越容易构建您的服务供给;也越容易成为客户心目中的第一名。"

"能够成为行业第一名,我当然很乐意。不过拉迪斯先生,您在说第一名的时候,难道不是用销售额和利润来衡量的吗?"我抓住他的话不放。

可是他居然摇了摇头:"您应该用客户作为指标。如果客户不购买您的产品,那么您就成不了第一。只有当客户购买产品的时候,才会产生价值。也只有当客户购买产品的时候,您才能用他们作为指标。

"现在的问题就是您应该怎样寻找到自己的目标群体?

"你现在已经有一家公司了,而您的公司也已经有了自己的客户。我的观点一向是用最少的能量获取最大的结果。所以,我们首先应该做的事情就是仔细地观察和分析这些客户,也许我们已经拥有了一座宝山,自己却不知道。"

"所以,我应该就所有客户的情况列一个清单?"

拉迪斯先生点了点头:"您有多少位客户?"

"到目前为止,我们公司有 47 位客户,其中 28 位曾经多次与公司有订单关系。在其余 19 位客户中,大约有 2/3 不可能再与我们发生订单关系了。如果我们运气不错,还有可能把剩下的 1/3 发展为老客户。

"我们应该用什么标准来对客户进行分类呢?根据行业,根据他们的营业额?还是根据他们是不是老客户,或者还有其他的标准?"

拉迪斯先生思索了一会儿:"我们最好可以根据您的客户总数做一个加权的排名。您带笔记本电脑了吗?请您用 Excel 软件做一个如下的表格。"然后他走向了白板,写道:

A= 客户的名称；

B= 行业；

C= 产品类型（网关、局域网，等等）；

D= 客户认为什么最重要（价值还是收益）（最多 3 个词）；

E= 客户类型（一次性客户得 1 分，潜在老客户得 3 分，老客户得 5 分）；

F= 占总销售额的比例（低于 1% 得 1 分，1%~2.9% 得 3 分，3%~10% 得 5 分，高于 10% 得 10 分）；

G= 价值（0 表示客户讨厌公司的核心价值，10 表示客户喜欢公司的核心价值）；

H= 客户好感度（0 表示客户讨厌您的公司，10 表示客户喜欢您的公司）；

I= 您的好感度（0 表示您或是您的员工讨厌客户，10 表示您或是您的员工喜欢客户）；

J= 要求（0 表示客户仅仅提出一般要求，5 表示客户对您提出了更高的要求）；

K= 从 E 到 J 的总和。

我把所有的项目都输入了 Excel 表格中。大部分内容对我来说比较好理解，也很有意义。不过对于项目 H 和 J，我还是有一些不大明白，为什么我对于客户的好感度在加权中也有这么重要的意义呢？于是我要求拉迪斯先生为我解释原因。

"拥有相似价值观的人们会互相吸引，这是理论。如果您想把事情变得更简单，您还应该对理论的实践情况进行评价，即这种吸引力是不是真的存在。因此，您需要对双方的好感度进行评价，这也能够使您推断出双方是不是拥有共同的价值观。与您拥有共同价值观的客户比起其他客户来说，更加容易同您达成协议；同这些客户一起共事也能够给您带来更大的乐趣；您还可以更加轻松地向这些客户提供收益，也就是向他们出售产品。"

"可是这样，我就对同一条价值进行了三次评价。这是不是有些重复？"我问道。

"不。我们只是想确认一个问题：哪些客户喜欢您？"

我有一些迷惑地问道："您难道不觉得，'喜欢'这个词不是特别合适吗？"

拉迪斯先生摇着头："对于那些理性的、如吝啬鬼一般的管理学著作来说的确如此。可是如果您读那些伟大企业家的传记，您总是会不停地看见类似的说法，就好像仙奴·大卫杜夫①说的那样：'我从来也没有做过营销，我仅仅是喜欢我的客户而已。'我想，这些企业家应该不是满脑子充满浪漫想法的糊涂虫吧。

"还有一个我个人的例子。我喜欢独立的人，那些人为自己设立目标，为自己和他人承担责任，做有意义的事情，并且不断地成长。而对于那些成天满口怨言、把自己的不幸都归结到别人身上、从来不在自己身上找原因的人，我则是深恶痛绝。因此，我喜欢独立职业者和企业家。您的情况又是怎样的呢？"

这听上去很可信，"我喜欢那些不断挑战极限、超越自我的人。我不喜欢那些生活一成不变的人。虽然这听上去比较有道理，可我还是有一点不明白：为什么客户向我们提出过分的要求是一件好事情呢？"

拉迪斯先生笑了："因为那些向您提出一般要求的客户所希望的也不过就是一般的结果，这种结果他们在任何地方都能够得到，所以也就没有什么特别之处。可是如果您的客户向您提出比较过分的要求，这就意味着，客户认为能够从您这里得到最好的结果。他们认定，即使是面对比较过分

---

① 仙奴·大卫杜夫：大卫杜夫创始人，大卫杜夫是瑞士的产品品牌之一，以高级烟草产品著称，包括雪茄、香烟及烟斗烟草。——译者注

的要求，您的公司也能够做得很好。

"此外，从高标准、严要求中，您的公司所能学到的东西也比从一般要求中学到的更多。我想还有一点您应该也很欢迎吧：最理想的客户会逼迫您突破自己的极限。

"您学到的越多，在竞争中胜出的机会就越大。最优秀的企业往往总是拥有最挑剔的客户，而且通常在它们成为最优秀的企业之前，这些客户就已经伴随在它们左右了。"

我一边摇头一边说："到目前为止，我所信奉的一直是相反的论调，那就是客户的订单越简单，我们的获益就越多。可是我从来没有想到，这会使我们在原地踏步。"

我顿了一会儿，然后又继续说："我猜测，您希望我现在就能把这个表格填满吧？"

拉迪斯先生微笑着点点头，"没错。如果您对于销售额不是很清楚，从会计那里也得不到具体的数值的话，您可以自己估算一个数值。我们需要的只是大概的等级。我想对于其他几项您应该有一个总体的概念吧，"然后他又笑着补充道，"您之前做了这么多专业人员的任务，也不是完全没有好处的嘛。您需要多长时间？"

我估计了一下道："45 分钟应该够了。"

"好的，那我 45 分钟之后再回来。"

当拉迪斯先生重新走进房间的时候，我已经把表格填好了。我甚至有时间试验了一下 Excel 的分类和分组功能。于是我欢迎他之后，说道："我注意到一些规律性的东西。我想这可以使我们的工作更容易一些。在我们的所有客户中，大约 25% 的客户需要的仅仅是外观漂亮、但功能性不强的门户网站。他们并不需要预订系统、数据库等比较高级的服务。在这类客户中间，一次性客户的比例是最高的，在这一群体中，对我们特别有好感的客户也很少。"

"这意味着，我们可以把大约 25% 的客户，即大约 12 家公司，从您的客户名单当中划掉了。我们虽然还没有进行到专业化的环节，不过结果也差不多，因为专门制作简单的门户网站也不是好主意。那么您还找到哪些规律了？"

"私人局域网应用所占的比例最高，大约占 40%。在这个领域，客户的要求也是最刁钻的。不过这类订单基本上也不涉及满足客户的价值需求，而且双方的好感度也比较有限。我之前给您讲过哈努施先生的例子，事实上我之所以把这个订单丢给保罗，还有另一个原因：我觉得他就是一棵虽有条理但毫无决断力的墙头草。他同超越极限可扯不上什么关系，您觉得呢？"

"没错，我们在对这个故事进行润色的时候也谈到了条理分明这个价值。如果您想为自己的故事推出一个代表人物，这条价值当然很不错，可是在选择客户的时候它就没有作用了。

"那些要求你们铺设局域网的客户一般不是非常认同你们公司的核心价值，这其实非常容易理解：大多数情况下，这些订单都是出于 IT 部门监督、监管或内部沟通的需要。在这些领域，其他价值相对来说具有更重要的意义。您能在实际情况中证明这一点，这很好。"

我点了点头："这样我们就可以把 20 位客户排除掉了，现在还剩下 17 位客户。这些客户的订单基本上是非常复杂的网页设计，例如，数据库之类的，以及大型门户网站的建设，等等。可是这 35% 的顾客所带来的销售额占我们总销售额的 60% 以上。

"除此之外，我再也找不到其他的规律了。他们来自不同的行业：一个不动产门户网站，一家玻璃厂的产品数据库，一家大型企业咨询机构的门户网站，三个课程管理系统，四个网上购物系统，等等。在创造价值方面，我也没有找到存在共性的地方。"

拉迪斯先生思索了一会儿："您可以根据客户价值与企业价值的契合度来分类。"

对分类方法进行改变后我恍然大悟。我瞪大眼睛看着拉迪斯先生。

拉迪斯先生奇怪地望着我，几秒钟之后他坚持不住了，"您到底发现什么好东西了？"

"课程管理和课程预订系统？"我笑嘻嘻地说道。

"课程管理和课程预订系统，"拉迪斯先生一头雾水地重复道，"我不明白，这些系统和您的价值有什么关系？您之前说过，只有三位客户需要这种系统。您倒是快点给我讲讲这几位客户啊！"拉迪斯先生催促道。

"好的，"我笑道，"第一位客户是一个登山学校的校长。"

拉迪斯先生的脸上渐渐露出了一丝了悟的表情。

"第二位客户也来自一所登山学校，而第三位客户则提供滑雪课程。"

拉迪斯先生慢慢地点了点头："我懂了。让我来猜一猜，所有这三位客户都是您自己争取到的，而且您之所以能够获得他们的订单，也是因为您同这三位客户相互理解，很有共同语言。对吗？"

我没办法否定他的话，就在这时我又想到一点："还有一位客户，不过我们之前已经把他排除掉了，因为他只需要我们设计一个简单的网页。他们是一家小型机场，专门提供飞行课程。我们当时同这个客户相处得很愉快，不过因为他们的订单实在太小了，所以我们之后并没有重点关注他们。"

我思索了一会儿："可是如果只接受这些小型订单，我们公司肯定会遇到问题。这4位客户加起来也只占我们总销售额的7%。至少在目前的情况下，我不可能忽视掉其余93%的客户！"

"不，您当然不应该忽视他们！如果那样做，简直就是自杀！"拉迪斯先生拼命地摇头，"我只想问您一个简单的问题，如果所有的客户都像这4位客户一样，您会有什么感觉？"

我闭上眼睛，在心里细细地体会了一番。那样就太棒了！我觉得这些课程提供方的工作很重要，他们给人们带来很多新的体验和冒险。对于那些参加这些课程的人们来说，他们也能够为自己平淡无奇的生活寻找到很多全新的自我认识。这些课程提供方的工作就是帮助别人超越极限。

当我再次睁开眼睛的时候，我冲拉迪斯先生点了点头："是的，我很希望有这样的客户，甚至可以说，我非常喜欢这样的客户。我感觉自己做了真正有意义的、真正重要的事情。这个目标群体让我感到很兴奋！那么，我现在应该怎样对待这93%的客户呢？"

"我们暂时还没进行到那一步呢！"拉迪斯先生笑着说道，"现在，我们已经有了一个大概的目标群体，这就是我们应该关注的客户群体。我们知道，对于那种可以在网上预订课程，并且由提供方进行管理的系统，市场上存在着明显的需求。可是我们并不能够确定，这种体系就是这个目标群体的关键性瓶颈所在。我们也不能够确定，这个目标群体的需求是否具有同一性。即使我们知道所有的这一切，我们也不清楚您是否有能力完美地解决这个瓶颈。换而言之，我们现在只有一个假设。在我们没有制定出完整的战略之前，您应该像从前一样对待这93%的客户。

"当我们制定出战略之后，接下来的道路就比较通畅了。首先，您需要把注意力集中到针对新目标群体的营销和推广上，然后注意维持客户关系，等等。只有当您能够清楚地确定，新战略奏效了，并且新的目标群体至少给您带来了60%~70%的销售额，您才能够开始考虑与现在的客户说再见。举个例子，您可以把那些属于'老客户'的商业范畴，以及那些抱紧老客户不放，不能接纳新目标群体和公司核心价值的员工全部出售给竞争对手。"

我一直在暗自担心，拉迪斯先生会要求我同所有的客户一刀两断！他有的时候太极端了，我觉得这种事情他完全做得出来。我再一次看了看我的目标群体，心里激动得无以复加。是的，这的确让我充满了动力！

"那么，我们现在是不是应该讨论公司的优势了？"我建议道。

拉迪斯先生还是摇头："虽然我之前说过，我们会在讨论完目标群体之后接着讨论公司的优势，不过我还是想再食言一次。

"我想先吃午饭，然后仔细地讨论一下目标群体的需求和瓶颈。否则您根本不知道自己应该寻找哪一种优势。您看，在户外运动课程供应商的问题上，我们并没有分析过相应的优势，之前在进行优势分析的时候，我们也从来没有寻找到与之相关的优势！您之前一直在寻找与软件开发有关的优势，而这里所需要的优势却被我们忽略了。这些优势对于我们现在的目标群体非常重要，如果缺少它们，您很有可能错失这一目标群体。"

3.4 帮目标群体找出其存在的瓶颈问题

在午餐之后，我对接下来将要进行的步骤感到很好奇，于是我第一次赶在拉迪斯先生之前进了会议室。拉迪斯先生果然惊讶地扬起了眉毛。

我立刻用午餐时进行的一些思考来做欢迎词："我觉得，我们应该为课程供应商制作一个能够降低他们商业成本的系统。也就是说，我们应该提供一个搜索引擎销售包，使该课程更容易被顾客搜索到，并且提高订购量。最后……"

"等一下，威尔曼先生，"拉迪斯先生打断了我滔滔不绝的话，"我们现在要讨论的是目标群体的瓶颈问题！也就是说，我们有三件事情是不应该做的。第一，当问题还不明确的时候，我们不应该考虑解决的办法。第二，我们应该关心瓶颈，而不是那些鸡毛蒜皮的问题。第三，为了能够让目标客户群瞬间想到您的公司，我们必须关心那些目标群体认为最紧迫的问题。

"很多人都在这里犯了错误，最后导致失败。供应商想出了一个解决办法，也许他甚至认为这是一个核心问题。可是他对于问题的定义同客户对于问题的定义完全不一样。于是，他认为自己是在为客户着想，并且抱怨客户没有眼光，水平太低。他这样做无可厚非，而且有时候有一定的道理。可是他的失败是不可避免的。我想您应该不会抱有这样的想法吧？"

我有些垂头丧气地摇了摇头。我还以为这些想法很棒呢！拉迪斯先生所说的话的确有一些很有道理的地方。我也经常遇到这种情况，在向客户进行产品演示的时候，他们根本就不能看出局域网能够帮他们解决多少问题。客户有时候实在是太固执了。

"很好，那您还能够回想起我们第一次见面时最初的那半个小时吗？"

"是的，我记得非常清楚。"

"我从一开始就非常确定，您的瓶颈在哪里。可是如果我一开场就向您说这样一番话，'威尔曼先生，您能来真是太好了，让我们速战速决吧。我来向您介绍专业人员—经理—企业家体系，为了纠正您关于工作时间的错误信条，这是最有效的方法。'您会怎么样？"

我毫不犹豫地说："我肯定会回答说，您应该取消这个讨论课，为了解决您与前客户之间的矛盾，这是最有效的办法。"

拉迪斯先生想忍住不笑，可是没有成功："是啊，我猜差不多也是这样。不过我当时没有那样做，而是首先诱导您说出自己的愿望和需求。我甚至把它们都写在了白板上！然后我让您自己找出您的瓶颈问题所在。当您清楚地理解了二者之后，也就是您的需求和您的瓶颈以后，我们才开始寻找解决办法，您将会很乐于接受我的解决办法。

"关于自身的瓶颈问题，真正成为问题的是，我们虽然能够看到症状，却经常不能够认清根本原因。如果不是因为这样，那么这个瓶颈也算不上是什么严重的问题了，人们将可以很轻易地解决它。"

"没错。您在第一天的时候也说了同样的话。"我说。

"是的，而在客户的瓶颈问题上，情况也是如此，"拉迪斯先生把话题又转回来，"客户已经看到了症状，并且据此确定了自己的愿望和需求。可是他常常不清楚问题的症结在哪里，解决办法又是什么。或者更糟的是，对于造成问题的原因和相应的解决办法，客户有非常明确的设想，可是这些设想往往是错误的，尤其是在复杂的问题面前。如果它们是正确的，那么客户早就应该把问题解决了。

"我可以打赌，99%想要改善销售状况的公司都走入了歧途。他们认为自己存在的问题是销售收入过低。于是他们就理所当然地认为，只要他们加大营销力度，这个症状就会消失。瓶颈的产生几乎总是因为采取了错误的战略，而错误的战略几乎总是产生于企业家对自我的错误定位。您唯一能做的事情就是用认真严肃的态度对待客户，并且一切以他们的需求为先。就算您认为原因和解决办法与客户所想的不一样，您也应该给客户提供一条路线，使他们能够自己寻找到最终的解决办法；而且您必须尊重客户的愿望和需求，否则他们是不会乖乖地按照您指定的路线前进的。如果您喜欢这位客户，并且与他持有相同的价值观，那么您无疑能够更好地做到这一点。"

我一边思考一边说："所以这就意味着，我至少要弄清楚三件事，不对，是四件事。第一，客户认为，他所面临的最急迫的问题或需求是什么；第二，造成这一切的根本原因是什么；第三，如果问题和原因之间毫无联系，我应该怎样在二者之间建立联系，或帮助客户在二者之间建立联系；第四，解决的办法是什么。"

"是的，我们可以这样表述。不过最急迫的问题总是在不停地改变，有些时候这个问题是销售额，有些时候是饥饿，有些时候是孤独感，还有些时候也许是汽车坏了。所以，当您在谈论所谓的最急迫的问题的时候，您基本上总要规定一个特定的时间点或时间段，在这段时间之内，这个问题尤其紧迫。所以，您最好能在问题最紧迫的时候向客户伸出援手，否则他们很有可能会心不在焉，三心二意。"

"这听上去很难！"我说道。

"一点也不难。您可以先大概估计出客户的问题所在，所以，您只需要想一想，在发生这些问题的时候，客户都会干些什么就可以了。比如，谷歌的 Adwords 功能就是基于这个想法来运作的。如果有人检索'丧失工作能力'，那么在这个时间点上，他就应该对专门处理丧失工作能力问题的保险代理、律师、医生或顾问咨询处等感兴趣。因此，提供这些服务的人就会在那里打广告，而不是在杂乱无章的布告栏上或电视上做宣传。"

"这样看来，的确不是太难。那么，我们现在应该干什么呢？"

"现在我们就来总结一下，您的那些课程供应商们在不同的时间点都会有哪些紧迫的问题或需求。不过就我们的目的而言，那些经常被认定为紧迫问题的事件才是我们关心的重点，所以，您不需要把时间确定得很清楚。"

"很好，以我对这4位客户的了解来说，他们都有不少问题。

"第一，他们的现金流总是很紧张，而且销售利润是很大的问题。参加课程的人太少，而我觉得他们课程的价格也有些太便宜。

"第二，他们对行政管理和办公事务都很头疼。

"第三，他们最喜欢的工作是亲自去登山、滑雪，或开飞机。"

我恍然大悟："他们都是专业人员，而不是企业家！拉迪斯先生，这些人完全就是您的目标人群嘛！"

"很有可能，不过也不一定，"拉迪斯先生微笑着，"我猜测，这些人中很大一部分还是比较乐于继续做独立职业者的。

"针对您的这一番问题预测，我有几个问题。尽管您说得很有道理，我们还是应该对它们进行更深入的了解。参加课程的人太少，那相关的竞争很激烈吗？是营销做得不够好还是产品本身不受欢迎？产品的结构到底是什么样子的？有老客户吗？供应商自己认为问题到底出在什么地方？他们通常采用何种销售渠道？这些渠道有效吗？在每一条销售渠道上投入的时间和资金成本有多少？产出的结果是什么？能覆盖多少有意向的人群？如果参加课程的人数倍增，会怎么样？他们有没有能力接纳所有的学员？还是他们需要聘请新的教练？

"他们不喜欢行政管理和办公事务，这部分事务占工作总量的比例是多少？日常办公事务是如何分配的？他们是自己完成这些事情还是由其他雇员来完成？他们到底讨厌办公事务的哪一点？如果他们很讨厌用电脑的话，即使您的软件能够为他们减轻一半的行政工作量，他们也不会成为您的客户。

"您刚才说的第三点，这些供应商经常喜欢自己去登山，那他们真希望客户的数量有所增加吗？因为更多的客户就意味着登山的时间减少了。"

我瞪大了眼睛，死死地盯着拉迪斯先生："我完全不知道那4位客户对于您提出的这一堆问题都怎么看，而且如果我真的把答案全部找出来，那花费的时间也太多了吧。"

"是需要花费一些时间，"拉迪斯先生回答道，"所以，我刚才也说了，我们需要用2个月的时间来制定战略。您必须彻底了解您的客户，必须能够清楚地判断他们可能采取的行动。您可以在下个周末去登山，并且同奥博莱特纳先生好好谈一谈。"

"我本来也是这么打算的。"我很高兴地说道。

"当您在同他聊天的时候，您就可以得到很多他对于瓶颈问题的看法，您还可以了解到他的需求是什么，这些事情都很关键。可是仅仅如此，您还是不知道问题的原因是什么，想要找到原因，您还必须和奥博莱特纳先生一起用几天时间做实习才行。"

"实习？我可不是实习生！"我有一些激动地叫道，"而且，我自己的销售利润也很成问题，所以我怎么可能仅仅因为要帮助我的客户调查和解决销售问题，就整天守着传真机，帮他们收发学员登记表。

"您倒是说说看，这什么时候才算完啊？下一步说不定您又会建议我，要我为客户的客户解决收入问题，这样他们就能够有钱参加更多的课程了。然后就是解决我的客户的客户的老板的销售收入问题。"

拉迪斯先生一副难以置信的神情，他一边摇头，一边久久地瞪着我。

最后我又补充了一句："您还没明白吗？从4月开始，我的现金流就会迅速减少。我必须做点什么！结果您给我的建议就是做实习？"

他平静地把两手一摊："您不用做那些事情。如果您想如同您的客户一样去思考和感受的话，最有效的办法就是做客户做的事情。因此，您应该去做实习。您当然也可以仅仅与客户谈话，这肯定比做实习要快很多，可是您肯定会错过很多重要的事情。事实上，我还想再进一步讲，如果您已经找到了客户的瓶颈，并且希望能够为他寻找解决的办法，那您公司的所有程序员也应该去做这种实习。只有这样，您才能够最大限度地满足客户的需求。在很多公司里，比如，伍尔特集团[①]，所有的经理每个月或每年都会花一定的时间同客户一起度过。他们都是好的榜样！"

"虽然如此，可是我没有这么多的时间。"我还是不服。

拉迪斯先生有一些生气地说道："那您就走捷径。您可以同那4位客户谈一谈，听听他们的说法，找到他们的问题、愿望和需求。在这期间，您可以顺便提及您的问题，然后分析他们的回答，并且由此进一步地挖掘细节。这样您又能发现很多问题，然后再找他们聊天。

"接下来您就可以像我们第一天做的那样，为他们进行瓶颈问题分析，您最好能与客户一起完成这项工作。您可能还需要额外写很多小纸条，这种事情离开客户可做不了。

"当您对问题和瓶颈所在有一个粗略的了解之后，您就可以开始寻找解决的办法了。"

"可是如果客户们的问题各式各样，各不相同，我该怎么办？"

"那就说明您的目标群体太庞大了，您还选错了目标群体。目标群体本身应该拥有相同的愿望、问题和需求。如果他们没有共同的问题，那么他们也就不能成为一个目标群体了。"

我点了点头，不过还有一些异议："如果找不到可行的解决办法，我又该怎么办？"

"那您就应该更加仔细地对问题进行分析，比如，通过做实习这种办法；"拉迪斯先生斩钉截铁地说道，"或者您后退一步，再寻找其他问题；再或者，您后退两步，寻找一个新的目标群体。"

"那如果有很多种解决办法，我该怎么办？"

"这时候优势分析就有用武之地了。您应该选择最符合公司优势的一条解决办法。"

---

① 伍尔特集团处于全球装配和紧固件业务市场的领导地位。——译者注

"如果解决办法完全不符合公司的优势，我该怎么办？"

"这种情况虽然有可能发生，不过可能性比较小。您知道自己是一家制作软件的公司，所以您会自动地在这个方向上进行思考。而我介绍给您的方法恰恰是反其道行之，它能帮助您挣脱这种局限的思维定式。如果解决办法与您的优势不相符，那您就建立这种优势，或者寻找具有这种优势的合作伙伴。如果这些方法也行不通，那您就只好再退后一步，寻找其他问题了。

"当您找到解决办法之后，您首先应该为客户创造一条从问题到解决办法的路线。如果瓶颈分析是由您与客户共同完成的，那么在这个过程中，您就已经知道应该怎样同客户一起沿着这条路线前进了。对您来说，最重要的事情永远是学习如何像客户一样感受、思考和行事。这是长期的任务。"

"好的，我会与奥博莱特纳先生，以及其他三位客户分别谈一谈。我想我应该可以和客户一起进行瓶颈分析，两周之内我差不多就应该能得到结果了，您说对吗？"

拉迪斯先生点了点头："至少您会知道，自己是不是前进在正确的道路上。"

"那我们现在只剩下一件任务了，优势分析，是吗？"

"是的，在进行完优势分析之后，您就能够得到对于发展战略来说最为重要的工具了。随着事情的进展，您当然也可以对它进行进一步的精细化或扩展补充。

"您在进行优势分析的时候，应该把您的员工和目标群体都囊括进来。越紧迫的需求暴露得就越明显，您越可以有针对性地寻找自己的优势。如果您同员工一起寻找公司的优势，那您同时还可以把这当作一种管理和领导的手段。

"为此您最好按照以下的步骤去做，两周之前，您曾经画过一张公司的组织结构图。现在您需要对它做一些改变，为此您要做两件事。首先，这幅图还缺少主角，也就是客户。另一点比较特别，在有关领导力的讨论中，人们常常会争论领导人员应该画在上方还是下方这个问题。可是从来没有人想过，应该把客户也放进来。其次，作为企业家，您应该把自己置于组织结构之外。您不是在企业中工作，而是以企业为工作对象，因此，您不应该处在组织结构图当中。

"您可以用自己喜欢的方式来编辑公司组织结构图。如果它最终能够传达您的价值观，并且能够反映所有参与者的情感的话，那就再好不过了。它的外观无关紧要，客户不是在中心，就是在最上方。最好您现在就能把它画出来。

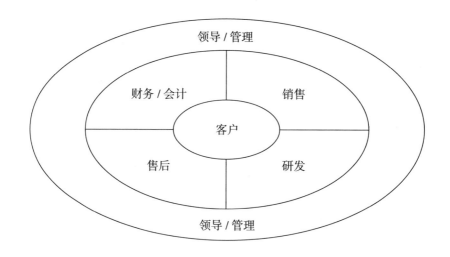

"然后，请您询问您的目标群体，他们认为您的公司具有哪些优势。我估计您的谈话对象到目前为止还没有有意识地考虑过这个问题，所以在得到一个本能的回答之后，您应该继续深究细节，并且询问他们，在研发和售后二者之间，哪一个更具有优势。接下来，您要继续挖掘更加具体的内容，如果售后具有优势，那么是因为服务比较容易获得，还是因为服务的速度比较快。请您尽可能深入地挖掘这些细节内容。不过对于客户最初本能给出的答案，您也应该有所重视，因为它往往能够反映出对于客户来说最重要的优势。

"在收集完所有的结果之后，您需要对他们进行压缩和提炼。如果有可能，您应该再次仔细地询问客户，在总结出来的这些优势中，哪一些对于他们来说具有最重要的意义。"

"的确，我也觉得这很重要。"我附和道，"如果我们的售后服务速度很快，而客户也看到了这一点，可是这对他们来说没有意义，那么这一条优势也就没有用处了，对吧？"

"没错！"拉迪斯先生点了点头，"在进行完这些准备工作之后，您就可以召开一次团体会议了。您需要向大家解释，您希望能够制定出一个新战略，这个战略应该尽可能地利用公司的优势。为此，您需要员工给出一些建议，他们认为公司具有哪些优势。至于您是采取头脑风暴的方法，还是让每个人提议 10 条优势，并对它们进行归纳，这完全取决于您自己的喜好。这样，您差不多能收集到 100 条优势！"

"您所说的对优势进行归纳指的是什么？"我打断了他的话。

"比如，有一些优势可以归结到某一个特定的人身上。假设在您的售后部门有一名员工，他具有在短时间之内寻找到出错点的天赋，那您就把这些优点归到这个员工身上。假设您的研发团队为了遵守工程期限，加班加点、不辞辛苦，那您就可以把遵守期限这条优点归结到整个研发团队上。假如客户说，您的所有员工都很乐于助人，那您就应该把乐于助人当成整个公司的优点。"

"啊，这样分析我就懂了。然后，我们就应该把这些小纸条相应地贴到组织结构图里的各部分上是吧？这个办法听上去很不错！"

"没错！这个方法最初是从体育运动中发展起来的，比如，在足球队里，他们就会采用这种方法来了解每一个队员和整支球队的优势和优点。此外，您还能够获得一个很不错的副效应，那就是让员工清楚地了解到自己的优点，而不是错误。您也知道，人们总是能够得到他们注意的东西。您应该把会议的结果在公司里公开地展示出来！

"再回到讨论会上来。现在您得到了一张能够显示公司优势的组织结构图，请您把目标群体认为最重要的几个优势也粘贴进图表中。这经常能引起大的讨论，因为这些优势通常都与员工的估测很不一样。

"最后，您还需要对结果进行浓缩和总结，因为您得到的优势太多了。您可以通过纸条的数量和位置来判断，哪些优势在员工的眼中最为重要；而那些对于目标群体来说最为重要的优势则一定要被放入最终的结果之中。"

"事实上，这些事情听起来都很简单，"我说道，"现在，我只有几项家庭作业。我得同员工谈话，来建立企业的核心价值；然后，我要创作故事，并且在公司里传播这些故事；这些事情都大功告成之后，我就要计划一次会议，目的是在公司里确立核心价值；如果我们能够找到一些比较好的故事，我们还可以把它们放到公司的网页上；接着，我要同目标群体里的几名客户进行谈话，找到他们的瓶颈问题所在，确认他们的需求、愿望和问题，以及他们认为我们公司有什么优势；最后，我要召开一次优势大会，确立一个战略。在那之后呢？我就可以开始实行新战略了吗？"

"是的。您不仅需要与目标客户进行谈话，也许您还有几位虽然不属于目标群体，但是对您的数据库产品感兴趣的客户，您也可以找他们谈一谈。如果进展顺利，您就可以在小范围之内对您的新产品进行测试。之后您可以根据反馈结果对产品进行优化。如果这些也进展顺利的话，那您就可以对更多的客户进行业务推广了。"

"所以，我要一步步来完成。我需要在目标客户群中检测我的产品，使自己不致在错误的产品上花太多工夫。我喜欢这个！我恨不得马上就开始！"

"很好，"拉迪斯先生点了点头，"在这件事情上，您一定不能够浪费时间！如果您在 2 个月之后发现，自己的核心价值不应该是这一条，而且目标群体也没有选对，那您就无力回天了！既然您的现金流正在不断减少，您就不要再犹豫不决了。"

我若有所思地点了点头："那我们现在是否该休息一下？"

"好的，然后我们就来进行今天的最后一项内容：企业的愿景！"

3.5 企业的愿景

3.5.1 继任者

"我们之前已经谈论过这个话题了，"拉迪斯先生说道，"不过还缺少一个很重要的部分。我想把上次讨论课中最重要的内容再总结一下：企业的用途是为它的客户创造价值或收益。价值从客户的心理需求中产生，而经济价值则是一个相对概念。企业家的任务是把企业作为工作对象，并且为继任者创造最大的收益和价值。

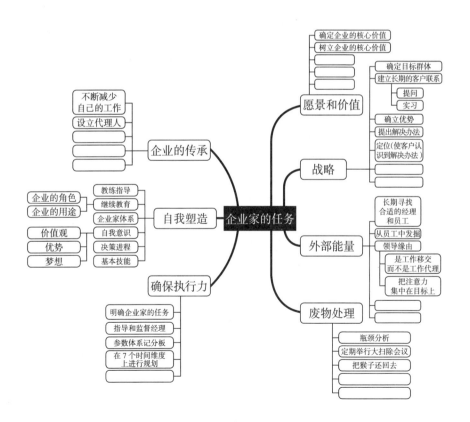

"现在，我想对您的企业家工作提两个基本问题：第一，谁是您的继任者？第二，对于继任者来说，收益或价值意味着什么？"

我终于准备开始制定我的战略了，可是拉迪斯先生又向我提出了这种莫名其妙的问题。我有些气愤地问道："我怎么可能知道谁会在30年之后接替我的位置？我现在就想开始做事情！"

拉迪斯先生郁闷地摇了摇头："威尔曼先生，身为企业家，您的任务是为继任者留下一家能够给他带来最大收益的公司。如果您不想自己提出这两个问题，那您就不可能完成身为企业家的任务。"

"可是我要如何才能知道，我的继任者是谁？"我不肯服输。

拉迪斯先生疑惑地看着我，然后笑得上气不接下气："您现找一个不就得了。您想把公司交给谁？"

我想把这部分内容尽快了结，于是我随口答道："一个付给我一大笔钱的人，一个金融投资者。"

"毫无疑问，这是最愚蠢的回答。您要知道，金融投资家才不会关心您的价值观、您的客户以及您带给他们的收益是什么。对他们来说，唯一能让他们感兴趣的东西就是现有利润，以及收购2年、3年或5年之后的预期利润，或者还可能更糟：他们只关心资产。如果您把公司卖给金融投资者，那公司的真正价值将不复存在，因为他们根本没有意识到它的存在。而且您公司的售价肯定会低于它的实际价值，因为这些价值对他们来说没有任何意义。

"不过我希望，您能够换一种角度来考虑公司的传承问题。等到公司被出售或接手的时候，您应该已经拥有一笔相当可观的私人财产了，因此，公司的售价高低对您来说并没有太大的影响。

"能够把您的企业和价值观传承下去，对您来说反而更重要。

"一个机构的收购者，一个纯粹的金融投资家永远是最次的选择。除非在公司的发展过程中，您的价值观和兴趣都发生了改变，而您的公司也不再对您有价值，否则选择他们是不明智的。

"您有以下几种选择：第一种是您可以把公司交给您的孩子——不过您没有孩子，第二种是您可以把公司出售给一位经理，第三种选择是把公司出售给另一家公司。不过，这几种选择各有它们的特征和优缺点。而且根据选择结果的不同，他们所获得的收益也不尽相同。"

"您这话是什么意思？"

"不管您是把公司卖给金融投资家、传给孩子还是卖给另一家公司，他们都能够获得纯粹的利润收益。可是对于一家公司来说，如果您的公司能够为他们解决瓶颈问题，那这对他们来说才是最大的收益。您必须问一问自己：公司最大的优势在哪里，又能够为哪些公司解决什么样的瓶颈。这样，您才能够有针对性地建立自己的公司。"

"我不是很明白。"我茫然地说道。

"那么，我们就来假设一下：假如您的优势是能够迅速打开市场，并且对市场非常了解，而您的潜在收购者恰好非常需要为自己的产品打开市场，对于这家公司来说，您的公司所具有的价值比财务报表所显示的要大得多。或者在公司的发展过程中，你们开发出一套专业的流程，一套难以被模仿的专业工作进程，而作为收购方的公司恰好非常需要这样的工作流程。在这种情况下，继任者的收益完全不在于利润，利润的多少对他来说并没有太大的意义；您公司的价值最终取决于，其他公司把哪一种价值当作解决自己瓶颈问题的重要价值。

"或者您也可以选择另一种继任者：假设您有了孩子，并且计划让他接手您的公司。您首先要对他进行相应的培训和教育。可是，如果您在创建或重组企业的过程中，不能够使它符合您儿子或是女儿的目标、价值观和梦想，那么企业对于您的孩子来说将不具有价值，也不能为他提供收益，最后只会成为他的负担。如果您忽视了孩子的价值观，而他之后又具有比较强的自我意识，那么您对于继承人的规划就要破灭了。

"我希望您已经理解了我的意思。根据所选继任者的不同，您对于企业构建的规划也会有所不同。"

我带着一些犹豫点了点头。我的确理解了他的意思。事实上，对于应该在哪一个时间层面和大方向上进行思考，我也很清楚。可是，我还是不知道自己到底应该选择哪一个方向。

3.5.2 愿景

拉迪斯先生打量着我："看来您对继任者暂时还没有一个明确的想法。如果您知道自己的选择是什么，您就可以，也必须根据继任者来确定企业的愿景。不过，既然您还没有确定人选，那我们就反其道而行之——我们先确定愿景，然后根据愿景寻找合适的继任者。"顿了一会儿，他又说道，"这也是我最喜欢的方法。"

我怀疑地摇了摇头："这些所谓的愿景根本就是空中楼阁！"

拉迪斯先生走到白板前："像大多数人一样，您对于愿景的必要性显然也存有疑惑。一个好的愿景不仅能够为您提供企业蓝图，还能够提供以下几点帮助。"

● 一个好的愿景能够打动人。对于企业家来说，这意味着一个好的愿景能够吸引到客户、员工、投资人和继任者。

● 一个好的愿景能够在困境之中带来能量。对于企业家来说，这意味着因为困难无时不在，所以我们需要能量，使我们能够对战胜困难充满信心。

● 一个好的愿景能够指明方向。对于企业家来说，这意味着我们面前的选择太多，令人眼花缭乱，愿景能够使我们不被诱惑。

● 一个好的愿景能够提高效率。对于企业家来说，这意味着愿景对员工的吸引力越强，他们就会表现出越强的主动性，而您就越不需要把时间花在细节和监管上。

"当然，也不是所有的愿景都能够起到这些作用，它们必须符合一定的标准。"他再一次走到白板前，写下了几个关键词：

- 让他人获益；
- 情感内涵；
- 宏大；
- 聚焦点；
- 简单、明了；
- 激情和优势；
- 牢固。

然后，拉迪斯先生解释道："一个好的愿景必须能够让他人获益，自私自利的梦想不会对任何人产生吸引力。如果甘地的目标是'我想自由'，那么他不可能解放印度。如果亨利·福特的目标是'我想开好车'，那他也不可能成功。

"一个好的愿景必须具有情感煽动性。发生战争的时候，没有人会追随一个会计员，即使是大公司或银行里的那些最喜欢纠缠于数字的人也不会否认这一点。

"一个好的愿景必须很宏大，并且能够激起梦想。您觉得人们对下面哪个问题的反应会比较强烈：'让我们周六在阳台上安静地坐 1 小时吧'，或者'来吧，周末我们去巴黎吧'。

"一个好的愿景必须有所聚焦，所以我们总是在说一个愿景，而不是好几个。否则，您和周围的人们很有可能走向不同的方向。

"一个好的愿景必须简单、明了。有很多想法本身很好，但是没有人能够理解，因此，它们也永远不可能变为现实。再复杂的任务也可以用很简明的语言表述出来，就好像约翰·肯尼迪说的那样，'在 20 世纪 60 年代结束以前，美国人将登上月球！'

"一个好的愿景必须与您的激情和优势相符，这样您才能做到独一无二。

"最后一点，一个好的愿景必须是牢固的，这一点也许是最难做到的。在梦想的背后隐藏着价值，为了实现梦想，我们必须用行动把相应的价值体现出来，二者必须统一。比如，如果您的目标中包含有公平的价值观，而您实现目标的行为却充满了不公，这肯定是不行的。如果您的目标是成为精英，却采用很大众的行为方法，这也是不行的。规划企业的愿景，需要有一个虽然不经常被采纳，但十分行之有效的办法。

"现在，我想同您一起做下面的这个练习，请您闭上眼睛，用上次我教您的呼吸练习来做准备。接下来请您想象一下 30 年以后的情景，请您在脑海中描绘一下，那个时候世界是什么样子的。如果您曾经关注过未来学的研究成果，那就更好了。以后这也会成为您企业家任务的一部分。

如果您企业的核心价值在 30 年之后依旧扮演着重要的角色，那它会如何丰富这个世界，甚至影响世界的发展？

"重要的是你要在大脑产生一个形象的场景。30 年之后，您走在大街上。您看到自己的公司，您在那儿工作。或者您正在学校里，因为您参加了一项户外体育运动课程。您还需要设想一下，那个时候人们都会遇到哪些问题。然后请您回答下面的问题：如果您企业的核心价值在 30 年之后依旧扮演着重要的角色，那它会如何丰富这个世界，甚至影响世界的发展？"

我花了一些时间，把这个问题的内涵细细揣摩了一下。这次我并不是一个人待在房间里，胡思乱想一些除了我之外不能激励其他人的愿景。这次也不是要我寻找实际的经济机遇，这种机遇与我的核心价值毫无关系，也不能打动我。这次更不是要我提出那种内容空洞的增长指标设想，"我们争取每年把销售收入和利润提高 10%"之类与社会的要求没有任何关系的口号。

这一次我需要做的事情是：在企业核心价值的基础上有意识地构建未来，解决人类未来的瓶颈问题。这一次我需要那些对我有意义、有关系，还同我个人的价值联系在一起的愿景。由此而产生的愿景拥有能力和力量，正如拉迪斯先生所说的那样，拥有能量，"我们的道路紧密围绕在企业核心价值的周围，而我们的目标亦是如此"。为了避免发生相反的状况，为了不让愿景失去它的力量，我一定要避免一种状况，那就是愿景表面上看来是基于价值而产生的，但实际关注的还是利润。

考虑的方面越多，我就更加清楚地认识到，拉迪斯先生在第一天为我勾画的路径与目标的同一性具有极为深刻的内涵意义。说实话，即使是在半年后的今天，我也不能够完全掌握它每一方面的内容。

拉迪斯先生微笑着看了看我："我给您1小时的时间，怎么样？"

"可以，我觉得应该没问题！"说完这句话，我闭上了眼睛，开始做呼吸练习。几分钟之后，我开始在脑海里勾勒一幅未来的场景。我努力把心神沉入其中，它在我的脑海里也越发地清晰起来。

1小时之后，我再次睁开眼睛，微笑着冲拉迪斯先生点了点头。我急不可耐地说道："无论世界的发展是前进还是倒退，30年之后的生活肯定都与现在完全不同。这就意味着，人类的需求和行为也与现在完全不一样。所以，人们肯定必须突破他们现在的极限，谁能更快、更好地做到这一点，谁就能够领先。

"我对此感到很乐观。我觉得人们会有更多的机遇，而且由于世界范围内教育水平的提升，以及通信系统的不断集成发展，世界前进的速度将进一步提升。世界各地的人们能够在一起工作，这大大提升了在世界范围内解决问题的可能性。当然，肯定也会有一些机构，甚至国家落后于世界的脚步，也有很多人会被时代所抛弃。

"为了能够让尽可能多的人有能力应对这个挑战，我们需要与现在不同的教育内容和教育方法。我们必须把教导人们怎样突破自己的极限，怎样超越自我作为教育的目标之一。谁做不到这一点，谁就会落后。超越极限并不是抽象的理论，人们必须自己去学习和体会。

"户外体育运动项目能够给人带来很大的乐趣。同时它们也能够给人提供机会，让人们了解到，自己有一天能够做到以前从未想过的事情。长此以往，不可能的事情也就让人习以为常了，然后我们又可以去挑战更加高远的目标。这样的经历能够塑造人的自我意识，并且帮助他们保持积极向上的精神态度。通过这种方式，您可以为自己打下坚实的基础，使自己在生活的其他领域也能够超越自我、战胜挑战。

"毫无疑问，户外体育项目是传递极限精神最有效的方法。因此，它们很有可能成为未来教育中最重要的支柱之一。我们也将参与到这个过程中，因为在这类教育的提供者实现目标的过程中，我们将尽可能地为他们提供帮助。"

拉迪斯先生在脑子里描绘了一下我所叙述的场景，然后赞赏地点了点头，"与您抱有同样价值观的人会支持您，而不赞同这种价值观的人会被时代所抛弃。非常好！在未来，您的企业将有完全不同的、更加重要的意义。这样您的企业就有存在的意义了。您刚才用了'这类教育的提供者'这个词，也就是说，您认为在未来还存在这样的可能性，除了户外体育项目之外，还会出现更加有效的极限教育方法。

"不过结尾还是不够具体，您可以在制定出战略之后再对它进行细化。不过到那个时候，您就可以，也必须定义一些可以被衡量的目标了。您必须说清楚，'尽可能'指的是什么。不过说实话，我很喜欢您给我描述的这一切。如果一家企业把这些作为自己追求的目标，我将非常乐意帮助他们！"

拉迪斯先生的赞扬让我很受鼓舞。我又把自己的成果回想了一遍，然后有一些僵硬地摇了摇头："为什么其他企业会树立一些空洞无物的愿景，例如，'我们将为客户提供行业中最尖端、最可靠的服务''我们的员工是我们最重要的资本''我们通过不断的革新来让股民们放心'，或者'在3年内，我们的销售收入要达到多少亿欧元'。

"这些根本都是错的。当我看到公司愿景的时候，我的眼前会展现出一幅画面，这幅画面让我激动不已！您说的确实有道理，那些与我价值观不同的人不会被这个愿景所打动。可是，其他企业的愿景甚至连一个人都不能打动。为什么会这样呢？"

"有三个原因。"拉迪斯先生解释道。

"第一，如果您没有为继任者考虑，那您根本就不会问自己这样的问题。

"第二，如果您根据自己的价值观来建立公司，那您就会有一张清晰的路线图。即使未来朦胧不清，您至少也能够认清方向。可是如果公司的价值是由您和委员会讨论得出的，那它则是一个各方面平衡妥协的产物，那么您最后什么也得不到。

"第三，我们运用了一种非常具体而生动的方法。我们把未来的途径和实际的需求当作自己的出发点。

"最重要的是，您的公司根植于您的价值观以及社会的需求，因此，在愿景产生之初，您就已经具有了社会责任感。企业的存续根本就不是目标所在，您的目标是为社会做出有意义的贡献。这就意味着，我们需要做出一些被社会认可的具体事情或成绩。

> 企业的存续根本就不是目标所在，您的目标是为社会做出有意义的贡献。

"如果您这样做，企业的存活就是一个必然的结果。如果您不这样做，那企业将会遇到突然的打击，或者失去存在的资格，最终只能走向灭亡。甚至让这样的企业苟延残喘都是一种浪费。我的第二家公司就是这种情况。那个时候全世界都想要 Commodore、Atari 或者 PC，对于一家顽固不化，只肯卖苹果电脑的公司来说，您还能有什么期望？

"因此，让一家企业生存下去永远都不是最高目标，企业的发展也不会成为最高目标。如果需求下降了，那企业的发展还有什么意义？为了继续发展，很多企业会得到大量的补贴，这其实是最大的浪费。如果市场已经没有需求，企业的存在也不再有意义，那企业为什么还要继续发展？"

拉迪斯先生看起来有一些走神儿，于是我试图把他的注意力拉回来：

"这个结果很吸引我，方法我也很喜欢。不过，为什么一定要是 30 年呢？10 年不可以吗？毕竟人们也不可能预料到那么远的将来。"

"的确，人们不可能看到那么远的将来，因此，有关愿景的工作也是一个长期的任务。当您对未来的设想发生变化的时候，愿景也会随之改变。不过您考虑得越长远，您就越能够降低被现有状况所影响的风险。如果您仅仅考虑 10 年之后的情景，那您可能会认为，基于互联网的课程预订和管理系统一如既往的紧俏。可是，如果您想象 30 年之后的情景，那一切就不确定了，也许到那个时候又会出现全新的销售方式。

"因此，我还想提高对您的要求，您可以学习那些著名的日本企业，例如，松下，他们的眼光一直延伸到 100 年之后。"

"可是到那个时候，我都不在这个世界上了。"我不敢相信地说道。

"没错！这是您能做出的最好设想，"他笑了，"这也许对您个人来说不是最好的设想，可是对您的企业来说是最好的。因为这样您就必须为您的继任者考虑，甚至要为继任者的继任者考虑。这样一来，您就绝对不会把生产完美的留声机作为企业的前景目标了。您的企业可能会拥有如下的愿景，'音乐从这里响起'。因为只要人类不在 100 年之内把自身完全毁灭，音乐就不可能从世界上消失。这样的企业有焦点，又具有弹性，不会被过时的事物束缚住脚步。

"现在我们只剩下最后一步了，您已经找到了自己的愿景，那么谁能够从一家这样的企业中获得最大的收益？谁应该成为您的继任者？当您弄清楚这个问题之后，您可以给伯尔特拉姆先生递交一份详细的报告，之后您就可以目标明确地开始工作了。

"愿景恰恰具有一种这样的作用：瞄准目标，把一切简单化。如果您没有一个清晰而成形的愿景，那么您不是陷入混乱之中，就是试图通过一定的规则来制约混乱。如果这些没有成功，您就会制定更多的规则，然后您会陷入官僚主义的泥沼中，这也是另一种形式的混乱。而与此相反，如果您有一个愿景，那这就是一切的结晶。一切遵从于这个愿景的东西都能够对自己进行规范，您将不再需要规则了。也许还能形成 10 条，甚至可能是 20 条戒律——因为今天的世界比起从前更加复杂了。"

"那接下来我们应该做什么呢？"

"在我们进行讨论的时候，您已经用企业家体系的工作分拣区对您的任务进行了总结。请您把这项任务放进周日的每周规划当中去。如果您对工作任务还有疑问，您随时可以打电话给我的秘书，跟我约定通话时间。"

"那，我们下一次什么时候见面呢？"

"最好是在您已经完成了战略制定之后。到时候您打电话给我吧，然后我们临时约定一个时间，讨论一下开展实际工作的事情。您看怎么样？"

"可以。"在 3 月 17 日那天，我这样回答道。可是之后的一切都不同了。

第4章　企业家的自我塑造

我整晚都没睡着。我很生气！我简直气得要发疯了！事情怎么会变成这样？尽管昨天我已经同拉迪斯先生取得联系，他也保证今天会到慕尼黑来找我，可这还是不能够平息我心中的怒火。

稍早之前，我曾经与伯尔特拉姆先生进行电话沟通。我向他汇报了过去两周我所做的事情，他却对我说，这些事情显然与我的愿景不符，所以他作为我的继任者不可能从中获得任何收益。因此，他只给我发了一半的工资，因为他认为我前半个月的工作还是不错的。

我试图为自己辩解，告诉他为什么我在过去两周一心扑在销售上。我的企业已经岌岌可危了，如果我不这么做，他就再也不可能获得任何的收益了。可是伯尔特拉姆先生对于我的说法完全没有兴趣，他只是对我说："威尔曼先生，您有义务完成某些事情，并取得相应的成果。可是您现在根本就没能完成这些任务，也没有获得任何成绩。我想在这种情况下，任何一位客户都不会乐意全额付款吧。"

我再接再厉，试图让他把我的解释听进去，可是完全没用，于是我生气地把手机扔到了废纸篓里，猛踢了几脚。过了几分钟之后，我把手机捡起来，打电话给拉迪斯先生。结果他只是对我说："您肩负着对伯尔特拉姆先生的义务！您必须遵守这些义务。不过我实在很好奇，到底发生了什么事情，让您如此不顾您的义务。为了让事情都回到正轨上，您又准备干些什么。需要我到慕尼黑找您吗？"

"好的，请您赶紧过来吧！最好您能顺便帮我把伯尔特拉姆先生干掉。"

"第一件事没问题，不过第二件事我可干不了。我明天早上9点钟到您那儿。"

　　第二天上午，我打开办公室的门，拉迪斯先生正站在那儿，我没好气地向他打了个招呼。不过拉迪斯先生好像全然不在意，他好奇地四处看了看，冲我点了点头，然后说道："您的办公室真漂亮，我很喜欢这儿。"

　　"寒暄的话我们还是留着以后说吧。我们还是先来谈谈伯尔特拉姆先生的事情好了。"我不高兴地咕哝道。

　　拉迪斯先生耸了耸肩："那也行。你们的会议室在哪儿？"

　　还没等他把会议室的门关上，我就已经忍不住了。不过他打断了我的话头，"您最好还是先为我解释一下您原定的计划和预计的结果，然后再骂人。"他嬉皮笑脸地建议道。

　　我张着嘴巴，却说不出话来。

　　拉迪斯先生抓住这个机会又向我提了下一个问题，"您做了一些与计划不相符的事情吧。这没有关系，您这么做肯定是有原因的。那么您最后达到目的了吗？"

　　这个问题听上去很严肃，而且他看起来似乎也已经接受了我没有按计划行事的事实。这让我平静了一些，于是我开始回答他的问题："您已经知道原因了！我们的订单太少了。为了让公司起死回生，我必须争取到新的订单。所以我基本上都把心思花在销售上面了。"

　　拉迪斯先生思考了一会儿："那您获得新的订单了吗？"

　　我自豪地点了点头："是的，两个小订单。"

　　"那您能靠这两个订单撑多久？"

　　我算了一下："大概半个月吧。"

　　拉迪斯先生沉默了。在这一瞬间，我忽然意识到，原来自己在过去的两周内什么都没有得到，我跟两周前一样还站在原点上。这一刻我也忽然意识到，自己的表现简直就像一个守财奴。

　　不过我还没有消气，所以我还试图狡辩："可是，假如我签下的订单能够支撑一个月，那么我就比两周之前有进步啊。"

"是啊，短时间内您的情况是有所改善，"拉迪斯先生说道，"也许您的确还能撑上一段时间，我们给您的计划留了一些余地，您当然可以把这些空闲全部用在销售上，而不是去完成企业家的任务。如果您的运气足够好，公司的规模可能还会增长到 20 人甚至 25 人。可是接下去，您就会止步不前，只不过是在更高一些的层次上罢了。到那个时候，您所要驾驭的企业舰船就更大，更难以掌控和导航，您将会面对比现在更为严峻的考验。

"我比较感兴趣的是，到底是什么事情让您最终偏离了自己的计划？"

我回忆道："在我们上一次会面之后的那个星期二，一位客户找上门来。我们之前刚刚完成了他的订单，可是他对结果不满意，所以不想付报酬。可是这位客户提出的要求远远超出了我们当时签订的协议。

"我又重新对公司的现金流进行了清算，结果我发现，公司可能最多只能撑到 4 月中旬。这让我慌了神，也打乱了我所有的计划。"

拉迪斯先生思索了起来："那位客户的问题解决了吗？"

"是的，至少部分解决了。我们达成了妥协意见，并且约定了四个环节。每个环节完成之后，我们都能够立即得到 1/4 的报酬。现在我们已经完成了一半，也得到了相应的报酬。我生气仅仅是因为我们所承担的工作比当初计划的多了很多。"

"那您之前有没有准确地规定这份订单的内容呢？"

我生气地回答道："软件开发牵涉的方面很多，所以根本就不可能做到这一点！如果我们想要像那些大型订单一样列出一份准确的责任说明，这可能会比整个项目还要烦琐！"

拉迪斯先生做了一下笔记，然后抬起头来说："遇到这种麻烦事的确让人很不舒服，不过您也没有别的解决办法了。这位客户属于您的目标群体吗？"

我摇了摇头。

"很好，那他就是您要摆脱的第一位客户。"

"我也是这么想的。"我的脸色顿时由阴转晴。

"您到底为什么会偏离自己的计划，这个问题我们还是没有解决。现在您已经知道事情的起因是什么了，然后呢？"

"您这个'然后呢'是什么意思？然后我就慌了手脚，担心自己可能离破产不远了。"

拉迪斯先生抓了抓脑袋："您已经聘请了一位企业教练，而且菲利克斯·伯尔特拉姆，也就是您继任者的代理人，他也希望您能够获得成功。那么您当时有没有想过向这两个人寻求帮助呢？"

"没有，我完全没有考虑到这件事，"我坦率地承认道，"所有的一切发生得都太突然了，所以我就完全依照本能行事了。"

"这两个人作为企业家的经验加起来有将近40年。您觉得他们是不是有可能给您带来一些行之有效的解决办法或提示呢？"

"虽然我不知道自己到底应该怎么做才比较好，不过也许您说的也有可能吧。"

"对于我们今天应该做些什么，我有几个建议。不管您前进了多远，您都会遇到这样的问题，那就是错误地依据本能来行事。如果您不能及时地意识到这一点并且克服它，那么您就总是会做出错误的决定，并且危及您之前所建立起来的一切。"

我看着拉迪斯先生："可是您之前也是这样做的啊！"

他摇了摇头："不，我的问题和瓶颈同您的不一样。征途永无止境，其他的一切都是过眼云烟。"他停顿了一会儿，然后微笑着补充道，"而且其他的一切对您来说也没意义。如果不存在极限，那您要怎样维持您最重要的价值观，并且不断挑战极限呢？"

"好吧，那我们今天做什么？"

"首先，我们需要找出造成错误行为的原因，然后我们来完善企业家体系。为此我们需要讨论您在今后7年之内的自我塑造计划，接下来我们会讨论实现您目标的信条，最后我们来解决您个人的情绪问题。在您头脑发热的时候，您应该怎样挣脱这种状态，或者至少让自己清醒一点。您觉得这些能对您能产生帮助吗？"

"应该能。可是我应该怎样解决公司的问题呢？我不能眼睁睁地看着它走下坡路！"

"威尔曼先生，您能向我解释一下，您现在所处的状况与两周之前有什么不同吗？"

我思索了一会儿。同那位客户之间的纠纷在一周之内就能够结束，我的现金流状况同两周之前相比既没有恶化，也没有改善。最后我摇了摇头："完全没有区别！"

"那是什么事情正在阻止您做那些您两周之前就想做的事情呢？我指的是制定您的战略。"

我没有回答他的问题，于是拉迪斯先生静静地看着我。我们两个人就这样沉默着，屋子里隐约能听到外面的喧嚣。

"我害怕失败，"在沉默了良久之后，我回答道，"我觉得自己的面前有一个巨大的黑洞。"

如果您想战胜对黑洞的恐惧，那您就必须从思想和情感上穿越这个黑洞。

拉迪斯先生一开始没有说话，然后他看了我一会儿才说："我不确定您是不是能够理解我接下来要说的这些话，我觉得您最好把它们都写下来。最重要的一点是，如果您想战胜对黑洞的恐惧，那您就必须从思想和情感上穿越这个黑洞。"

"可是我一直以来就是这样做的！在过去的两周内，我每天晚上都在与黑洞作斗争，每天晚上我都要穿越一次黑洞。相信我，这一点也不好玩！"

拉迪斯先生摇了摇头："您并没有穿越那个黑洞，您只是每晚盯着它发呆，就好像被蛇盯住的猎物一样，这才不好玩。您应该这样想：您就是那条蛇！这样就会完全不同！"

我在脑子里回味着他的话。我觉得，他的确正在试图向我说明一些很重要的东西。有一瞬间我想起了在山上的那次经历，那时候我是怎样想象自己摔得粉身碎骨的。可是这个想法只是稍纵即逝，然后又消失得无影无踪了。

拉迪斯先生看着我："对不起，我现在没办法对您说得更明白了。不过我相信，到了那一步的时候，您就会理解我想表达的东西。

"如果您不能克服这个问题，那您就永远会被自己毫无计划性可言的行动所拖累。不过今天我们暂时还没有办法解决这个问题。"

我感觉我在过去的两周内过得很失败。

拉迪斯先生继续说道："现在我们来转换一下视角吧。在过去的两周内，您并没有为了销售一天工作 12 小时，对吗？"

我摇了摇头。

"那除此之外您还做了什么工作呢？您都完成了哪些计划之内的事情呢？"

我拿出自己的企业家体系，然后说道："我仍在按计划把工作移交给萨宾娜、玛丽亚、保罗和诺贝尔特。不过我只能保证每隔一天与他们进行一次谈话，玛丽亚和保罗也常常因此向我抱怨。此外，前天安还来找过我，问我是不是真心想要做出一些改变，有些时候她也很担心。

"然后我还在完善我的企业家体系，而且也基本遵守了我的休息时间。"

"休息时间？"拉迪斯先生惊奇地说道，"这向来是最容易被牺牲掉的部分。为什么在您身上没有发生这种情况呢？"

"是啊，上上周的周二我就忘记休息了。到了晚上，我觉得自己非常疲惫。其实我的身体一直就没有像我想的那样完全恢复健康。"然后我又补充道，"玛丽亚也注意到了这一点，于是到了我应该休息的时间，她就会来敲门。大多数时候，她都成功地让我放下了手头的事务。

"您之前对我说，我应该使重要的事情变得紧急，而紧急的事情会自动找上门来。这个理论对我来说起了很大的作用。"

"很好，我想知道的就是这个。那除此之外，您还完成了哪些计划内的事情呢？"

"如果这也可以算作计划内的事情，我上周末又去登山了。阿诺德，也就是奥博莱特纳先生，他觉得我的问题很有意思，不过周末的时候我们没有找到时间来讨论这些问题。所以我们下周末晚上会一起去喝啤酒。"

"除此之外还有吗？"拉迪斯先生问道。

"此外就是销售工作了。"

拉迪斯先生摇着他的脑袋："虽然这与计划不相符，不过也算不上一事无成。您向伯尔特拉姆先生说过这些事情吗？"

"没有，我们只是讨论了销售的事情，以及我没有进行的战略制定工作。您觉得您能帮我做点儿什么吗？"

"我不能这样做，"拉迪斯先生拒绝了我的提议，"我和他之间并没有达成任何协议。不过，您可以把您做过的所有事情再同他说一遍。我觉得，他肯定会多付给您一些薪水的。

"不过最重要的一点是，虽然您并没有完全遵守计划，可是有一些事情还是进行得不错。您知道我的基本原则——把注意力集中在想要达到的目标上。对于进展良好的部分，您要继续促进，并且利用一切现有的能量。现在请您看一看自己已经完成的任务，您是不是能够从中得到一些能量，来帮助您进行其他的行动呢？如果您想在4月底的时候得到全额的薪水，还有奖金，那您应该如何利用现有的资源呢？"

这种观察事情的方式一直让我感到很惊奇。大部分的人总是最先看到那些没有成功的部分，而拉迪斯先生则另辟蹊径。我思索了一会儿："关于休息的计划主要是有了玛丽亚的帮助才能够实现，也许她在其他计划上也能对我进行一些督促？还有萨宾娜、保罗和诺贝尔特，我觉得他们应该多提醒我遵守工作移交日程。我现在暂时还没有想到其他的方面。"

"很好，就算只做到这几点，您下周也可以比之前更加严格地遵守计划了。不过，您似乎忘记了最重要的能量。"

我疑惑地望着拉迪斯先生。

"安，"他说道，"很明显，她与您拥有同样的核心价值观，也就是超越极限。否则她为什么会参加那个 80 天从柏林到北京的疯狂自行车远征？而且她对您的公司也有极大的兴趣，否则她不会继续留在这里，在您偏离计划的第一时间就来提醒您。除此之外，我们从她的自行车旅行计划也可以看出，她是一个具有非凡意志力的人，其他人可能刚骑到波兰边境就已经想把自行车扔进奥德河了。"

"哦，没错，她的意志力的确很顽强，"我肯定道，"不过她总是让我很受不了！"

"就因为她向您说出了自己的观点？"

在第一时间，我想否定他的话，可我最后还是点了点头。

"那就让她参与其中！您同她讨论过您的企业核心价值吗？"

我摇了摇头。

"如果您向她说明企业的核心价值，那么在推行这个价值的时候，您可能就会拥有一位密不可分的盟友。您觉得我说得对吗？"

"嗯，很有可能。我觉得她对这件事情的热衷程度可能还会超过我呢。"

"这听上去很不错，"拉迪斯先生高兴地说道，"这样一来，她一定会常常鞭策您，您也就能在正确的方向上前进得更快了！"

"我可受不了。"我在脑子里想象了一下那种场景，唉声叹气道。

"得了吧，威尔曼先生，安只工作半天，而且会消失差不多 3 个月的时间去参加长途旅行。"

"那得等到 6 月中旬呢。"我还在狡辩。最后，我终于说道，"不过您说的确实有道理！我就试着把她变成我的盟友吧！"

我的话音才刚落下，拉迪斯先生就掏出了他的手机："也许你们今天可以一起去吃午饭？"

我唉声叹气地说道："也许吧……"然后拨通了安的电话。

不一会儿我就同安约好了时间，"我们说好了，不过她只有 1 小时，因为她之后还想参加自行车训练。"

"很好，很好，"拉迪斯先生高兴地说道，"现在我们已经巩固了之前的成果。那我们就先休息一下吧，您觉得怎么样？"

在休息期间，拉迪斯先生想打几个电话。我点了点头，离开了会议室。

4.1 自我塑造计划

休息结束之后，拉迪斯先生开口道："威尔曼先生，您觉得企业家依靠什么才能取得成功？"

一开始我完全不知道应该怎样回答，这个问题虽然很简单，可一直困扰着我。我思索了一会儿，然后回答道："这个问题不是那么简单就可以说清楚的。我大概能想到几个方面：优质的客户、好想法、足够的资本、明智的战略、优秀的员工、好环境，还有运气。"

"停，停，停！"拉迪斯先生打断了我的话，"我得把您说的都记下来！如果作为一名优秀的企业家，您得操心这么多事情的话。您的意思是说，如果您想获得成功，就必须把注意力放在这么多事情上面？"

"事实上我不是这个意思。"我说道。可是我也不知道应该怎样表达我的想法，于是我只好一脸疑惑地看着拉迪斯先生。

"好吧，那我们来逐条梳理吧。优质的客户，您要怎样获得优质的客源？"

"依靠优良的产品，一个好想法，大力推销，好的战略。"

"那您又怎样获得好产品、好想法、好战略，并大力推销呢？"

"我不知道您到底想让我说什么。"我只好摇头道。

"其实很简单。所有的好想法都是人想出来的，不管是您还是其他人，可是您自己至少要能够意识到，这个想法很棒。好的产品也存在于您的脑中，您需要清楚地了解自己的目标群体，知道他们所面临的最重要的问题是什么，并且给出解决的办法。您不一定要自己生产这个产品，可是当它摆在您面前的时候，您必须知道这个产品是不是很好。还有优质的客源，其实也存在于您的脑中：您选择了一个目标群体作为固定的客源，并且为他们解决最重要的问题。如果您能够坚持这样做，那么您就能够获得优质的客源。对于战略来说也是如此。

"还有您所提到的其他几点，其实最初也是从您的脑中产生的。足够的资金，您需要投资人——他们数不胜数。然后，您还需要一个好想法，并且清楚地知道：谁是最适合这个想法的投资人。您还需要一条能够争取到这位投资人的战略，以及坚持不懈。因此，资本也来源于您的大脑。

"关于优秀的员工，首先必须明确优秀员工的标准是什么。然后，您必须找到吸引这些员工的东西，并且向他们证明，您能够提供这些东西。这一切又从何而来呢？它们都在您的脑子里装着呢！"

"您说的很有道理，可是好环境还有运气不是只靠我想想就可以得到的。"

"的确不能。可是对于好环境的理解存在于您的脑海之中，还有您认为什么样的外部环境能够为您所用。其实外部环境都是一样的。萧伯纳曾经说过，'人们总是把自己的境遇归罪于形势。我不相信形势，那些勇往直前的人们总是在寻找他们所期望的形势。如果他们找不到，那么他们就会自己创造它。'

"重要的是您能够从环境和形势中得到什么，这一切也源于您的思考。好运气总是接连不断的，每天都会发生一些小事情，每过几年也总会发生一些比较大的幸运事件。有意思的不是事件本身，而是您意识到事件的存在，并且迅速做出反应的这种能力。这种能力则存在于您的脑海之中。

"我再问您一次，'企业家的成功从何而来？'"

"如果您这样问我，那么我会说，'从大脑而来！'"我笑道。

"非常好！"拉迪斯先生微笑道，"下一个问题：马拉松运动员的成功从何而来？"

我有一些莫名其妙地回答道："通过坚持和意志。"

"没错！因此马拉松运动员的首要任务就是锻炼自己的意志力。那么现在是问题的核心了：一位优秀的企业家最需要锻炼的是什么？"

"如果您这样说的话，我就会回答：'他的大脑！'"我笑道。

"完全正确！这就是企业家最重要的任务。他必须锻炼他的大脑，或者换一种方式来表述，他必须不断地塑造自己的人格。可是很多人对这一点避之不及。我们应该承认，首先人是不完美的，其次每个人在通向成功的道路上都有各自的瓶颈所在。对于很多企业家来说，他们对自己人格的塑造完全是偶发事件，因此，大部分企业家的成功也具有极大的偶然性。我想您不希望自己也变成这样吧？"

"是啊，可是我总不能为了塑造我的人格就每天进行冥想、做祷告，或参加治疗班吧？"我用怀疑的口吻问道。

"做一点冥想也是有好处的，"拉迪斯先生笑道，"再没有比冥想更能让人集中精神、放松心情的方法了。不过严肃地说，人格的塑造其实同宗教、秘术和治疗没有关系，虽然信奉这些东西的人可能不会这么说。我并不相信这些东西能够给您带来很大的帮助。"

"我也不相信这些东西！"我松了一口气，"我还担心您建议我去学那些东西呢！"

拉迪斯先生摇了摇头："对于人格的塑造更多的是有针对性地建立您的观念和信条有关系。为此您必须养成一定的习惯，要获得一些重要的知识，并且学会运用这些知识。您还需要运用一定的方式和方法去领悟和构建您自己的经历和经验。当然，您还需要掌握一些重要的技能。

"与此同时，您还需要对现有的观念和信条，甚至部分的自我认知进行质疑，并且最终抛弃它们，这也是为什么人格的塑造如此困难的原因。奥地利经济学家约瑟夫·熊彼特曾经说过，企业家有一项很重要的任务，那就是创造性地进行破坏。对自己的思想也是一样：创造性地破坏那些人们一直认为是正确的东西。一开始这会让人很不舒服，而且就像杰出企业管理研究者约亨·勒普克在书里写到的那样，最大的障碍其实是我们自己的惯性。他曾经说，'一个静止的我是发挥企业家潜力的最大障碍物。'"

我打断了他的话："我有一个问题。您说要开发自己的大脑，塑造自己的人格。可是二者之间其实存在着区别吧？"

"在我们传统的教育体系中，它们的确有不同的含义，可是我们要讨论的不是这个。您还记得赫胥黎的话，'教育最大的目标不是获得知识，而是学会行动'吗？如果通过教育您能够改变自己的行为方式，那说明您学到了一些东西，并开发了您的大脑，塑造了自己的人格。学习和自我塑造其实是统一的整体。

"我想给您举一个例子。假设您对待员工的态度很专断，那您肯定有一套自己的行为模式。例如，先教训人，然后再提问。此外，您一定还会抱有一些信条。比如，'所有员工的天性都很懒惰，只有不断地进行鞭策，他们才会前进。'最后您对自己也抱有一些信条，也就是某一种自我认知。例如，'我才是那个知道事情发展方向的人。'如果您现在想做出一些改变，并且只愿意在行为模式的层面上进行改变的话，那么您的行为永远也不可能真正发生变化。虽然您有一段时间可能会试着先提问，然后教训人，可是您坚持不了多久，因为您依旧认为，自己的想法最正确，而员工的天性就是懒惰。为了改变您的行为模式，您不仅需要了解其他的行为方式，还需要改变自己的信条和自我认知。"

"只要改变自我认知就可以了吗？这样就可以改变自己的行为？"

拉迪斯先生摇了摇头："您还记得我们第一天讨论的那个地图模型吗？"

我点了点头。

"重要的是，您的自我认知并不等同于您本身。自我认知其实只是您为自己画的一张地图。您可以从各种角度对自己进行描绘，因此您有许多张地图。我有一张能够展示您的地图，而您的员工也许有另一张。所有的这些地图都从某一个角度描述了您，并且或多或少地都抱着对您进行定位的目的。

"这可能有些难以理解，不过当您改变自我认知的时候，您本身并不会直接发生改变，改变的是您对于自己的理解。这也是一个长期的过

305

程。我猜测，您现在把自己看成拥有 14 名员工的企业家，这种感觉很不错吧？"

"不然，我应该有什么样的感觉？我本来就是拥有 14 名员工的企业家。"

"那您在上大学的时候，能够想象这样的场景吗？如果那个时候有人告诉您，您将来会成为一名拥有 14 名员工的企业家，您会有什么感觉？"

"难以置信。那个时候我完全想象不到今天的情景。"

"所以显而易见，您对于自己的看法在过去的几年中发生了变化。就像古希腊哲学家赫拉克利特①所说的那样，自我就像一条河流，'人不能两次走进同一条河流'。"

"很好，"我插嘴道，"我懂了，学习和塑造人格有些时候是联系在一起的。可是假如我现在去学物理，那也派不上什么用场啊。塑造自己的人格大多数情况下都很花费精力，而且比较无趣，可是我所感兴趣，也愿意学习的东西，与我的人格没有关系。"

"的确，自我的塑造需要花费很多精力。所以您必须问自己，为什么您应该花费这些精力。假如您身处的环境保持不变，那么您只需要适应这个环境一次就可以了。可是环境不是一成不变的，在今天的社会中，很多领域正在以比过去快得多的速度发生着改变。

"外面有数以百万计的企业家。他们中的很多人过得很悲惨，有一些人还算成功，只有很少的一部分人能算得上杰出的企业家。如果一位杰出的企业家进入了您的市场，并且能够比您更加迅速地做出反应，那您就出局了。这就好像竞技体育，如果有一个人跑得比您快，您就只能是第二名了。如果您的客户告诉您，您只是他们的第二选择对象，那您的销售收入将会是零。"第二"就等于什么都不是。在一个体育用品广告中有这样一句话，

---

① 赫拉克利特：公元前 5 世纪的古希腊唯物主义哲学家，他的基本主张是存在不是永久的，一切都在发生变化。——编者注

'你不是赢得了一块银牌，你是丢掉了金牌。'"

现在我终于懂了，拉迪斯先生的看法同我的完全一样，第二名就等于什么都不是。"所以，您才在企业家体系中如此强调自我塑造的重要性。"

拉迪斯先生点了点头："没错，我们要讨论的就是这个内容，这里还缺少一些很重要的部分。通常来说，自我的成长与塑造有两种模式。

"在第一种模式下，自我塑造基本上是由外界来定义的。在我们的教育机构中，这也是最常见的状况。在某一间办公室里，某一位官员决定了您应该学什么，并且安排好了相应的教学计划。可惜这位官员对于您的能力、您的愿望和需求完全不了解。因为大部分的学生都能够本能地感觉到，他们所学习的内容与自身以及他们的生活毫无关系，所以他们也就毫无学习的兴致了，除非他们遇到的老师有幸属于那些能够弥补计划与实际需求之间差距的老师之一。

"作为企业家，您可以把这种模式忘掉。虽然也有类似企业家大学，或研修班之类的地方，可是固定的教学计划是不可能让您获得成功的。如果您仔细观察一下他们的教学计划，您就会发现，他们所进行的其实还是经理人的培训，至少我所看到的都是这样。企业家接受的教育并不来自知识的传授，更别提经理人技能的传授了。它更多的是需要对您的人格进行塑造，并且帮助您进行这种塑造。这种教育的终极目标是，让您最终拥有自己不断成长，并且适应环境变化的能力。您可以把预定义的外部发展计划抛诸脑后了。

"第二种模式则是一种即兴学习模式。一个问题产生了，您寻找所需的知识，并且学习相应的技能来解决这个问题，这样您就能够不断成长。学习最迫切需要的东西总是有好处的，这样一来，您的精力和学习热情也就很旺盛了。对于优秀的企业家来说，这才是常态。而那些糟糕的企业家则习惯地把静止不动当成最佳状态。不过即兴学习也有它的不足之处：虽然您一方面拥有长期的规划和目标，可是另一方面您的学习战略和自我塑造在以'无头苍蝇'的模式进行着，这样您是无法达成终极目标的。"

"您说这话，就好像您想要为自我塑造安排计划似的。"

"的确是这样，"拉迪斯先生肯定道，"如果您想对企业做出改变，您就必须先改变自身，这是您作为企业家的职责所在。您的目的性和针对性越强，您就能越有效率。因此，您必须对自我改变进行计划安排，这才是企业家体系的真正核心所在。虽然这个体系也关注结果，可是它首要关注的还是您个人的自我塑造。企业家体系其实是一个训练体系！"

"很好，没问题。那么，这究竟意味着什么呢？"我问道。

"在自我塑造的过程中，您总是会遇到各种具体的任务和挑战。如果您想对自身进行塑造的话，那么，第一个任务就是找出您目前所面临的挑战到底是什么，以及在接下来的几年中，您又将会面对什么样的挑战。

"我们第一天所讨论的优势对于您来说只是基础的出发点，它们并不能够给您提供更多的帮助。丹尼斯·威特利[1]是一位世界知名的体育心理学家，他曾经说过，'成功就是10%的天赋加上90%的勇气和毅力。'托马斯·爱迪生的说法更为极端，'成功就是2%的灵感加上98%的汗水。'

"不过，您的优势也不仅仅只是出发点而已，因为与自身优势和强项有关的工作总是更有乐趣，所以，您的优势是非常重要的出发点。可是，自我塑造最主要的部分还是艰苦的工作。为了成为最顶尖的运动员，为了参加奥林匹克运动会，他们至少训练1万小时。通过研究西藏喇嘛的大脑功能，研究人员发现，他们的幸福感和满足感比一般人更强，不过这也是在他们进行过1万~5万小时的冥想之后。作为企业家，您也必须接受1万小时的训练，而且，您必须记住：训练不是竞赛！

"如果您是短跑运动员或喇嘛，那训练的内容很简单：您只需要进行百米跑或冥想就可以了。您可以把全部的精力都集中在跑步或冥想之上。当然啦，只要方式恰当，您也可以通过把注意力集中在其他的生活领域中，

---

① 丹尼斯·威特利：美国奥林匹克委员会医学理事会心理学主席。——译者注

例如，通过合理膳食或与其他人的交往来达到训练的目的。

"对于企业家来说，他们的问题在于企业家到底应该学习一些什么。能发挥作用的技能有无数种，您不可能每一种都学会，否则您最终将一无所获，并且会失去方向。作为企业家，这是最糟糕的一种状态。

"不过，对于企业家来说，有几项技能是比较核心而基础的。如果您不具备这几项才能，那么您虽然也能够不断进步，但是速度会大大降低。"拉迪斯先生在白板上写道：

- 永远有自知之明；
- 大脑训练；
- 纪律性；
- 精神训练；
- 交际训练；
- 表演才能；
- 能量管理。

其中有几点我不是很明白，特别是大脑训练、表演才能以及能量管理。我一直认为纪律性是一种人格特征，而不是一项技能。我向拉迪斯先生指出了这几点。

"大脑训练是为了让您能够更加有效率地运用您的大脑。您可以通过心智地图、速度和记忆力训练来锻炼您的大脑，它们能提高您的总结和归纳能力。尤其是记忆力训练，它的作用非常大。这不仅仅是一项您在准备公开演讲的时候才需要进行的训练，它还能够促进您的形象思维，这恰巧是精神训练需要用到的东西。

"纪律性是一项才能，或者更确切地说，是一种艺术。一方面，它涉及钢铁般的意志，通过训练您可以得到它——尤其是通过耐力训练；还有那些经常能够把您逼到自己的极限，并且需要靠意志来突破极限的体育运动。不过，另一方面，纪律性也是一种艺术，它可以让您在强制的义务中发现乐趣。纪律性的培养不仅仅要依靠不断地重复，还与您对它的信条有关系。

"表演的才能是最重要的基本才能之一，但也最被经常误解。在100多年以前人们就发现，我们不仅仅会在感到愉悦的时候微笑，如果我们长时间地保持微笑，我们也能够感到愉悦。不过直到20年前人们才发现，最好的运动员同时也是最好的演员。如果人们能在看似绝望的境遇中激发出最后一丝能量，那么他们就占据了优势。在您情绪比较高昂，而不是心灰意冷的时候，这种能量更加容易被激发出来。有一些运动员，例如，兰斯·阿姆斯特朗[1]，甚至参加过表演课程，只为了能够在比赛中动摇他们对手的必胜信念。"

我记得很清楚，阿姆斯特朗在翻山的时候总是神态悠闲，而他的对手扬·乌尔里希[2]则看上去病恹恹的，气喘如牛。也许他们两人都服用了兴奋剂，两人的先决条件都差不多。可是我绝对没有想到，表演课程居然能够成为成功的重要先决条件之一。

"此外，人类90%的交流是通过肢体语言和音调来进行的。如果您想与别人更好地进行沟通——当然是以企业家的身份——那您就不应该犯此类大众性的错误，仅仅把注意力集中在对话内容中包含的所剩无几的信息上。如果您具有表演才能，您就可以更好地注意到其他90%的信息。

"关于能量管理，我们其实已经讨论过一些内容。它指的是均衡膳食、适量锻炼和不断进行自我疏导和减压的综合过程。

"这几项基本技能是您必须学会的，对于它们的训练和练习您一辈子都不应该松懈，而且，您最好能够一直在教练的指导下进行。

---

[1] 兰斯·阿姆斯特朗：美国职业自行车运动员。——译者注

[2] 扬·乌尔里希：已经退役的德国职业自行车运动员。——译者注

"除此之外，一些其他的专门技能对于您目前的情况也比较重要。它们由四个基本要素产生。第一是您目前的优势，第二是您的价值观，第三是您的目标和战略，第四是企业家任务所提出的要求。有一个工具可以帮助您找出这几个基本要素对您来说到底包括哪些内涵。

"这个工具能够让您把各种不同的要素综合在一起，并同时对它们进行检验，确认它们是否的确符合您心中所想。对于企业家来说，这是一个非常强有力的工具。不过，只有在您已经了解四个基本要素之后，这个工具才能起作用。这也是为什么我到现在才向您介绍它的原因。"

"那您就开始吧。"我跃跃欲试地请求道。

"这个工具很简单，请您拿出两张白纸，然后写出您计划在七年之后做的事情。您需要把细节也写出来，并且做两个计划，一个年度计划以及一个每周计划。在年度计划中，请您写出您准备参加多少次课程、读多少本书、组织多少次面试谈话，等等。

"对于每周计划的要求就比较细致了，您需要写出自己在一周内的每一天都想干一些什么。您需要同时考虑到这四个因素，即您的优势、价值观、目标以及企业家的任务。请您尽可能形象并准确地想象出这些才能，而且您一定要注意到生活的全部七个领域。听明白了吗？"

我点了点头，开始工作。大约 1 小时之后，我已经写满了好几大张纸。可是，虽然我已经很努力了，我写出的那些事情看上去还是有一些不够确切。我把它们递给拉迪斯先生。

他把几张纸浏览了一遍，然后说道："除非每天有 28 小时，否则您绝对完不成这么多任务。现在请您把所有不必要的，以及您不是百分之百情愿做的事情都划掉！"

几分钟之后，我重新把纸递给拉迪斯先生。

2013 年的任务

● 每年休假 6 周；

- 利用 20 个周末攀登难度为 7 级或 8 级的山峰；

- 每年参加 5 项课程；

- 每天冥想 15 分钟；

- 除登山外，也要与女朋友共度 10 个周末；

- 维护企业家的交际网；

- 每年为残疾人体育事业捐款 25 万欧元；

- 年收入达到 100 万欧元；

- 对其他企业进行投资；

- 健康饮食；

- 每年成立一家新公司。

到 2013 年之前的每周计划

- 每周读两本书；

- 每周用 1 小时参加企业管理训练；

- 每周与女朋友共度两晚；

- 每周用 2 天的时间在公司里进行发展、协调、监督等工作；

- 每周用 2 天的时间在愿景、价值及战略上；

- 每周有 1 天弹性时间：休闲、作报告、开会等；

- 每周锻炼 2 次（健身、室内攀岩）；

- 每周用 1 个晚上同企业家友人聚会。

拉迪斯先生仔细地研究着剩下的内容："很不错，威尔曼先生。看来，您在过去的几周内的确学到了很多东西。尤其是您的目标，例如，年收入以及为残疾人运动事业捐款，等等，它们现在已经处在一个比较恰当的区间了。

"现在您应该开始定义自己的人生了。您才是自己人生的设计师。您要知道自己能干什么，还要知道自己在 7 年之内想干些什么。不过，您的计划在某些方面还存在偏差。从目前来说，您还没有办法做到那些在 7 年之内想做的事情。比如说，从您刚才给我描述的内容来看，您现在还没有能力攀登 8 级难度的山。您还写到自己想投资别的企业，可是要做到这一点，您不仅需要拥有相应的资金，还需要对您希望投资的企业，特别是该企业的企业家进行可靠的评估，这一点您现在也做不到。为了在 7 年后完成这些事情，您还必须在很多方面努力进步，请您把这些方面都写下来。

"然后，请您仍旧采用我们最开始确定您的目标时所用的表述方法。您需要把目光集中在 7 年之后自己希望达到的状态；然后找到现有状态与它之间的偏差。接下来，请您把您的清单补充完整，把为达到目标必须做的事情也补充进去。"

我再一次开始工作，并且有了如下成果：

学　　习	计划完成的事情
更高超的登山技巧	● 攀登第 7 级 /8 级的山峰
战胜恐慌情绪	● 领导企业 ● 攀登第 7 级 /8 级的山峰
冥想	● 获得内心的平静
学习评价企业和企业家	● 投资其他企业
学习更科学的饮食原则	● 健康饮食（更加健康、更加有活力）
把企业家任务变为本能	● 创立新企业 ● 充裕的空闲时间
能够激励别人	● 创立新企业
与女朋友共度浪漫时光	● 维持充实而稳定的恋爱关系

"为了能使自己按照规划的蓝图继续人生，您必须学习很多东西。您现在对于自己接下来 7 年中需要学习的内容已经有了相当具体的设想。"拉迪斯先生表扬我道。

"是啊，无论如何，这都为我实现自己的目标指明了一条道路。现在看起来，我以前的那种做法真是太傻了。我仅仅立下目标，并且写下几个实现目标的具体步骤，却不知道要想实现目标，首先必须改变自己。不过我觉得我写的这些东西还是有一些笼统。比如，我不知道要如何学会评价企业和企业家。"

拉迪斯先生点了点头："没错，还有两个步骤没有完成。第一步，您需要把这些内容分摊到接下来 7 年的各个年度计划中去。"

我立刻付诸实践，仅仅过了 10 分钟，我脑中的概念就明确了很多。我越来越清晰地感觉到，自己已经制订出一个学习和成长的计划，而这个计划能够让我实现我的梦想。我完成了手头的工作，脑子里产生了一个想法："现在，让我来猜一猜第二步是什么吧。我需要在每一项学习目标后面写上一位专家的名字，他们将成为我的导师。比如，我可以向奥博莱特纳先生学习如何克服我的恐慌情绪，或者跟您学习如何使企业家任务成为自己的本能。

拉迪斯先生微笑了："这主意真不错。如果您能在目标后面写上两个名字，那就更好了。一个是您所说的专家，也就是在短期之内能够教导您的人。另一个是对您某一方面的进步很感兴趣的人，也就是能够不断鞭策您的人。您必须赋予这些人一定的权力。"

我干巴巴地苦笑道："我早应该想到这一点！"

"没错，"拉迪斯先生笑了，然后他继续说道，"现在这个包括了学习内容的清单是您最重要的规划和自检工具。将来在对其他工作进行规划的时候，也请您考虑到，这些工作是不是能够对您的学习和发展产生推动作用。如果答案是'否'，那您就需要思考一下，自己是不是应该把这项工作删除，或交给别人代理。

"对于您来说，这个清单上的每一项内容都具有非常重大的意义，它们比您通过某次行动所获得的具体成果都重要得多。假设一下，您希望通过作一次报告来激励员工，却意外地搞砸了。只要您从中汲取了教训，知道自己可以做出哪些改进，那这就是一个巨大的成功。与您在报告会上重复老一套的程序，最后虽然获得了全体的掌声却什么都没有学到相比这种方法要好得多，至少这次失败能够更加迅速地让您接近自己的目标。"

"是呀，我以前也曾经听人说，不要害怕犯错误。可是在这种情况下，这简直就是自虐嘛。"我抗议道。

"不对，企业家并不比别人更喜欢虐待自己，也不是渴望从错误之中汲取痛苦。只是因为他们对目标抱着坚定的信念，以至改变了自身的视角，把学习放在最主要的位置，而痛苦相对来说就变得渺小而无足轻重了，也更加易于忍受。只有把自身的成长放在最主要的位置上，您才能够做好随时犯错误的准备。"

"虽然这听上去很吸引人，不过我还是要不时地做出一些成绩，总不能每次都失败。"

"人们一直在强调，做出成绩有多么重要。所谓的成绩一般指销售业绩或短期的目标，其实成绩的内涵完全不是这些东西。如果一项行动能够使我们更加接近自己的长远目标，那这就是一项积极的成绩。如果它使我们与目标之间的距离拉大了，那这就是消极的结果。如果我们在学习上取得了某些进步，使我们能够更加迅速地接近自己的目标，那这就是成就；而且这种成就比几千欧元的销售收入重要得多。

"现在我们就可以开始今天的下一个议题了，那就是信条的问题。对于自我发展规划，您还有疑问吗？或者您希望先休息一下？"

我决定先休息一下。

4.2 坚守让自己走向成功的信条

休息结束之后，我对拉迪斯先生说："我现在有一种感觉，我们好像偏离了最初的话题了。开始我想说的明明是同伯尔特拉姆先生的问题。"

"也不完全是这样，"拉迪斯先生说道，"您最初的问题其实是由于同一位客户发生了财务纠纷，您不由自主地偏离了自己的计划，重新回到了老的套路中去。您最根本的问题是被自己的恐慌情绪打败了，您与伯尔特拉姆先生之间的问题只是结果而已。

"而且从目标的角度来看，这其实还是一个积极的结果，您应该为此感到高兴。伯尔特拉姆先生的干预打断了您在旧有模式中的行动，使您能够重新回到战略发展上来。

"此外，这还帮助我们从长远的角度对您的个人发展规划做出了改变。在这个过程中，您发现，战胜自己的恐慌情绪也是自我塑造的目标之一，并且把奥博莱特纳先生作为自己在这方面的导师。

"现在让我们来进行下一步，也就是信条问题。它们会使您获得某些东西的过程变得更容易，但也会在某些事情上给您造成阻碍。如果您想向奥博莱特纳先生学习，您就需要找出他的信条是什么。"

"好吧，"我点头道，"现在我们总算又回到正轨。您刚才几次提到信条，那么'信条'到底指的是什么？"

"首先，关于信条的理念其实也是地图的一种。这个地图反映出，我们对于现实常常抱有某种未经证实的假设，而且这些想法就像思想的核心一样，会吸引许多相类似的看法、思想和行动。这个理念的力量在于，人们可以用其他的想法来代替这些未经证实的假设，并且随着时间的推移造成一系列的连锁效果，带来许多其他的看法、思想以及行动。"

"您能给我举一个例子吗？"

"好的。有一个信条广为流传，'权力使人性堕落'。您不可能证明这句话，但也不能推翻它。因为您并不清楚这到底指的是哪种权力，也不清楚'堕落'指的是什么。关于'人性'到底有哪些含义，您也说不清楚。最后您也不可能证明这二者之间的因果关系，在获得权力之前，人性有可能已经堕落了。

"您可以想象一下，一位主管正在大声训斥他的员工，在他们还是平级的时候，他绝对不会做出这样的举动。您并不能说，这种行为就能够证明他的信条。也许他以前就在心里暗暗地咒骂别人，也许他现在有训人的理由，而这个理由以前并不存在。不管您观察多久，您的观察都不可能证实或推翻这句话。

"不过这也并不是完全没有意义的。您可以说，这个观察能够为那些抱有此类信条的人提供一些证据。您还可以说，这些人很有可能并没有任何权力。如果他们的权力变大，那他们的天性有可能就会变坏，没有人希望变成这样。因此，这些人可能会多多少少地做出一些无意识的举动，使自己不能得到权力。

"还有一个信条是'权力会暴露人的本性'。同前一个信条一样，您也不可能证明这句话。您当然能够找到一些证据，例如，在纳尔逊·曼德拉获得权力之后，他对待种族隔离的态度就发生了改变。不过也只有持有这一信条的人才会把这当作证据。

"不过您也可以说，这些人比相信第一个信条的人拥有更大的力量。如果他们坚信自己的本性是好的，在拥有更多权力之后，他们美好的本性也能够更加得以显现。这听上去很不错吧。"

"我懂您的意思了。说到底，这两个信条也不过是两种地图而已，而且这两个地图都能够把人引向不同的方向。"

"对，这个说法很不错，"拉迪斯先生称赞道，"在财富、行动、存在和奉献这四个不同的领域中，每一个领域都有各自的信条，而且它们都同样重要。不过在实践中，最核心的领域还是行动。愿景常常会因为错误的实践而破产。这意味着，您可能拥有一个很棒的目标，也许您还抵制了所有与之相悖的愿望。可是，如果您对于达到目标所要做的事情没有任何兴趣，觉得它们很讨厌、很愚蠢，或对它们抱有任何其他的消极想法，那您就不会采取行动。"

"您的意思是，如果我不像之前计划的那般采取行动，这就是信条的问题？"

"也不完全是信条的问题，不过肯定与它有关系。您产生了恐慌情绪，所以您又开始像专业人员一样行事了。您的恐慌是一种情绪，而不是信条，也许您的某一个信条促使您产生了这种恐慌情绪。可结果是，您应对恐慌

317

的这种行为恰恰好于我们最初所讨论的信条问题，或者说，您认为通过自己的辛勤劳动能够更好地解决问题。"

我久久地思索着他的话："为了改变这种局面，在两个方面必须做出改变。第一是抛弃旧有的信条，第二是选择新的信条，我说的对吗？"

"没错。第一个步骤不必担心，真正顽固的信条少之又少。最重要的是建立起积极的、有用的新信条。如果您坚持不懈地重复新信条，它总有一天会超过旧有的观念，并且把您的想法彻底扭转过来。因为您知道您总能够得到自己所关注的东西。"

"我明白了，我们只要寻找到有用的信条就可以了。那我应该怎么做呢？"

"在企业家体系中，存在着许多名人和伟人的信条，诸如孔子和塞内加，安德鲁·卡内基和松下，安东尼·罗宾和迈克尔·格伯，耶稣和甘地，以及奥林匹克冠军、著名的艺术家、科学家和各国政要。其中的许多信条让您觉得理所当然，而另一些在现阶段则毫无意义，还有一些您也许一辈子也不能接受。不过，其实还有一些信条值得您细细回味。

"现在，您必须要搞清楚一点，那就是所有的这些人在某一个时候同您是一样的。他们也曾是婴儿，既不会走路，也不会说话。可是之后他们却在各自的领域中取得了成功，甚至是巨大的成功。这就意味着，在他们的所有信条当中，至少有相当大的一部分信条间接地成就了他们的成功。这也意味着，如果您能够继承到这些信条，您能够与这些成功人士抱有相同信条的话，您就获得了有利的先决条件。

"至少比起那些终其一生都在自己的岗位上碌碌无为的人，还有那些宁愿失业、靠国家补贴生活的人，您能够从成功人士那里获得更好的建议。"

"我知道成功者的信条能够让我走得更远，可是如果我只是继承这些人的信条，那我自己又有什么呢？那样我就只是一个复制品而已！"

"您也可以这样认为，"拉迪斯先生笑道，"学习最主要的部分其实就是模仿，也就是复制。不过在复制的时候会产生误差和错误，这就是您部分的个性所在了。此外，这个世界上不可能有人选择与您完全相同的模仿对象，这也是您部分的个性所在。最后，您还拥有一些遗传学上的特征，这也是您与别人的区别所在。

"如果您是这种广义上的复制品，那您也可以有意识地选择自己的复制对象。"

虽然我对他的解释仍旧有一些不满意，不过我还是愿意试一试。

拉迪斯先生把一张长长的列表[①]摆在了我的面前："请您从中选出7条。选择标准是：您虽然不相信它们，可是您认为假如自己接受了这些信条，它们会对您有很大的帮助。"

我仔细地把这个列表读了一遍，最后从中选出了7条。虽然我对它们还存有怀疑，但是我觉得它们能够让我走得更远：

- 人生而就应该追求卓越；
- 给别人的帮助越多，自身的成就便越大；
- 自律的秘诀在于，学会从自己希望贯彻的事情中获得幸福感；
- 如果你对某件事怀有恐惧感，那就不停地去做这件事，直到克服恐惧为止；
- 失败是成功之母；
- 想法越简单，生意就越大；
- 心有多大，舞台就有多大。

"现在我已经有7个信条了，或者像您之前说的那样：思想的核心。那么，现在我应该做些什么？"

"这个，"拉迪斯先生神秘地一笑，"就是最关键的诀窍了。您能够

---

① 如果您想浏览完整的列表以及企业家体系，请登录 http://www.unternehmer-coach.com。——原注

在那些所谓成功的书里看到许多秘诀，例如，您必须不停地大声诵读这些信条，等等。不过您以前曾经试过把'苹果派'这个词说上几千遍吗？"

我大笑着摇了摇头："您可别想让我干这种事。"

"其实这挺有意思的，"拉迪斯先生向我保证道，"您重复'苹果派'的次数越多，这个词就会越快地失去它的本来意义，到最后它就变成了几个有着轻微变化的音节而已。虽然您可以以此来放松心情，可是您已经记不起苹果派本身了。这么说吧，您可以把这种机械的重复法完全忘掉，因为它会毁掉语句原本的含义。

"还有一些人给出了确切的指导。您也知道情感对人有一定的作用，于是他们就要求人们：'请您投入感情地想象一下……'"

"我有一些莫名其妙地尝试了一下这个方法，试图带着感情想象一下简单的主意能够带来大生意。最后我忍不住大笑道："这根本就是信口开河。我应该如何带着感情进行想象呢？对于像'简单的想法'这种抽象的说法，我根本就没办法设想出什么充满感情的画面来。"

拉迪斯先生也大笑了起来："也许我几年前应该请您做我的教练，我当时的反应可没有您这么迅速。其实解决之道很简单，您必须用这些信条来改变自己的行为。为此，您需要把它们转化成行为的模式，这就是故事。"

"那是自然，"我叫道，"您说得太有道理了！如果关于每一个信条，我们都能讲出一些故事来的话，那么我们就可以慢慢地拼凑出一幅完整的画面了。而且我们之前已经讨论过应该如何有成效地讲故事。通过这些故事，信条就真正能够变成思想的核心了。"

"而且会更加具有行动上的指导效果。"拉迪斯先生补充道。

"关于个性的问题也解决了，因为我可以讲一些与别人不同的故事！"我继续思索着说，"而且，我们选出了7个信条。这样一来，我一周内的每一天都要讲一个故事。"

"没错。您用4周时间来进行这项工作，这样对每个信条您都能得到4个故事。请您把这些故事都记录下来，至少要记下关键词。然后，您需要检测一下，自己对于信条的观点和看法是不是发生了改变。如果您已经接受了它们，那就继续选择新的信条吧；如果还没有接受，那就重复之前四周的工作吧。

"如果您想要更加迅速地把那些成功人士的人生精华作用在自己的人生上面，只有一条捷径可行，那就是待在这些人的身边。可是，由于他们中的很多人已经不在人世了，所以您现在只能选择排名第二的捷径了。"

"您给我介绍的这个程序有些太笼统了，假如我遇到了比较特别的问题，我应该怎么办？"

"那就请您寻找这些领域中您所能找到的最顶尖的专家，然后了解他们是怎样对待工作的；他们最重要的信条都有哪些，他们又会讲述什么样的故事；接着，您要借鉴他们的思想，为自己画一张新地图。一般情况下，这就应该是乘直升机从纪念教堂到勃兰登堡门的路线，您可千万别走进下水道里去啊！举个例子。假如您对当众发表演讲感到恐惧，那么您就去寻找一位演说家的传记，学习这位演说家是如何对待他的听众，如何做准备，如何应对演讲的。"

"即使我极度厌恶当众演说？"我反问道。

"您绝对不能有这种想法！您有一张地图。到目前为止，您习惯于在下水道里穿行，这当然会让人产生厌恶情绪！请您好好想一想：您并不是厌恶某一件事，而是厌恶自己在做事的时候所采用的特定的行为方式。从A走到B并没有什么令人厌恶的地方。当众演说也没有什么令人厌恶的地方。可是如果您非要在下水道里穿行，这就很让人感到恶心了。

"您需要把地图换掉！即使这些信条尤为顽固不化，您也有4个能够反驳它们的故事呢。"

"好的，可是即使我把地图换掉，我也永远不可能像马丁·路德·金那样发表演说吧。"

"也许吧，可是至少您开始让事情变得有趣了。这样一来，您就会开始练习，然后取得进步。只要您足够努力，总有一天您会跻身一流。换掉地图只是一个开始，之后还需要大量的实践和练习。如果您不把地图换掉，那您对练习就不会产生任何乐趣，而且您会误入歧途，您永远也无法进步了！"

我把听到的内容在脑子里又回想了一遍，然后问道："您刚才很笼统地把这些人统称为成功人士，可是他们其实是在不同的领域中各有建树。那么，您对于'成功'的内涵到底是如何理解的？也许您对此能够给我提供一条比较有用的信条？"

"成功？"拉迪斯先生思索了一会儿，"一般我们普遍会把成功与实现目标联系在一起，甚至是一些物质方面的目标。可是这种想法太局限了，如果用这种定义来衡量，那耶稣、米开朗基罗和爱因斯坦都算不上成功。

"您可以说'成功就是按照自己规划的蓝图去生活'，或者'成功就是每一天都比以前做得更好'。这两种说法都没有用结果，而是用路径定义了成功。当然，在到达成功的途中也会有许多里程碑，也就是阶段性的成果。如果我没有取得任何成果，那我也不可能按照自己规划的蓝图去生活。不过二者的关系需要互换一下。

"您还可以说'如果您使这个世界变得更加美好，即使只有一点点，那也是成功'。这是从价值的角度定义了成功，而且究其本质的话，这就又牵涉财富、行动、存在与奉献的问题了。很多书里都讨论过成功这一主题。您所读到的大部分内容其实并不是错误的，但它们也不是什么真正的秘密。所有的这些内容说到底可以归纳为三点。

"首先，您需要一个清晰、有意义，而且追求价值的长期理想。这个理想不仅要符合您的价值观，而且必须坚定不移地追求。如果您没有理想，那么您就会像无头苍蝇一样到处乱转，最后什么也得不到。虽然您有可能获得短暂的成功，但是您永远也不可能成为成功人士。

"其次，您要开始进行自我塑造和提高。如果您的行为方式同过去没有任何改变，那您也不应该期望能获得与过去不一样的成果。只要我们的思维方式还同过去一样，我们的行为就不可能真正发生改变。所有的成长都开始于思想的进步，比如，您开始改变自己的信条，或您开始注意保持身体健康和心情愉快。

"最后，您一定要坚持遵守自己的计划！请您把自己的福利与之挂钩，也就是为自己寻找一位客户，并且授予他支付您薪水的权力。如果您只是把计划挂在嘴边，或者纸上谈兵，那您永远也不可能成功。更糟糕的情况是：您开始变得不相信自己。如果连您都不相信自己，那其他人也更加不会相信您，您的理想就会破产。

"因此，莱茵哈德·伍尔特建议人们，'当我们开始做一件事，就要坚持，然后不断地训练、训练、训练。'

"这三点中的每一点都很容易理解，可是并不容易做到。为了实现第一点，您必须要战胜自己的利己主义，以目标的价值为中心。您必须鼓起勇气，积聚力量，进行长远的思考，并为自己制定明确而可衡量的目标，同时您还不能被现实所束缚。

"为了实现第二点，您在向别人学习之前，首先必须认清自己。您必须质疑自己的每一个观点、每一种价值观、每一个优势、每一种才能以及每一个爱好，检验它们与您的梦想是否相符合。您开始承担责任，并且认识到自己的行为是问题的成因。

成功只有三条真正的"秘诀"：

● 您需要一个清晰、有意义，而且追求价值的长期理想，这个理想要符合您的价值观；

● 您需要对自身进行塑造和提高；

● 坚持不懈、持之以恒。

这些秘诀都很容易理解，但是到来并不容易。

"为了实现第三点，您需要做到有纪律性和善始善终。您必须学会如何做到自己之前计划的事情。您必须系统地杜绝一切懒惰、借口以及恐惧。如果您不能完全杜绝它们，那您至少要保证它们不会影响到您计划的实施。最重要的是，您必须与一切有可能降低目标门槛的事情做斗争！"

我把听到的内容在脑子里又细细地整理了一遍，然后看了一眼时钟。10分钟之后，我就要同安一起去吃午餐了。于是我给拉迪斯先生指明了附近餐馆的方向，然后我们约好一个半小时之后再见。

4.3 处理情绪问题

我从安那里回来，我一副兴高采烈的样子。拉迪斯先生还没来得及坐好，我就开口道："1小时以前，当我和安见面的时候，她对于这次会面完全提不起任何兴趣，宁愿去训练。不过，当我告诉她，我计划要把超越极限当作企业核心价值的时候，她立刻就有了精神。于是我把关于价值观、战略和故事的事情统统对她说了一遍。她很好奇地听着，只在中途打断了我一次，她说，'我非常愿意在这样的公司里工作！'最后，我请求她给予我支持，她便这样回答我道，'终于说到这个问题了。威尔曼，我还以为您永远也不会想到这一点呢！'

"事实上，我最开始只是想请她做一些监督工作，让她不时地对我进行鞭策。可是她不仅向我保证了这一点，还补充道：'我还能为您做两件事情。首先，在您能想到的人里面，我可能是企业核心价值的最好代言人了。我可以鼓舞其他员工，讲故事给他们听，把这个价值观在企业里进行推广。其次，我的自行车旅行费有一个赞助人。'

"'一个赞助人？'我惊讶地问安。

"'对，'她笑道，'而且这个赞助人希望扩大活动的公开程度，所以他需要一个介绍这次旅行的网站。本来我是想自己做这件事情的——毕竟我在辞职之后也需要一定的经济来源嘛。可是现在这个网站对我来说是一个负担，因为我想训练，不想做网站。换句话说，我会向赞助人建议，把网站做得更专业一些，比如，让我们公司来做。'

"有一瞬间安让我简直目瞪口呆，我问她，'你愿意把这个订单让给我？'

"她摇了摇头，'如果您能把它接过去，那您真是帮了我的大忙呢。如果要我把这个订单交给您，那您得答应我，要像您之前说的那样来改变公司，而且在公司里给我留一个位置。'

"我立刻就答应了她的要求。我不仅争取到了 14 天的现金流动期，而且还为我攻克目标群体找到了一块敲门砖。"

"我衷心地祝贺您，"拉迪斯先生高兴地说。他顿了一会儿，又问道，"您有没有从中学到一些东西？"

"是的，"我说，"如果充分利用好现有的能量，我们就常常能够在不经意间解决瓶颈问题。这个理论真是天才！"

"这个成果还能帮助您减轻一些恐慌情绪，因为这又为您赢得了两周的时间。

"下面我们来讨论今天的最后一个主题。今天我们首先讨论了您长期的自我塑造问题，然后我们说道，为了改变行为和思考的方式，您必须改变自己的信条。现在我就给您介绍一个新的工具。"

"它是用来做什么的呢？"我好奇地问道。

"按照我们之前在企业家体系中的规划，您应该已经读过一些关于管理学的书籍了，"拉迪斯先生说道，"您有什么感觉？"

我有一些疑惑地问道："我不是很清楚您到底想要知道什么。有些很有意思，有些比较无聊。还是说您想知道的不是这个方面？"

"有没有一本书打动了您，或让您激动不已、热血沸腾？"

我摇了摇头："这些书都很通俗。虽然里面有一些内容充实的例子，可是这些东西怎么可能让我热血沸腾？"

拉迪斯先生思考了一会儿，然后开口道："可是，您自己的公司能够点燃您的激情，不是吗？"

"那当然啦！这您再清楚不过了。每当我夜不能眠的时候，我就会再一次问自己，我到底想做些什么。"

"您因为对公司的激情而夜不能眠，我觉得这一点很重要。如果您想出了一个好主意，并为此兴奋得睡不着觉，那么您在第二天会进行一些与往常不同的行动吗？还是所有的一切仍旧保持原封不动？"

我若有所思地点了点头："我的确每次都会做些什么。您的意思是说，这些难眠的夜晚对于我们的行动有非常巨大的影响，而那些书却把这一点遗漏了？"

"是的，完全正确！"拉迪斯先生回答道，"通常这些重要内容，也就是激情与热血，根本就不会在书中出现。只有两个例外：其一是企业家的自传，在这些书里，您能够身临其境地认识这个世界；其二就是关于'情绪管理'的书籍，它们基本上就跟小学里的生理卫生课本差不多。

"如果暂时忽略他们讨论的其实不是企业家而是经理这一内容，企业管理在管理类丛书中看似计划性很强，而且极具理性。那些深受基督教价值观影响的企业管理方式甚至被它们的支持者赋予了道德色彩。可是，企业管理永远不会被比作冒险，比作越野，也与激情无关。那些难眠的夜晚，那些内心的挣扎，在不安中做出的决定，以及不停地拷问自己是否前进在正确的方向上，所有的这些内容都没有在书里出现过。

"而这个大问题一直没有得到解答：我们应该如何应对自己的情绪变化？您本能所采取的行动应该经常是正确的，否则您现在也不会坐在我的面前了。可是有些时候它们也有可能是错误的，就比如两周之前，您在面对恐慌的时候所做的事情。

"到目前为止，我们已经讨论了两种能够帮助您转移注意力的工具。其一是瓶颈问题分析，它主要关注后果。假如您的行为一直很恰当，那就很少会出现真正难以逾越的瓶颈。不过情况并不总是这样，有时候问题会尖锐化，这个时候您就可以用瓶颈分析来解决问题。

"然后，在我们讨论企业家体系的时候，我也给您介绍了一个帮助您养成习惯的方法。现在我们要讨论的内容刚好相反，在不时出现的危机面前，您要如何打断自己下意识的情绪反应，您应该怎样如何打破自己的狭隘目光，寻找到多种多样的解决办法，而且您必须在第一时间就做出这些反应。"

我好奇地问道："这听上去很有挑战性！我总是事后诸葛亮。如果在类似上周二的境况下，我能够控制自己，不凭借本能行事，那么我一定能够更快地实现目标。"

拉迪斯先生纠正了我的话："不仅仅是凭借本能行事。您当时还与客户达成了妥协，约定了分次交付、分期付款的方式，这种本能行动就是完全正确的。只有当您发现，自己又一次本能地走入歧途的时候，您才应该利用这种工具对自己进行干预。这些都是特别情况。"

"非常棒！"我跃跃欲试地点头道，"那现在我应该做点什么？"

"您所需要的东西，其实是一种能够控制事件进程，并且对环境很敏感的帮助系统。"

"您的意思是说像一种软件一样？发生了一件事，比如恐慌，然后系统里就可能出现几个不同选项？"

"是的，基本是这样。这个程序包含两个步骤：第一步是在事情被触发之后，写出解决事件的各种可能办法。根据您个人性格特点的不同，这些解决办法和手段也会有所不同。

"就以恐慌为例吧。现在我会在白板上写出一些我能想到的解决措施①。"

> 恐慌
>
> ● 慢跑1小时；
>
> ● 同一个乐观的人聊天；
>
> ● 直面黑洞；
>
> ● 读一读您的日记，回想以前自己产生恐慌情绪的时候，担心哪

---

① 您可以在 http://www.unternehmercoach.com 看到完整的解决措施的列表。——原注

些不好的事情发生——基本上也没有发生不好的事情；

- 深呼吸、冥想；
- 拿一把大刀，把原因切成三个比较小的部分（至少在精神上这样做）；
- 听听仙女的建议。

然后他继续说道："其中的一部分可以对您起作用，另一部分则不尽然。也许还有其他一些措施也能够对您起作用，这些您应该知道得比我清楚。您可以依次尝试这些办法，确定哪些对您最有效。

"长此以往，您就拥有了一本行动指南，它能告诉您应该如何面对情感的困境。这样，您就可以在某种情绪出现的时候，迅速地在书中找到最有效的行动策略了。"

"这怎么能起到作用呢？"我不耐烦地打断了他的话，"书都躺在抽屉里，我们总是在事后才能想起它们的存在。"

"聪明的反驳，"拉迪斯先生回答道，"因此，我们就要进行第二个步骤。您需要对自己进行仔细的观察，看看在面临恐慌情绪的时候，自己会做出哪些比较典型的行为。您会冲某人大吼大叫吗？您会不会灰心丧气地瘫在椅子上？您做事情会不会心不在焉、仓促草率？或者您有可能会不停地喝咖啡？"

我思索了一会儿："在两周之前，经常会发生这种情况：挂上电话之后，我会先大声地发一通牢骚；然后久久地盯着墙壁发呆；最后就会陷入鲁莽冲动的行为主义当中去。"

"那在其他的恐慌情况下，您也会做出这些行为吗？"

我绞尽脑汁地回忆以前的情景。想了一会儿，我忽然记起了自己住院之前那段时间的情景。我很早就下班回家了，玛丽亚打电话给我，告诉我有一名客户控告了公司。那个时候我的恐慌情绪上升到了顶点，我大声地咒骂着，久久地盯着手机，最后把它扔到了墙角里，自己落荒而逃。于是我回答道："我觉得自己在恐慌的时候经常会骂人和发呆。"

"很好,那在其他的情况下,您是不是也有可能做出这些举动?"

我思考了一会儿,然后告诉他:"如果我加班加得太久,有时候也会发呆。不过那种时候我绝对不会大声咒骂。"

"很好!那我们就把骂人当作第一个切入点吧。现在您还需要第二个切入点,为此您需要为您的书画上插图。请您在'恐慌'的标题旁边画一个一边大声尖叫、一边团团转的小人。或者您也可以画一些其他的东西,这个概念让您想起了什么,您都可以画上去。"

"画画可不是我的强项。"我抗议道。

"完全没关系。除了您之外也不会有其他人看到!您的大脑需要的是一幅图像或一段影片,而绝对不可能是一堆字母。如果您在看到这幅图的时候能够不由自主地笑出来,那就更好了。"

我试着画了一个奔跑的小人,虽然他看上去有一些不太形象,不过我觉得还是比较能够代表我的恐慌情绪。"那我们接下来需要干什么?"我略带不安地问道。

"为此我们需要用到神经语言程序学。它叫作'嗖嗖',不过我们需要对它做出一些改变。请您先对第一幅画面进行想象,您正在大声地咒骂着。在这个过程中,重要的是不要把自己当成旁观者,而是把自己想象成那个骂人的人。尽可能骂得大声一些,在脑海中想象自己的嗓音,感受您发呆时死板而呆滞的目光。现在,请您想象第二幅画面。请您尽可能清晰且生动地想象您画出的那个小人,他是如何惊慌失措地奔跑着,不停地挥舞着胳膊。然后,请您把这两幅画面结合在一起,就像切换电影场景一样。"

我闭上眼睛,一会儿工夫之后,我的脑子里出现了一个一边喋喋不休地咒骂着、一边到处乱跑的小人。然后我问道:"这就结束了?"

"没有,当然没有结束。现在请您闭上眼睛,想象第一幅画面;然后在1秒钟之内迅速切换到第二幅画面,基本就跟您说'嗖嗖'这个词所用的时间一样长；接着，您睁开眼睛，忘掉脑子里的画面。您需要把这个程序重复5遍。

"您可以通过想象第一幅图来测试您的成果。如果在您想象第一幅图的时候，第二幅图就不由自主地出现了，那您就成功了。如果不能达到这样的效果，您就需要对图像或切换过程作一些调整，然后再试一次。"

我试了一下。重复了5次之后，我真的做到了。每次我一想象自己骂人的场景，那个到处乱跑的小人就会出现。

"如果您喜欢的话，您也可以真的骂两句，这样能够更好地进行检测。我个人也比较推荐这种方法。"拉迪斯先生建议道。

我对这种方法很好奇，于是当真试了一下。果然，我的脑子里立刻就出现了那个小人。

"太棒了，"拉迪斯先生称赞道，"现在您就有选择了。当您产生恐慌情绪，并且开始咒骂的时候，这个小人就会出现。这时候，您可以像从前那样咒骂，也可以思考一下，自己以前曾经在什么地方见过这个小人。这样一来，您就可以很快地想起您的那本书了。"

"这个方法听上去的确很管用。可是使用这个方法，我就得一直随身携带那本书了是吧？"

"不，您不需要这样做，"拉迪斯先生笑道，"只在您骂人的时候。如果您在接下来的几个月都进行记忆力强化训练，那您就可以很轻松地记住这个数字形状记忆方法^①。您还有其他的问题吗？"

"没有了。我想我今天学到了一些很有用的方法，它们可以使我未来不再陷入那样的情况中去。即使所有的办法都没有作用，我也还有安呢。"我笑道。

"很好，那么我就算完成了我的任务。下面您需要继续制定您的战略，并且进一步完善您的企业家体系。然后，您需要控制住自己的恐慌情绪。我敢肯定，您一定会获得成功的。如果您再次遇到困难，就打电话给我。如果您在战略制定方面取得了一些成果，我们就需要再次进行深入的讨论了。您看怎么样？"

我点了点头，希望能够尽快再次见到他。不过，现在距离我们的下一次见面，恐怕应该还有两个半月的时间。

---

① 数字形状记忆方法是记忆力训练中的一种体系，它是为了训练自己记忆，以一定顺序排列的一组概念、关键词等。为此，我们首先要寻找一些最接近这些数字的图画，例如，铅笔和1，弯曲的颈项和2，等等。为了让自己以一定的顺序记住一些关键词，我们可以以一种尽可能荒谬但容易记忆的方式把它们形象地串联在一起。在上文的例子中，慢跑是方法列表中的第一个方法，您可以形象地想象成一群正在慢跑的铅笔。第二个方法是同一位乐观的人聊天，您可以想象一下，一个人笑着同一只天鹅进行交谈。通过这些形象的（影片形式的、声学的、嗅觉的）归纳和总结，我们就可以在很短的时间内把东西牢牢记住，并且在需要的时候随时回忆起来。——原注

第5章　成为企业家的最后的冲刺

5.1　最后的冲刺

我坐在宾馆的房间里，向外眺望，宾馆坐落在上柯尼希峰山脚下。在3月和4月初，我们已经打好了基础。我翻看着我的日记本，试图唤起我对6月7日之前的记忆。那真是紧张而疲惫的两个月。有一段时间，我感觉好像全世界的霉运都集中在了我的公司。不过有两次，我都成功地用新方法使自己冷静了下来，并且与之斗争着。还有两次则是安跑到我的办公室里，对我大发脾气，直到我冷静下来与她一起思考对策，并且最终找到一个更好的解决办法为止。最后，我甚至很感激她。

其实前段时间，又有一位客户不愿意付款，所以实际上我们已经破产了。如果情况不能好转，21天之后，我们就真的申请破产了。可是在这段时间里，我的精神居然异常放松，并且出于本能的反应，我解雇了佩德罗。拉迪斯先生知道这件事以后，甚至对我提出了表扬。因为佩德罗从来没有停止过在公司里散播负面情绪的行为。安很直截了当地对此发表了看法："我都不明白你为什么能够容忍他这么长时间。"

直到一周之后，我们成功地与那位客户达成了协议，一切又重新回到了轨道上。

另外，也有一些很积极的成果。撇开一切危机不谈，保罗的干劲儿越来越大，并且不断为公司签下新的订单。我甚至有一种感觉，他似乎完全把自己当成了故事里的那个保罗。这真是疯狂，不过也使我对保罗的印象大为改观。过去，我总觉得他无关紧要，不过现在我认识到，公司绝对离不开他。

萨宾娜、玛丽亚和诺贝尔特也很好地完成了他们的新任务，并且各自都有极大的进步。其间，我与玛丽亚谈过经理职位的事情，不过她对此没有兴趣。因此，我就开始对可能的经理人选进行面试。我大约面试了20多个人，虽然感觉还不错，可是到目前为止，我还是没能通过这种方式寻找到适合的人选。

我也为自己赢得了更多的空余时间，并且把每一个周末都花在了登山上。通过这种方式，我至少能够在周末得到完全的放松。我感觉到，自己的精力似乎都回来了。

此外，这也使我能够把更多的时间用于同奥博莱特纳先生以及其他登山学校的负责人进行交流。他们都是我客户群中的一员，我一直在同他们讨论他们的思维方式等问题。

在登山的时候，我认识了弗兰克。他以前是一位小型企业的总经理，我同他相处得不错。弗兰克是公司经理职位的最佳人选，可是我无法满足他的薪酬要求，所以我一开始并没有同他谈论这个问题。

在与拉迪斯先生通电话的时候，我向他提起过这件事。结果他只是对我说，薪酬的问题最终会解决的。我应该让弗兰克做一些准备，并激起他的热情和兴趣。现在，弗兰克有热情了，可我还是没有钱。

除此之外，我还把时间用在制定战略和稳固老客户群上。我个人的学习和成长获得了不少成果。

由于玛丽亚一贯的武断，我错失了参加一个讨论课程的机会。我请她为我预订一堂有关销售的讨论课，那项课程的导师在业界非常有名。结果玛丽亚并没有为我报名，而是为保罗报了名。我找她谈话时，她坦率地对我说："我觉得，你应该不希望再承担任何专业人员的工作吧。所以你也不需要学习专业人员的技能了。"她笑得如此亲切，以至我一点儿脾气都发不出来。

不过制定战略的事情进展得不是很顺利。刚开始，我试图把我们已有的软件卖给其他的课程供应商。我确信这些软件能够给他们带来很大的收益，可是他们拒绝接受。就在我气得快要开始骂人的时候，我忽然记起拉迪斯先生说过的话，试图把自己认为正确的东西强行推销给客户，这种行为是错误的。然后，我又记起拉迪斯先生交给我的那些细节提问。

我联系了几个课程供应商，仔细询问了他们。最后，我终于弄清楚了，原来我的目标群体在财务上都比较紧张，只有奥博莱特纳先生是个特例。事实上，这些客户有三个共同的特征：他们总是比较缺钱；他们从来不做行政办公工作，甚至都很少用到电脑；他们唯一感兴趣的东西就是自己心爱的体育项目。

到最后我甚至怀疑，自己是不是选错了目标人群。我给拉迪斯先生打了电话，向他诉说了我的怀疑。他回答道："我觉得您放弃得太早了。您的目标群体很明确，而且拥有非常突出的问题和需求，他们正在期盼一种解决办法！"

"是啊，可是我不可能去为他们的销售收入操心啊。即使我真的这样做，也不可能解决他们的问题。"我反驳道。

拉迪斯先生沉默了一会儿，然后说道："威尔曼先生，亨利·福特曾经说过，'无论您是不是认为自己有能力做到某事，都无所谓——您总是有道理！'我得诚实地告诉您，您总是不断地对我说，自己想超越极限。可是，您总是遇到一点小问题就开始抱怨个不停。直到现在，我都不认为超越极限是您最重要的价值观。

"我已经把相关的所有知识都告诉您了，而且您个人也具备了所需的一切前提条件，所以您必须独立地越过这道障碍。请您在跳过去之后再打电话给我吧。"

说完这些话，他就挂断了电话。我目瞪口呆地盯着电话听筒，他的话触动了我心底的最深处。我很生气，非常非常生气，我想向他证明我自己。于是我开始忙于推销那些课程，我甚至真的在奥博莱特纳先生那里做了两天的实习生。

最后，我们开始增加对搜索引擎营销和整合理念的开发力度。这件事并不是很容易，特别是在我开除了佩德罗之后，他是公司里这方面唯一的专家。可是经过不懈的努力，我们还是在一段时间之后研发出了一款服务产品。可是我们在搜索引擎营销方面的产品，市场的反应还是不是特别理想。那些课程供应商们根本就不想接触这方面的内容。

这真是让人摸不着头脑。此外，我们的储备资金也在缓慢地下降。

不过，到了6月6日这一天一切都不同了。那一天，我无意识地打开了银行寄给我的一封信。他们告诉我，他们确定我们公司的销售收入正在下降，与此同时成本却居高不下。因此，他们决定把公司的信用额度减掉一半。

我的脸色一下子变得苍白，一边破口大骂，一边把信扔进了垃圾桶。虽然我的眼前立刻就浮现出那个小人，他不断提醒我要采取其他应对方式，可我破天荒地继续骂了下去。我们是如此的努力，而且公司的情况也发生了好转，我们本来能够做到。结果银行的人跑来告诉我们，如果出太阳，就给我们提供雨伞；可是一旦下雨，他们就会把伞收回去。

在我绝望的时候，我打电话给拉迪斯先生，向他描述了我的现状。他很认真地听着，最后回答道："我很乐意帮助您，可是我不能这样做。我认为你已经具备了所需要的一切知识。我也认为，如果您不是一直盯着那个黑洞发呆的话，您是能够为您的客户找到一条解决之道的。所以，请您从思想上穿越黑洞吧！"

6月7日清晨，我还沉浸在昨天与拉迪斯先生的对话当中。拉迪斯先生要求我穿过黑洞，而我始终弄不明白他到底是什么意思。我的公司正处在千钧一发的紧要关头。我还有20天的时间，20天之后我就需要申请破产了，那样我就失败了。

于是我在那天夜里下定决心，我决定自己来结束这件事。我开着我的奥迪A8，以每小时超过230迈（370 km/h）的速度一路奔驰向东。我的目标是上柯尼希峰。我想知道胜利者是谁，是山还是我。

当太阳洒下第一束晨光的时候，我已经整理好了全部的登山器械。我一点一点地用望远镜观察着那一面峭壁。在半山腰的位置，我看到了那个地方，4年前我就是在那儿被恐惧打败了。尽管我现在的状态不如当初，可我还是想尝试一下这条路线。

我开始慢慢地攀登了。到目前为止，我只进行过一次单人登山，那还是在4年之前。开始的一段路比较简单，我完成得很顺利。这也让我觉得自己能够完成这次挑战。开始遇到的一些困难也被我一一克服了过去。可是越接近上次失败的那个地方，我的信心就流失得越快，与此同时，内心的不安开始逐渐增长。最终我到达了距那一点不到30米的地方。尽管早晨的天气还很凉爽，可是我已经汗如雨下。我能够感觉到，恐惧是如何一点一点地蚕食着我的内心，可是我还是迈出了下一步。

我一点一点地往上爬，我的身体和岩壁之间贴得非常紧密，我注意到这样一来就对自己的行动造成了阻碍。现在，我距离那一点已经不到3米了。我继续往上爬，汗水流进了我的眼睛，我看不到下一步的路了。我的心脏在狂跳，2米，1米，现在我终于又到达那一点了。我的两腿在不断地发抖，我把保险绳打开了。

一只鹰在远处发出一阵尖厉的啸声。我的目光追随着它，那只鸟正在半空中盘旋。然后，我又向下看了一眼，那幅景象同我记忆深处的画面一模一样。我看到自己是如何放开了绳索。我从那只鹰的角度看着自己：背朝下，四肢徒劳地划动着。一声惨叫，150米深的崖底传来一声猛烈的撞击。我当场就死了，鲜血染红了我的头盔。

寂静，3秒钟死一般的寂静，痛苦。寂静，1分钟死一般的寂静，时间仿佛停滞了。一只山鹰发出尖厉的啸声，阳光洒了下来。一只小甲虫爬上我的尸体，我甚至能看见它细小的触须。接着，我听到小云雀叽叽喳喳的叫声，然后是那只山鹰再一次的尖啸。世界在继续运转。这个至高的认识：世界在继续运转。在我死之后，世界依然在运转。鸟儿还会歌唱，山鹰还会尖啸，小甲虫也在四处乱爬，阳光也依然明媚。——同样的事情在破产之后也会发生：我会离开律师的办公室，刚开始我可能会感觉很麻木，可是过一会儿我就能听到耳边传来汽车的轰鸣和孩童们的欢笑声，也许我还能感觉到落在额头上的雨滴，还有温热的阳光。于是我认识到：我的公司已经死了，可是我还活着，我的价值观还活着，我的愿景也还活着——我并不等于我的公司——我终于穿越了那个黑洞，并且最终意识到：这一切根本就没有我想象的那么黑暗。所以，我没有理由产生任何的害怕或恐慌。我的指尖再次传来岩壁粗糙的质感——我的汗水已经全部被吹干了。我微微颤抖着，迈出了自己的下一步。最终的胜利者是我，一个全新的我。

到达顶峰前的最后几秒钟，几分钟或几个小时——其实我也不清楚——我就在迷茫中完成了。我的眼前只有岩壁、下一个落脚点、下一步。我的意识与岩壁紧紧地贴合在一起，或者说融合在一起，二者合为一体。我爱这座山，我们共同进退，亲密无间。

在山顶上，我意识到有些事情已经改变了。我并没有使用保险绳，我变了。这不再与我的恐惧或需求有关系，我只是顺应着山崖的请求。在这一瞬间，一切都变得很明了。我不仅仅理解了拉迪斯先生长久以来对我的要求，"您不要只顾着为自己的问题操心，要去关心顾客的瓶颈。"我还在攀登的过程中，为我的目标群体找到了解决他们问题的办法。我知道，接下来一切都会变好。

我在那儿又坐了将近1小时，细细体味着这次神奇的经历。然后我掏出手机，拨通了拉迪斯先生的电话。

"我是拉迪斯。"他接通了电话。

"您好，拉迪斯先生。我是威尔曼。"

"您好，威尔曼先生。您在哪儿呢？您那边的声音听上去不是特别清楚。"

"我在上柯尼希峰的山顶呢。"我平静地回答道。

拉迪斯先生沉默了。几秒钟之后，他似乎意识到了什么："您已经穿越了黑洞？"

"是的。"我干巴巴地回答道。停顿了一会儿，我又继续说道，"它根本就没有我想象的那么黑暗。在它的背后，一切还是彩色的，还有美妙的声响和香气，摸起来也很真实。于是，我可以做很多其他事情了，只有在面对生命威胁的时候，我才会觉得一切是黑暗的。然后，我开始感受到自我，接着是未来，最后我甚至感受到了宇宙和生命。或者换一种说法：那个惊慌的小我最终接受了整个世界。"

拉迪斯先生沉默了一会儿："我的确一直希望您这样做，但是同时又有一些害怕。我想您应该能够理解，我在谈话中从来没有向您提及过这种经历。我想您已经取得了一个极大的进步。"

"没错。"我回答道，我周围的一切显得还是那么陌生而缓慢，"忽然之间，我就变成山崖本身了。当我登上山顶的时候，我自己就已经变成了我的目标群体，他们的问题就是我的问题，我们拥有相同的问题。"电话的那一边忽然安静了。"拉迪斯先生，您还在听吗？"通话突然中断了。

不过没关系，最重要的事情已经说完了。有那么一刻，我的思绪还停留在这上面，双眼凝视着远方。不久之后我就迈着轻快的步伐心满意足地下山了。当我到达停车场的时候，手机又有信号了，于是我又给拉迪斯先生打了一个电话。他的秘书立刻就为我转接了。

"刚才信号断了。"

"是的，而且我从刚刚开始就一直很好奇，当您与目标群体融为一体之后，您都发现了什么。"拉迪斯先生说道。

我把思维拉回到在山顶的时刻，然后告诉他："我突然意识到，我为客户提供的课程预订系统并不是在为客户们解决问题，而是解决了我自己的问题。即使安装了这个系统，客户的销售收入也只能够得到非常有限的提高。我第一次如此深入地思考这个问题：我的客户如何才能够提高销售收入，我怎样才能够帮助他们向世人传播超越极限的思想。

"我突然就顿悟了，并且把我自己当成客户的客户，把我自己当成了我希望向之倾诉这种思想的人们。我意识到，每一个人或多或少都渴望突破极限，每个人都会有希望打破现状的冲动。在特定的情况下，这对于所有人来说都是最最急迫的问题。可是大部分面临这种境况的人们都不会浏览我的客户的网页，不会浏览课程供应商的网页。他们完全没有这方面的意识！

"当我面对一项挑战，需要超越极限的时候，我肯定会在网络上搜索，会进入相应的论坛；或者我会翻阅相关主题的书籍或报纸；又或者我会根据面对的挑战寻找相应的专家；但我肯定不会去浏览提供登山课程的网页。根据这个认识，问题就变得很简单了：我应该把这些课程放到什么地方，才能吸引那些希望突破现状的人们前来参加这些课程。"

我兴奋地继续说道："这个想法在几秒钟之内就成形了。拉迪斯先生，我们来建立一个中介平台（详见第 344 页的简图）。课程供应商将在那里安置他们的课程，而信息提供商，例如，论坛或专家交流站等则根据不同的主题为相应的课程打广告，有针对性地引导浏览者。每成功销售出一份课程，课程供应商就需要支付一笔手续费，而信息提供商则会获取一笔佣金。

"这跟谷歌 Adwords 在线广告有一些类似，不过，您作为信息提供商能够自己决定向人们推荐哪些课程。这样您就能够保证自己的服务口碑和品质，而不容易惹上其他恼人的麻烦事。

"这样一来，所有相关方的问题都被解决了。终端客户能够更加准确地获知，哪些产品能够为他们解决瓶颈问题。因为这些产品的信息会明确地出现在他们眼前，而不需要他们自己去寻找相关的门户网站。课程供应商得到了一个能够扩大知名度的平台，使他们的销售收入得以迅速增加。信息提供商获得了一个收入渠道，这些收入能够从财务上更好地支撑他们各自运营的平台，并且使他们能够在未来提供更优质的信息。然后就是我们，"一想到这一点，我哈哈大笑起来，"首先，我们能够从每一笔生意上获得抽成；其次，我们基本不用进行任何后续工作。我们目前已经研发出的课程预订系统、行政系统以及整合系统可以比较容易地转换成这种形式，我估计最多只用两周的时间。"

"这个想法听上去很有说服力。可是这种服务是不是已经有其他人在做了呢？"拉迪斯先生问道。

"在过去的几周之内，我对课程供应商们进行了深入的了解，目前，在这方面唯一存在的产品就是课程和培训网站。只要支付一定的加盟费，课程供应商们就可以在那里开设自己的课程，网站可以提供课程在线订购服务。可是这与我所构想的东西完全不同：顾客首先必须知道这个网站，然后登录网站，进行有针对性的寻找。换句话说，这种中介网站事实上也不能发挥太大的作用，它们没办法把潜在的课程学员从他们所在的地方引导过来。

"而我们不一样，我们直接在顾客所在的地方为他们提供信息。除此之外，在课程和培训网站那里，课程供应商需要承担全部的风险。即使没有人浏览这些网站，没有人订购课程，他们也需要交纳加盟费。在我们这里，课程供应商不需要交纳任何初始费用，他们承担的风险为零。"

现在拉迪斯先生是真的兴奋了："没错，威尔曼先生，就是这样！您提供了一个大宗交易课程的平台，而其中的每一个网站都能够成为零售商。您找到了属于自己的战略！而您的道路就是与您的客户融为一体。威尔曼先生，这真是太了不起了！"

然后他继续说道："在我看来，这个理念有一个弱点：它很容易被模仿。您如何能够在短时间之内，比如3个月之内，建立起一定的市场实力。这样在其他竞争者想要进入市场的时候，就必须支付一笔很可观的成本。您又如何避免自己成为大鲨鱼的食物呢？"

我思索了一会儿："我觉得最主要的是在尽可能短的时间内使课程供应商和信息供应商的收益透明化，并且争取到他们的认可，也就是两个任务。"

"我们应该从信息门户网站开始，"拉迪斯先生建议道，"如果您的网站能够争取到点击量超过百万次的信息门户网站，那么课程供应商就绝对不可能会忽视您的存在。除了财务问题之外，这些信息门户网站还有其他的瓶颈吗？"

"这些信息门户网站都与谷歌紧密地联系在一起，如果它们在谷歌的排名下滑，它们的访问量就会立刻下降。当访问量下降的时候，收入也会减少。我认识几位网站运营商，他们的网站在谷歌的排名毫无理由地大幅下滑，以致他们不能够获得足够的资金收入，最后只好申请破产，把网站关掉。这种排名对于每一个参与者来说是完全不透明的，这种关联性简直就像是在赌博！不过我们应该怎么做呢？"

"稳定的现金流，不受自己工作的影响。"拉迪斯先生自言自语道。然后，我忽然灵光一闪，想到了另一个主意，"没错，信息门户网站最大的瓶颈不在于纯粹的收入问题，而是他们的收入与那条唯一的进入通道具有过高的相关性。而且这条通道的排名规则太过于保密，以致无论怎样进行搜索引擎优化从某种程度上来说都可有可无。我的办法能够极大地降低这种关联性。它对于每一位信息门户运营商都是一目了然的，而且极具吸引力，因为它能够为运营商们带来额外的收入。"

"说说看，透露给我一点。"拉迪斯先生好奇地要求我。

"以后再说！"我摇了摇头，"我只能给您透露这么多：对于信息门户运营商的推广，我们几乎不用付出额外的成本，而且发展的速度会很快。

"所以，我们现阶段只需要关注课程供应商方面。您觉得我们能够争取到多少比例的公佣金？"

拉迪斯先生思索着："对于大多数的课程供应商来说，当更多的人参加课程时，他们的成本并不会增加很多。而您能够带来更多的顾客，所以一般来说即使提供商付出 50%、60% 甚至 70% 的佣金，他们也还是能够获得额外的收入。当然，他们一开始肯定不会这样做。有没有可能让供应商自己决定，当佣金比例超过 10% 的时候，他们所需要交纳的佣金比例呢？"

"是的，这是可行的，"我犹豫着说道，"可是，他们为什么愿意交纳超过 10% 的佣金呢？"

"这很简单，"我敢肯定拉迪斯先生正在电话的那一端偷笑，"因为对于那些付出双倍佣金的供应商，您会更多地为他们打广告。假设一项课程的费用是 500 欧元，课程供应商需要为器材和伙食等付出 150 欧元的额外成本。在支付 10% 的佣金之后，这项课程所获得的广告推荐就能够为提供商带来 5 个额外的订购。这样他就能够得到 2500 欧元的额外收入，扣除 750 欧元的成本，再扣除 250 欧元的佣金，还有 1500 欧元的额外利润。现在，他把自己的佣金比例提高到 20%，并且以此获得了双倍的订单。他就有 5000 欧元的额外收入，扣除 1500 欧元的成本，还有 20% 的佣金，也就是 1000 欧元。这样他就能够获得 2500 欧元的额外利润。

"因此，对他来说，支付 20% 的佣金比支付 10% 的佣金更为有利。"

我的脑中逐渐产生了一幅大概的场景。在我看来只有一个问题还没有解决："最初，我要如何让所有的课程供应商进驻我们的网站呢？他们虽然不会面临风险，可是为了在网站上展示自己的课程，他们也需要付出许多劳动。在没有看到自己的收益之前，懒惰会主宰他们。您也知道，大部分的课程供应商根本不愿意做这些工作。

"也许我们应该向前 100 名供应商提供一个佣金优惠折扣？"

"绝对不行，"拉迪斯先生一口否定了我的提议，"提供商们的问题不在于他们必须付 5% 或 10% 的佣金，而在于他们看不到自己的收益，于是就变得很懒惰。因此，您在起始阶段必须紧紧抓住收益！"

我思考着："我现在有两个办法。首先，我可以给先来者提供优惠服务，让他们的广告曝光率比后来者多一倍。对于我们来说，这不会增加任何成本——提供哪些课程对于我们来说没有任何影响，可是先来者的收益翻倍了。而第二个办法就更简单了，我们可以减免掉前 100 名或 500 名供应商的劳动。他们只需要把课程项目以 PDF 或 Word 的格式发给我们，或者授权我们直接转载他们各自网站上的课程介绍，然后我们就会把他们的信息资料放入系统。这样他们既不用承担风险，也不用付出劳动，还会获得高额的潜在收益。当最初的订单上门之后，他们就会变得自觉自愿了。"

拉迪斯先生赞同道："可以，在试运营阶段，您最好能够双管齐下。我觉得我们已经把最重要的几个点讨论清楚了。这个理念在我看来非常圆满而可靠。"[①]

"是的，我也这么觉得。"我点了点头，"现在我们应该如何解决我自己的瓶颈呢？在 20 天之内，我就必须登记破产了。在那之前，这个新的理论还无法为我的销售收入带来爆炸性的增长。"

"这件事我们放到周六再讨论，我到您的公司去找您，我们用一天的时间来讨论一下现阶段存在的问题。您还需要做两件事，即在周六之前，务必做出一份清晰的竞争情况分析报告，而且您有义务让员工们了解这一切。"

我感到我们之间的对话将要结束了，可是我还想提最后一个问题："拉迪斯先生，我还有一个问题。如果我今天早晨没有踏出那一步，那会发生什么事情呢？"

拉迪斯先生沉默了一会儿："当您穿越黑洞之后，您看到的是：您的公司申请破产了。也许之后您会意识到，您并不等于您的公司，而您的价值观和愿景也远远不止这么简单。这样您也许就能够重新开始；或者您也可以一蹶不振。无论在哪种情况下，这都是您自己的选择。"

我大概猜到了这些话的含义。我对他坦率的话语表示了感谢，然后挂断了电话。

---

① 为了让这个理念在实际中能够顺利实行，还必须考虑到两方面的内容。不过这些都是网络整合方面的专业内容，在本书中显得太过深入。此外，还需要考虑到一个问题，就是如何解除收入流与谷歌排名之间的紧密关联，也就是托马斯·威尔曼卖的关子。如果哪位读者对于该理念的实践感兴趣，可以发送邮件至 s.merath@unternehmercoach.com 获取详细的信息。——原注

5.2 通向成功企业家的康庄大道

当拉迪斯先生在 6 月 10 日那天踏进我的办公室时，我们用明媚的笑脸迎接了对方。这期间他注意到，几乎所有的员工还在照常出勤、照常工作，他的脸上露出一抹赞赏的微笑。如果一个局外人这时候看到我们，他一定不会相信，我距离申请破产只有 17 天。

我们二人落座之后，我开口说道："我画了一个简图，这样我们就能够更加清晰地了解这个理念。我给您展示一下吧。特别是您关于大宗交易的关键词使这个理论更加清晰了。"

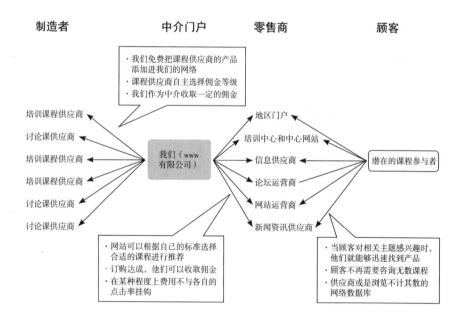

拉迪斯先生看了一会儿简图，然后点了点头："很好，我很喜欢它。每一个人都能够做他们最擅长的工作。课程供应商专注于完善他们的课程，而不再需要为销售和订购细节烦心；您的公司专注于技术及与中介交流工作；信息门户网站专注于他们的目标人群以及充实自身的内容信息。所有人的共同愿望就是为客户提供收益，当他们产生挑战极限的想法，或者想尝试一些新东西时，他们就能够立刻看到最合适的产品推荐广告了。"

"是的，从周三开始，一切都不一样了。"我向拉迪斯先生说道，"临近傍晚的时候，我回到了办公室，并且立刻把员工们都召集到了一起。我仍旧处在登山经历和新视角的双重兴奋之中，于是我迫不及待地向大家公布了我的新理念。很快大家就都兴奋了。我想以我当时所处的状态，我甚至能说动一个盲人去攀登珠穆朗玛峰。

"当我告诉员工，我们现在需要与时间赛跑时，他们的脸色都有一些难看，直到安开口。她对大家说，与时间赛跑让她真正兴奋起来了。她甚至希望能在 6 月 17 号，也就是她的自行车之旅开始之前，把我们的平台搭建好。现在没有人能够阻止他们的热情了。从周三开始，我们的所有工程师都在连续工作，有些人甚至把睡袋拿来，住在公司里了。

"在今天之前，保罗一直在做竞争对手分析，现在他正在研究销售理念。他希望能从下周二开始陆续把第一批课程供应商变成客户，并与他们签约。因为他们不用承担风险，也不需要投入劳动，所以这件事应该会进行得很顺利。如果我还有流动资金的话，我更希望把这件事交给公关机构去做，保罗应该做更重要的事情。

"玛丽亚一直在做统筹安排的事情。她把第一批信息门户运营商的基本情况制作成一张汇总表格，并且保证所有人都能够获得最急需的资源。为了输入第一批课程供应商的信息，她还以相当低廉的价格雇用到几个会德语的立陶宛打字员。此外，她还找到了一个专业的公关机构，他们专门面向我们的目标群体服务，将会负责发布我们的整个项目。

"我从来没有想到，美好的愿景、共同的价值观和有效的战略能够目标明确地释放出如此巨大的能量。公司内部没有发生任何摩擦或矛盾，所有人都齐心协力，共同努力着！"

拉迪斯先生赞赏地点了点头："威尔曼先生，您的确取得了很多成果。现在您可以回溯一下自己过去三个月之内所做的事情，您会发现，那些在

3月初让您烦心不已的事情现在根本不会对您造成任何影响。"

"对，您说得太有道理了！现在我们只需要解决流动资金的问题就可以了。6月27日，法律规定的三周的期限就要到了，如果在那之前我们无法获得任何额外收入，我就必须申请破产了。我们要如何解决这个问题？"

拉迪斯先生笑了："您看上去比原来进步了很多！仅仅几周之前，您还强硬而肯定地对我说，这绝对不可能，反正您做不到。可是现在您已经很平静地接受了事情的现状，并且仅仅问我：'如何解决？'我喜欢这样，我非常喜欢这样！

"您还有17天。只要您有一条盈利战略，这段时间就足够了。第一个问题是：您需要额外增加多少资金来进行这项战略？"

我思索了一会儿："为了维持仅剩一半的信贷额度，我需要5万欧元。接下来就取决于新战略需要多长时间才能奏效了。现在正是夏天，应该有很多人对户外体育运动课程感兴趣。也许我们要花上2个月？其实我还是没有太大把握。"

拉迪斯先生思考着："如果这个理念在2个月之内还没有效果，那它基本上也就没有用处了。也许我们还应该留出1个月的适应期，也就是3个月的时间。如果您拥有很多手段能够保证您的运营资金的话，那您可以为接下来1~2年的发展都计划好充足的资金。可是您并没有这些手段，所以，我们只能放弃一切不必要的打算。要撑过下面3个月，您需要多少钱？"

"为了完成剩下的订单，我还需要9万欧元，然后还有信贷额所需的5万欧元，一共14万欧元。"

"很好，问题很简单：您要如何获得15万欧元？通常来说，有以下一些方法和渠道。"拉迪斯先生在白板上写道：

- 出售自有资产（个人和公司），然后赎回；
- 供应商；
- 客户；

- 员工；

- 其他公司；

- 银行；

- 机构投资人；

- 赞助。

"我们来逐条地分析这些渠道。您的公司里有能够出售并赎回的贵重物品吗？"

我摇了摇头："我们公司的所配车辆和大部分电脑原本就是租用的，办公家具也没有那么贵重。靠这些东西我们不能支撑太久。"

"您自己有私有财产吗？"拉迪斯先生继续问道。

"我还有一些股票，大概价值 7000 欧元吧。可是这些对于我们的资金缺口无疑是杯水车薪。"

拉迪斯先生点了点头，把"7000 欧元"写在了第一条的后面，然后评论道，"还差 14.3 万欧元。下一条，供应商。您能把您的付款期限延迟吗？或者有没有供应商非常希望您的企业能够存活下去？"

我想了一会儿："对于我们的行业来说，几乎不存在供应商，除了电脑和办公器材方面，可是这些根本无足轻重。"

拉迪斯先生毫不动摇地继续问道："您每月为办公室支付多少租金？押金又是多少？慕尼黑的办公室空置率是多少？"

"目前我们每个月付 3200 欧元，押金是 9000 欧元。在慕尼黑确实有一些办公室处于闲置状态。"

"很好，请您告诉您的房东，接下来的三个月里您每个月只能付 1000 欧元的房租，再接下去的两个月您每个月付 2000 欧元，少付的部分您会在一年之内补齐。他拥有您的押金做担保，而您就可以在前三月内省出 6600 欧元。"

"您为什么能够肯定房东会同意呢？"我惊讶地问道。

"因为如果不这样做，您在三个月之后就没有一分钱可以付房租，他肯定更要不停地抱怨。请您尽可能友好地配合房东的工作，不过绝对不要把时间浪费在同他纠缠上！

"很好，现在还差 13.64 万欧元。现在，我希望您能够把注意力集中到另一个角度上。7 月，您就能够获得第一笔可支配的收入。如果您的客户，也就是课程供应商，他们用信用卡或银行账户直接与您结算的话，资金在 8 月初就能够打进您的账户。那些为课程打广告的信息门户网站会从您这里获取佣金，从这种意义上来说，他们也是供应商。如果您直到 8 月末才支付 7 月的广告费用，那您就可以有 1 个月的时间来利用这笔钱。这笔钱的金额当然比较难以估算，不过如果它在 1 万欧元以下的话，那么您的网站运营也就有问题了。所以，我们就用 1 万欧元为最小值吧，现在还差 12.64 万欧元。

"下一个渠道：您的客户。您可不可以稍微改变一下付款期限？您企业的破产会不会对某一位客户造成非常大的影响？此外，您还有没有可能再同一位老客户签订一份订单？"

我摇着头："我们大约还能争取到 3 万 ~ 4 万欧元的订单，可是这样一来，保罗或者我就必须亲自上阵完成它们，我们就不能够专心进行新的项目了。

"事实上，确实存在这样一位客户，一旦我们公司破产了，他就会有大问题。可是我们已经与他们有纠纷了，所以不可能再从他们那里获得一笔资金。"

"这位客户到底会有什么问题？"

"这与他们公司的局域网有关系。这个局域网控制着整个公司的内部流程，必须定期进行更新，以适应新的流程。而它的源文件就掌握在我们的手中。不过这位客户宁愿为他的律师支付双倍的工资，也绝对不会为我们提供一丁点儿资金。"

"您每年能够从这位客户获得多少收入？"

"大约7万欧元。不过这已经没有意义,这位客户不会借钱给我们的!"

拉迪斯先生笑了:"不需要他这样做。这位客户对您的公司很不满意,很想同你们脱离关系。请您满足他的这个愿望吧!"

我瞪着拉迪斯先生,完全没有明白他的意思。

"我想您肯定有几个竞争者,不是吗?"拉迪斯先生笑着说道。

现在我懂了:"您的意思是,我可以把这位客户转让给我的竞争者?我以一定的价格把源文件卖给一位竞争者,然后把这位客户转移给他?这真是太天才了!客户摆脱了我们,我的竞争者得到了额外收入,而我们公司不仅不再需要同这位客户打交道,还获得了资金。每个人都能够从中获益。我甚至知道可以把源文件卖给谁。您觉得他们能支付多少费用?"

"这位客户恐怕不会轻易更换系统,否则他很久之前就这么做了,不是吗?所以,我们可不可以认为他还会继续使用5年以上?"

我点了点头。

"我觉得售价应该是1万~7万欧元。不过因为您现在的时间很紧张,所以也可能会低一些,这同您的谈判技巧有关系。我们就把这算成是26400欧元吧,那现在还剩下10万欧元。"拉迪斯先生坏笑着,把手机塞给我,"您刚才说您知道应该卖给谁。"

我真是哭笑不得,只好拿起手机开始打电话。一会儿之后我对拉迪斯先生说:"没错,他挺有兴趣的。我们周一会见个面,仔细讨论一下这个问题。"

"很好,那么下一个渠道——您的员工。您说您的员工现在都很兴奋。您可以做两件事。首先您可以征求员工的意见,看他们是否愿意接受暂缓支付工资或暂时的减薪。我想他们应该会同意的,不过根据以往的经验,这种手段会降低士气,影响到大家的工作积极性,最后您得到的成果会打折扣,我想您绝对不会愿意放弃成果。这种手段应该建立在完全自愿的基础上,如果您自己能够率先为自己减薪,我想应该有一些人会受到鼓舞,而不会影响士气。您能够为自己减薪多少?"

"三个月吗？每个月大概 1500 欧元吧。"

"很好，在您这里应该会有 12 个员工自愿接受减薪，这大概每个月能够节省下 3500 欧元。三个月能省 1.5 万欧元。现在还差 8.5 万欧元。"

我简直目瞪口呆。我们甚至还没有讨论到银行或投资人，就已经获得了一半的必需资金。

拉迪斯先生继续说道："关于员工的第二个措施，您可以让他们参股您的公司，您可以把一部分的股份出售给他们，或作为干股赠送。哪位员工有比较充裕的资金，或者有意向做一些投资？"

"据我所知，我的员工都没有钱。我自己也并不认为他们中的某个人能够拥有股份，这样我们就进行不下去了！"

拉迪斯先生沉思道："您之前曾经提过有可能成为经理的弗兰克。如果他过去曾经是一家小企业的总经理，并且颇有一些成就，那他应该会有资金。"

"可是他还不是我的雇员呢！"我抗议道。

"那您就雇用他吧，"拉迪斯先生说道，"您现在正需要他的支持。"

"您错得太离谱了！您建议我应该先聘用弗兰克，然后立即请求他投入资金？"我把头摇得像拨浪鼓，"可是这算什么，我只能说我尽量试试。"出于对拉迪斯先生一贯的顺从，我把手伸向了手机，试图拨通弗兰克的电话，可惜没有成功，只有语音信箱，也许他正在登山。

"如果他小有所成，那他至少应该有能力投入 2.5 万欧元的资金。不过我们暂时还不知道，所以我们先把在一项后面打上问号。

"下一点——其他企业。有没有企业有意向对您的公司进行投资？"

我想了一会儿，可是一无所获。

"没关系，"拉迪斯先生一边笑着，一边肯定地补充道，"您肯定能想到。"

听到这种无理的话，我不高兴地摇了摇头。

"现在我们来讨论最后三点——银行、机构投资人和赞助。对于您来说，使用这几个渠道筹集资金所需的时间都太长了，而且需要您投入大量的劳动，这会影响到您原本的工作。不过，"他继续说道，"您有一个机会。"

我好奇地看着拉迪斯先生。

他笑道："请您在下周与您的银行经理做一个预约。您最好能够带上您的税务顾问，当然前提是您之前能够说服他，他也能够出席。您需要向银行说明，您能够接受信贷额度的缩减。虽然这一点无关紧要，因为即使您不同意，银行也会这样做。可是如果您不这样做，您就无法掌握主动。

"接下来请您为银行经理介绍一下您的新理念，然后告诉他，您希望把信贷额度的缩减推迟 6 个月。只要他不排斥这个想法，您就有讨价还价的余地，比如，关于到底推迟几个月，等等。"

我若有所思地点了点头："没错，这个方法可行！这样我们就只需要 3.5 万欧元了。这些钱我们从哪里获得呢？"

"我们先不考虑这个问题吧，现在您的面前有一堆活要干呢。到下周末之前您就能知道，哪些方法成功了，给您带来了多少流动资金。如果到那时候资金还有缺口，您还有弗兰克和其他企业家做后备嘛。"

我又看了一眼白板上写的东西，心里非常确信自己肯定能够成功。于是我提了一个问题，这个问题困扰了我一个月："拉迪斯先生，我们为什么没有早一点开始解决资金问题呢？"

"有两个原因。第一，如果没有战略和愿景的支撑，募集资金是不会成功的。您的员工凭什么愿意放弃自己的薪水？您又要对银行说些什么？

"第二个原因您可能不会喜欢，不过我还是要坦率地告诉您。一家公司在社会大分工中承担着一定的角色，因此它也有一项任务，有不可替代的意义和地位。如果一家公司失去了这样的意义，它也就没有继续存在的价值了。如果一家公司失去了这种地位，它就失去了能量：人员、原材料、资本、活力。它会给环境和社会带来负担。"

一家公司在社会大分工中承担着一定的角色，因此它也有一项任务，有不可替代的意义和地位。如果一家公司失去了这样的意义，它也就没有继续存在的价值了。

"原材料和资本我可以理解。可是社会上失业的人本来就很多，所以这不能称为浪费吧？"

　　"外面的世界里，"拉迪斯先生大力地挥动了一下手臂，"外面的世界里有数不清的问题和挑战。每一个挑战都潜在地拥有被解决的可能性。大部分的问题——如果不是全部的问题——您都可以通过一家公司来解决。或者说，这个世界上的大部分问题有促成一家新公司建立的潜力，并且创造就业岗位。不过一定要注意：这只是结果，而不是目标。"

　　"是啊，可是这样一来，不是就会有足够的工作岗位了吗？"

　　"可惜情况并不是这样的。原因很简单，大多数的人只关心他们自己的问题。除了这些人，以及与他们共同面对问题的朋友圈子之外，没有人感兴趣，所以也没有人会给他们提供任何能量和帮助。于是他们的问题又变得更大了。只有当人们把目光从自己的问题上移开，开始关注世界上的挑战时，外部的能量才会开始流动，否则一切都会保持原样。

　　"这种想法不是特别受欢迎。可是让那些毫无意义的企业消失确实是一件好事，这是一种很自然的优胜劣汰。我不知道您是否能够理解这种观点。我们第一天见面的时候，我曾经对您说过，我自己已经办砸过两家公司了。这两家公司都失去了这种意义，所以让它们关门是一件好事。我的员工不需要整日在无聊而又没有意义的防御战中消磨精力，他们中的大部分人找到了新的、更好的工作；银行不需要再提供更多的资本了；而我也获得了更大的空间和更丰富的经验，使我得以开始一些新的、更有意义的尝试。当然，我在那个时候肯定不会这么看，我也是在企业教练的帮助下才获得这种视角的。

　　"如果企业家不能使企业具有这种意义，或者说他不能够全心为客户创造收益，那我绝对不会帮助这样的公司获取外部资金，并且挥霍掉它们的。"

　　"您不觉得这有一些偏激吗？"我打断了他的话。

　　"不会，如果您对 5 个新联邦州和柏林进行比较，您就知道纯粹的投人不能获得任何成果。事实上情况有可能更糟，对于一个无法运转的体系来说，即使人们通过提供外部资金来维系它的存在，它也不可能因此而开始正常运转。一个无法运转的体系需要的是一种干涉力，这种干涉力能够打破体系，让它重新构建自己。

"外部资金的注入常常会导致与原定目标完全相反的结果。因为得到了资金，企业家会觉得自己已经高枕无忧了，他也不需要再以最高效的方式全力以赴地努力工作。与此同时，企业家开始把注意力转移到出资人的身上，而不是关心他们的客户；而投资人本身也很希望能够得到关注。这样一来，企业家对于其他事情的关注就大大减少了。可不幸的是，企业的情况越糟糕，投资人所需要的关注力度就越大，因此，您会陷入一个恶性循环，永远也挣脱不出来。而且有一件事您必须搞清楚：这世上总有一个人比您更加关心客户，因此他能够提供比您更加适合的服务，最后您就出局了。

"除此之外，外部投资人最关心的永远是利润。而您只有在市场足够大的时候才有可能获得大额的利润。"

"这种情况下，我们的战略制定就会误入歧途，因为我们的公司选择了一个比较小的目标群体，"我补充道，"我还从来没有想过这些问题。"

> 如果您的核心价值发挥了作用，愿景和价值也很有吸引力，那您自然而然就能够得到资金。而如果您的核心价值没有吸引力，您就会需要资金，这些资金也不能够真正对您有所帮助。

拉迪斯先生点了点头："这两条路总是完全相反的：如果您的核心价值发挥了作用，愿景和价值也很有吸引力，那您自然而然就能够得到资金。而如果您的核心价值没有吸引力，您就会需要资金，而且这些资金也不能够真正对您有所帮助。

"Excellence Barometer-Untersuchung 调查 [1] 在 2004 年发现，如果把市场中的所有企业分成 4 个等级，最次等的企业从风险投资家那里或通过公共赞助来融资的次数是最优等企业的 3~4 倍，而那些最好的企业总是努力靠自己来获取资金。最次等的企业甚至能够从赋税中获得补贴，这些税金往往由于官僚主义的层层干预而最终转变为公共赞助基金。

　　"对于新成立的公司来说，只有其中的极小一部分真正急需资金。我们有一个很明确的论断，在如今的社会，大部分企业的建立完全可以仅靠个人的存款或奶奶留给孙子的遗产。它们基本上是非资金密集的服务提供型公司。"

　　"是啊，在我刚起步的时候，我也只有一两千欧元、一台电脑以及一身西服。"我笑道，"可是，如果要向市场投放一套标准软件，我就需要从外部获取资金了。"

　　"是的，在一些特殊情况中，您的确要依靠外部资金，"拉迪斯先生肯定了我的说法，"可是，在大多数情况中，只要您愿意，您就能够找到办法。在没有资金的情况下，您必须更长时间地思考。而一旦获得了资金，您就不会再动脑筋了。这种情况正是我希望避免的。您觉得我有没有回答您的问题？"

　　"是的，您已经回答了，"然后我很高兴地总结道，"现在我们需要在一周之内完成门户网站的建立，到那时候我应该能解决流动资金的问题了。以防万一，我们下周还是要再一次见面，补上可能出现的资金缺口。其他的就是一些市场和营销工作，没有太大问题。这样，我们把能做的事情基本都做完了，就等着我们的公司像火箭一样一飞冲天了。"

　　可惜拉迪斯先生摇了摇头："这是一件很难的事情。您肯定还需要对这个理念进行细节上的调整。这有可能会延缓您的进度，不过应该不难应

---

① Excellence Barometer-Untersuchung，德国一项权威经济调查。——译者注

354

付。可是您还有其他问题，如果您把您的电脑接在高压电缆上，那会发生什么事情？"

"最好的情况是冒一些电火花，我觉得它更有可能会直接燃烧起来。"我回答道。过了一会儿，我点了点头："我明白了！您的意思是说，在我的公司获得成功之后，大量的能量会涌入公司，极大地超出我们的承受能力。不过，这是一个让人很愉快的烦恼，我可是一直梦想着这种情景呢！"

"恐怕您会大失所望的！燃烧不是很严重的后果，有不少公司在成长期直接就爆炸了。问题就像不可控的连锁反应那样一个接一个地发生。当您陷入那种情况时，无论怎样努力基本上都毫无意义了。您的企业不再受您的控制，您所剩的唯一机会就是与一切决裂，可是如果这样做，您的公司就会被他人夺走，而您也会被赶出公司。"

"所以换句话说，我最好现在就要开始做准备，是吗？"

"那样是最好的选择！"拉迪斯先生回答道，"如果一切进行得很顺利，在一两周之后，您所需要做的事情就很有限了。弗兰克成为经理，软件运转良好，而资金也到位了。您可能需要与弗兰克进行一些磨合，可能还需要对战略进行一些细微的调整，也许还需要花时间拉拢人脉。不过除此之外，您就没有其他的工作了，因为您在过去的一个月中已经很好地完成了自己的任务，也巩固了自己的位置。所以，您可以把这些时间用来促进自身的学习成长，为未来做准备。"

"那我们现在要做的事情就是让我对未来所要面临的工作有一个大致的概念。"

"外部能量是无穷无尽的。而您的思想核心，也就是企业的愿景和价值观会不断吸引外部能量——客户、员工、资金、公众的关注。现在，所有的利益相关者都参与到了游戏中，所以您一定要把握好时机。

"在这一时期，您有两个任务。一是您要如何使这些外部能量进行流动；二是当这些能量开始流动之后，您应该对公司做怎样的安排，使自己能够利用这些能量开展新的工作。第一项任务您很快就能够完成。这项任务最主要的工作是构建有吸引力的愿景和价值观，并且把注意力集中在流向您的能量上。当然，尽可能多地吸引外部能量是一项长期而持久的工作。这意味着您要不断地对客户、员工、投资人和公众进行激励和鼓舞，并且不断地为自己储备资金，您的储备资金必须增长到一个同您的愿景相适应的水平上。"

"关于鼓舞和吸引我都明白，可是我要如何进行资金储备？我们直到现在还没有盈利呢！"

"大部分的企业不盈利，"拉迪斯先生笑道，"这归根结底是因为他们不会对他们的利润进行规划。如果您希望增加继任者的收益，那利润就是不可或缺的重要因素之一。不需要很多，但也绝对不能少。因此，在您的企业家任务体系之内，这也是您需要关心的内容之一。

"您知道大多数人是如何理财的吗？"

我摇了摇头。

"在每个月的月初人们拿到工资，如果在月末的时候有节余，人们就会把这些钱存入银行。可是，到月末的时候基本上不可能剩下多少钱，更多的情况是——钱用完了，这个月还有许多天。大部分企业家和自由职业者的行为方式也是如此，这一点从与企业绩效评估相关的财务计划就能够看出来。利润永远都是最后节余的部分，是最后的一环。

"财富管理教练博多·舍费尔建议个人采用一种极为简单的方法，即在每个月的月初把 10% 的钱预留出来，然后存起来，这种方法对于企业家也同样适用。这样您就需要对您的财务计划表作一些修改。如果是利润造成了您的瓶颈，那么您就把利润记入报表中紧跟在收入之后的第二行，然后把相应的资金存入一个单独的储备投资账户。假如是人际关系造成了您的瓶颈，那么您就把公关任务记在第二行。"

"这些只不过是数字游戏。"我抗议道。

"不，"拉迪斯先生否认道，"您的思维方式会发生改变。在以前，只要最后报表的结果收支平衡就可以了，利润不过是锦上添花而已。而现在，报表的结果也可以是收支平衡，可是在那之前，您已经获得利润了。最好您能够把这个利润账户的管理权交给其他人，您可以把它当作您的另一个工资账户。您知道的，紧急的事情都长着两条腿，不是吗？"

我的脑子里渐渐产生了一丝明悟："您的意思是，过去利润只是一个美好的副产品，可是现在，它是我完成企业家任务不可或缺的重要因素。这不仅听上去很有启发性，而且的确能够完全改变计划方式！"

"很好，那我们就来讨论这一阶段的第二项任务吧。我们要讨论的是您应该如何安排和组织您的公司，使您能够利用这些能量开始新的发展。

"在大自然中存在着多种多样的生长模式。这首先涉及繁殖的方式，即低等生物依靠细胞分裂来繁殖，高等生物的繁殖方式则是有性生殖。其次，这还涉及生活空间，即生活空间可能由数百万的低等生物个体共同开拓创造，例如，蚂蚁；或者生活空间被几千只大型生物所占据，例如，狮群或大象。最后是个体的成长。毛毛虫会变成蝴蝶，它改变了自己的生理结构和生活方式，而其他一些生物则不会改变自己的生理结构和习性。

"企业的情况也是一样。企业可以一边成长，一边不断地改变内部结构，或者它们也可以通过许可证模式、分公司模式、特许经营模式或是直销模式来不断扩张。此外还有分型模式，也就是指那些将自身结构在每一个层级进行复制的公司，例如，伍尔特。还有一些企业在达到一定的规模之后会进行自我拆分，这样它们就可以在国际市场上采取不同的灵活应对方式，无论是作为统一的整体，或是子公司之间进行合作，或是各自寻找合作伙伴。所有这些模式都各有其优缺点所在。"

我思索着："因为我们的体系是依靠运行一个巨大的中央数据库来生存的，所以也需要一间控制权集中的公司。即使在跨国扩张中，也可以把当地的合作伙伴当作迅速进入市场的向导。"

拉迪斯先生点了点头："而且，在分公司模式和特许经营模式中，大型本地销售商的优势也并不能给您带来多大好处，因为你们的销售基本上是依靠网络来进行的。

"这样，您将要面对的就是中央集权式公司的两种风险。首先，公司每前进一步，您就要对公司进行改组。第二点更重要，企业的规模越大，直接与客户发生联系的人群在公司中所占的比例就越小。因此，公司关心自身多于关心客户的危险就会大大提高。"

"这些听上去都很有意思。我想您说的的确有道理，我确实应该早一些开始关心这些问题。不过怎样才能避免这些问题呢？"

"您需要在前期就考虑到公司组织结构的问题。您可以强制规定，所有员工都要定期在客户那里做实习，以拉近同客户们的关系。或者您可以规定一个确定的比例，有多少员工要进行面向客户的销售工作，而又有多少员工要进行远离客户的研发工作。

"您也可以成立一家独立的集中研发公司，这样一来，销售工作就能够以分形几何①的形式不断发展，为更小的目标分群体提供专业化服务，或者开发更多的群体。比如，除了与户外体育课程供应商合作之外，您还可以与商务讨论课供应商或类似的商家合作。他们是互不相同的目标群体，而这些目标群体肯定各有其不同的问题所在，也希望你们用不同的方式来对待他们。这种方式有一些好处，比如，您可以同目标群体靠得更近，或者您可以在不同的部门之间引入竞争。不过，您也面临另一种风险，即研发部门的地位过高。您要如何避免这种情况的出现？从公司的结构来看，不同的利益群体会逐渐产生。您要如何避免销售部门和研发部门之间的矛盾？"

"请稍等一下，我的头都晕了！"我打断了他的话，"有这么多可能性，我到底要如何做决定？"

"思考！您要找出市场的需求到底有多大。您最好，不，您必须成为行业领跑者，也就是说，您至少需要占据30%的市场份额。所以您要知道，

---

① 分形几何：一个粗糙或零碎的几何形状，可以分成数个部分，且每一部分都（至少大部分）是整体缩小尺寸的形状，例如雪花。——译者注

为了占领这么大的市场，您需要做出哪些成果。然后，您还需要在这种规模的基础上制做出一张公司组织结构图。您需要仔细推算，这张组织结构图对于公司的各个方面都意味着什么：它是战略性的，但也需要贴近客户，需要坚持您的价值观，要关注团结统一性，关注信息流，以及在做出调整时的战略可控性和调整之后的结果。最重要的标准则来自您的愿景——不断为客户创造更高的价值。如果您做完了这些事情，那么您就有了一个清晰的模型。您需要把这个蓝图展示给所有的员工，使大家都能够有目标地工作。"

"我觉得这项工作我们现在暂时还没有办法进行。我会记住这件事，到时候我再与您就结果模型进行讨论，您看怎么样？"

拉迪斯先生点头道："成长模型只是第一步。第二步则是成长法则。在大自然中，这种法则来自基因。对于人类的知识以及人类的组织来说，存在着一种叫作模因[①]的模型，这主要是由苏珊·布莱克莫尔提出的。模因指各种理念、想法、旋律等，它们像基因一样通过复制自我来不断传承。在企业中，您可以把很多东西当成模因来强调，例如，价值观、管理结构或一定的原则，又如永远关注所期望的东西，等等。

"无论是基因的传承还是模因的传递，二者一方面都牵涉结构的一致性，另一方面也都牵涉一定程度的变化性。如果没有结构的一致性，您现在的器官组织就会像癌细胞一样，而您的公司也会混乱不堪。而假如没有变化性，您就不可能适应不断变化的外部环境，早已经灭绝了。最关键的是变化的速度。在您的行业和市场中，最适合未来50年的变化速度是什么样的。

---

① 模因是文化资讯传承时的单位。这个词是在1976年，由理查·道金斯在《自私的基因》一书中首次提出，将文化传承的过程，以生物学中的演化规则来作类比。模因包含甚广，包括宗教、谣言、新闻、知识、观念、习惯、习俗，甚至口号、谚语、用语、用字、笑话等。——译者注

"在有机体的生长过程中，新的细胞从老的细胞中分裂产生，也随之复制了老细胞中的基因。可是在企业的成长过程中，您必须不断地把各种人融入您的企业中，他们会带来各自的模因。这就是企业设计中的高级课程了。您应该如何选出那些与企业模因最相适应的员工？您应该如何把企业的模因传递给员工？即使您将来已经不在企业中了，这些员工又应该如何把企业的模因传承下去？您要如何对变化性进行规划？您把何种程度的变化看成癌细胞，又将如何摆脱它们？

"现在，我们终于进行到最关键的问题了，那就是如何让目前仍旧存在于您脑中的想法在一个尽可能大的环境中真正获得其意义。只要这些想法还停留在您的脑中，它们就没有实际意义，您也并没有得到一家公司。

"在这一步，相当多的企业家都会犯错误。他们对于自己的成长以及成长背后的规律没有一个明确的设想。只要您不能够准确地定义它们，那您永远也不可能辨认出癌细胞的存在。"

我真想放声大笑，我可以很容易地想象出那幅"企业患有癌症"的场景。如果整个公司都开始恶性增殖，变得不再受控制；如果雇用和解雇员工的标准各不相同，人们失去了方向性；如果企业中出现了不同的派别，各自争斗不休；如果人们很难认识到自己的问题；如果企业走到了需要大手术甚至无药可救的地步，那将是怎样的一幅场景。于是我对拉迪斯说："也在确定了公司组织结构图之后，我必须尽可能迅速地确定公司的招聘标准和流程、管理办法以及员工组织培训的方法？还有哪些情况下员工的行为是我们所不能够容忍，必须予以开除的，对吗？"

"完全正确！"拉迪斯先生说道，"在这个过程中，您的价值观又会对您产生帮助。一方面，它能够帮您创造出生动、有趣的故事，帮助您赢得员工的真心，并规范他们的行为；另一方面，这也能够把价值观逐渐打造成一个体系，使它们能够潜移默化地进入企业的每一个角落，即使将来有一天您离开公司也不会产生影响。"

就在这时候电话铃响了，是弗兰克，他听到了我给他在语音信箱里的留言。我尽可能简短地向他介绍了我的新战略，并且邀请他以经理的身份加入我的公司。当他意识到，他可以把自己对于户外体育运动的个人爱好同自己的职业兴趣结合在一起的时候，他提议我们今晚在慕尼黑见面，一起吃晚餐。我欣然同意了。

然后我又转向拉迪斯先生："我知道我们刚才所设想的一切都很重要，在未来一到两周之内，我会专心处理这些事情。通过您刚刚向我提出的几个问题，我更加明确地认识到了企业家的真正任务所在——按照企业家体系设计并建立一家企业。当我还在以过去的专业人员的视角看问题时，我从来没有想到过这一点。

"不过现在我又有了一个新问题。假如我聘用了弗兰克，他的任务是什么？我应该如何给他划定界线？又如何领导他？"

"基本原则同萨宾娜、诺贝尔特和保罗一样，"拉迪斯先生解释道，"开始的时候您每天都要与他会面，进行磨合和监督。因为您一直都在坚持按照企业家体系来工作，所以我想您应该对过去 3 个月中公司内进展顺利的事情和您能够做得更好的事情进行了记录，对吗？"

"是的，这完全没有问题！"我回答道，"我还记下了自己当时的一些想法。可是我应该交给弗兰克什么工作呢？我应该如何对他进行监督呢？"

"首先，您需要一步一步地引导他融入公司。我想您肯定已经与他谈论过您的价值观与愿景了吧？"

"是的，我们俩的观点完全一致。"

"那真是太棒了。那么他一开始就应该完全可以接手销售和公关工作。对于萨宾娜和其他的人来说，研发工作很适合他们，可是保罗就有一些大材小用了。如果您想尽可能迅速地发展，这一点会成为制约您的瓶颈之一。

"此外，银行有可能还会做傻事，要求您提供一份写有确切数据的经营计划书。作为企业家，您显然不应该把时间浪费在这种没有意义的蠢事上，可是为了获得资金，这又是必不可少的。所以，您可以让弗兰克以您

361

的理念为基础，制作一份这样的计划书，如果您有可能把这项工作交给您的税务顾问去完成，那就更好了。"

"我也一直觉得写这种计划书很浪费时间。当初申请贷款的时候，我曾经做过一份这样的计划，可是在那之后我就再也没有看过它。所有咨询顾问都不断地向我解释，拥有这样一份计划对于成功是多么重要，可是它对于我的作用却微乎其微，"然后我笑了，"其实我一直就盼望着，您能在这个问题上同那些顾问唱反调。"

拉迪斯先生也笑了："在过去的10~15年，在建立企业时撰写经营计划书已经成为一种强制的惯例——银行、公共资金投资准则和创业补贴等都是这条惯例的坚定支持者。至少在企业创立之初，需要外部资金的时候，这条惯例总会被坚定地贯彻。可是从此以后，破产率也上升了。所以从客观的角度上来说，经营计划书在统计学上能够给企业的经营情况带来显著的改善和提高，这种说法是站不住脚的。而从企业家主观的角度来说，经营计划书也没有太大价值，只能被束之高阁。

"其实问题在于，这份文件的制订者不清楚为什么要做这件事。计划书的目标读者并不是企业家或者员工，他们并不是因为想要知道下一步应该干什么才去制订这份计划。计划书的读者是银行家、投资人、公共资金的管理者以及政府部门。因此，这些计划书也必须完全按照他们的预期来制订。

"不同的读者群会拥有不同的阅读兴趣，因此文章的内容也会有所变化。计划书的读者，也就是一名投资人，他最大的兴趣就是自己投入的资金能够在尽可能小的风险下获得尽可能高的资产回报率。这种兴趣当然是合法合理的，可是它会使企业管理的思路发生错误，并且妨碍企业实现它们的价值。这一点我们在第一天的时候已经讨论过了。

"经营计划书如此紧贴投资人的利润和风险预期会造成如下后果：那些读经营计划书的人根本就不知道这家企业到底处在何种状态——企业代表何种价值？企业与客户的关系如何？企业内的员工如何精诚合作？

"那些读经营计划书的人也不会知道他自己应该做些什么：企业应该从何处着手建立？应该怎样构建与客户的关系？如何推进创新改革？招聘员工的标准是什么？如何建立企业内部流程，并对它们进行测试？

"那些读经营计划书的人还不知道，当现实与计划不相符的时候，应该采取哪些措施：对于机遇与风险的具体管理应该怎样进行？怎么积累储备金——即使是在投资人为了减低自己的风险而撤资的时候？在什么情况下才允许动用储备金？

"假如我们去看建筑师的设计蓝图，却看不出房子的外观会是什么样子，也看不出墙面应该如何建造，那这张蓝图就一无是处，即使这张图的右下角写着房屋的精确造价。而经营计划书也是这样的。因为大部分企业家本能地感觉到了这一点，所以那些计划书随后都会消失在他们的抽屉里，再也不见天日。①

"所以对于这种东西，您在它们上面浪费的时间越少越好。甚至您的经理都不应该把时间花在这些东西上面，不过为了大局着想，有些事情他还得做。

"我需要提醒您一个误区，这并不等于要放弃计划的制订。您的目标是制订一个能够让您、您的经理以及员工能够参考的计划。这在 90% 的程度上都与传统的经营计划书不一样。"

"您真是说到我的心里去了，"我附和着拉迪斯先生，"不过，我还是有一些怀疑，您该不会对银行家和投资人有意见吧？"

"不，不是这样，"拉迪斯先生严肃地否认道，"我自己就是一名投资人。投资人所拥有的又是另一种视角，当人们想做一些投资的时候，也是非常需要这种视角的。可是在建立一家公司的时候，这种视角就没有作用。我们必须区分清楚，自己现在需要扮演的是哪一种角色——可惜大部分的

① 更多内容请您登录 http://www.unternehmercoach.com/coach-unternehmer-coachingbusiness-plan-sinn-unsinn.htm。——原注

投资人和银行家都不能够做到这一点。"

我恍然大悟地点了点头，然后试图把话题转回到我原来的问题上："回到弗兰克的问题吧。要把销售、公关、协调财务计划和经营管理工作交给他。还有其他工作吗？"

"您同萨宾娜的每一次例会他也需要参加，因为他会是萨宾娜的直接领导。而且他应该有一套与企业家体系相类似的体系，当然需要做出一些相应的修改，比如，在他的任务栏里大部分是 M 类任务。

"现在还有一个问题，您对他的监督应该包括哪些内容。一开始您需要监督所有的一切。最好您能够跟他明确地约定您的监督时间、监督内容和监督时限。当您事先规定好自己监督的对象和内容时，您就可以减少监督工作对于您的束缚，而把更多的时间用到您的客户身上，也就是那些长着两条腿，在您门外等候的人身上。到后期，您就可以只对三个方面进行监督了，不过这些监督却是持续而长期的。"

我点了点头："三个方面中肯定有收入和利润。还有一个方面呢？"

拉迪斯先生摇了摇头，冲我翻了一个白眼："我们在过去的几个月里都讨论了哪些内容？企业的任务到底是什么？"

我有一些疑惑地回答道："尽可能多地为客户提供收益……"然后，我忽然意识到，他想说的是什么了。"所以，您的意思是，这也是我需要监督的地方：企业是否为客户尽可能地提供了价值？我是不是还应该把这件事放在利润前面？"

"那是自然！"拉迪斯先生恨铁不成钢地说道，"如果您不对此进行监督，那么您要如何创造这种价值？您所做的一切真的能够让他人受益吗？除此之外，您这次的整个构想都要建立在客户对您信赖的基础之上。如果您对客户们说，客户的热忱高于一切，可是您的脑子里却装满了经营业绩，那他们也不会再相信您了。如果您对您的员工说，他们最应该关心的事情是客户满意度，您自己却最在意财务报表，那员工也不会再相信您了。也许客户和员工都不能清楚地表达，他们为什么不信任您，可是您言行中的矛盾之处，他们都能看出来。这一点您务必相信！

　　"即使情况没有我说的这么糟糕，有一件事情是一定会发生的，你的员工和客户会开始模仿您。您的员工会最先关心他们的工资单，而客户也会先关心预算。我想这肯定不是您所希望出现的局面。这有可能会导致您整个理念的崩溃，造成所有能量全部流失。所以，您需要监督和衡量的第一项指标就是客户的收益。"

　　"比如，定期进行客户调研？"

　　"是的，也可以那样做。不过更好的方法是与客户同在。每天都与客户聊天，每天都观察他们的情况，这是最重要的——因为选择与行为都是无意识的。如果您仅仅同客户们谈话，那么您只能了解到他们单方面的视角，他们对于自己世界观的阐释。"

　　"您说得没错，可是我还是没有衡量的指标啊。"

　　拉迪斯先生微微一笑："您以前学过物理吧，那您应该听过爱因斯坦的这样一句话，'并不是每一件算得出来的事情，是有意义的；也不是每一件有意义的事情，是能够被算出来的。'您只在一个地方需要数字和指标，那就是您需要以客户收益为标准建立一套奖惩体制的时候。其实您只需要使用一项数据就可以了，那就是客户如何评价和比较您与您的竞争对手之间的工作。"

　　"没错，这种比较参数实在是太天才了！"我惊喜地说道，"它完全回避了整个短期目标计划的问题。作为企业家，我不再需要尽可能地把指标提高，我的员工也不需要再向我争取把指标降低。这还使我避免了另一个问题，那就是我不会再难以预测和估计未来的发展方向。在这里，唯一的衡量指标就是比竞争者做得更好。只要竞争对手做到了某一点，那么就没有人认为我们做不到这一点。"

　　"说得太对了！"拉迪斯先生称赞道，"只要您能够运用好这种比较参数，您就可以把公司内部各层级间的目标冲突引导到更适合它存在的地方，也就是市场上。您还可以在公司内部激起一股凝聚力，因为我想您公司里的任何一个人都不会愿意输给你们的竞争对手。此外，您还能够避免一个衡量绝对指标所带来的典型问题。员工们不会在10月就失去干劲，因为到那个时候，他们还不知道自己是不是比竞争者做得更好。"

"能量也能够很顺利地流向我需要的方向，"我补充道，"现在我有一些明白您说的控制外部能量的意思了。这指的是通过一系列的手段使所有的能量流向同一个方向。而为了尽可能地做到这一点，我们需要寻找那些本身就向着那个方向流动的能量，而不是成天与涌动的逆流作斗争。也就是说，您表述为'运用外部能量'的这项任务，其基础在于一条非常简单的原则，那就是把注意力集中在我们希望达到的目标上，而不是我们不希望发生的事情上。拉迪斯先生，"我稍微思索了一番，又继续问道，"这种用竞争对手来作衡量指标的办法，我能够把它用在别的地方吗？"

"当然可以，"拉迪斯先生回答道，"在公司里，一切中短期目标的树立您都可以采用这个方法，把计划指标同其他组织单位的成果相对比，无论这个组织单位是其他的竞争对手或公司内部的任意标准和部门都可以。不过在制定长期目标的时候，您还是应该以您的愿景为基准。至于您的竞争对手都做了什么，对您来说没有实质意义。"

我点了点头："非常好。不过，我们又偏离主题了。您之前说过，我必须对三件事进行监督。第一件是客户收益，那其他两件是什么呢？"

"第二是每个月对能量平衡表进行审核。"

"能量平衡表？"

"现在，在您的公司中存在着不同形式的能量，但是通常情况下只有财务资金才会被审核。我想您也会依次审核流动资金、利润和销售收入。可是假如您公司的公众形象受到了损害，或者员工的工作积极性下降了，那即使您的资金账户有所增长，对您来说也没有太大意义。不过从另一个角度来说，假如您的知名度很高，您却没有任何资金以满足广大客户的需求，那么这也没有意义。

"因此，能量平衡表指的不仅是财务参数，还包括衡量您与利益相关者关系紧密程度的参数。请您用与客户收益相类似的方式来定义这些参数！"

"您的意思是，'能量平衡表'就同卡普兰和诺顿发明的平衡记分卡相类似？"

拉迪斯先生摇了摇头："我的意思是，除了财务参数之外，还有其他必须衡量的参数，不过我指的并不是平衡记分卡。平衡计分卡不过是对20世纪60年代时出现的类似模型以及对70年代EKS压力平衡表的重新构建和模仿。它还有一个致命的结构缺陷——卡普兰和诺顿并不理解企业的用途和意义。他们完全把目光集中在股东权益，也就是投资人的收益上，所有的一切都与此挂钩。如果您丝毫不加改变地照搬平衡记分卡，那您最终只能误入歧途，也许您在这条错误的道路上前进的速度比原本的速度还要快。我想，这肯定也是为什么只有10%~15%的企业成功推行了平衡记分卡项目的原因所在。"

"可是这与压力平衡表又有什么关系？这个词听起来就很古怪。"

拉迪斯先生忍不住哈哈大笑："是的，我想这也是它为什么不大受欢迎的一个原因。基本上，它只不过是一个集合。它包括了我刚才同您说的那些，以及我们三个月之前所讨论的对于瓶颈参数的关注。"

"好吧，我会建立一个这样的能量平衡表。我会每个月对它进行审核，然后与弗兰克开会讨论。不过为了防止人为操纵，我是不是更应该把参数的制定交给第三方去完成？"

拉迪斯先生点了点头："是的。现在要说第三件事了。为了让您的公司能够更加高效地运转，您需要很多体系。我想您在向诺贝尔特、玛丽亚和萨宾娜移交工作的时候，已经做过一些记录了吧。现在您必须让您的经理建立一些体系，通常情况下他需要与员工共同完成这项工作。

"建立体系是管理工作中最重要也最复杂的一项工作。出于这一原因，您作为企业家绝对不应该自己承担这项工作。您需要的是一位专业的经理，这些规则和纪律必须形成文件，并且每一名员工都能够看到它们。无论是以文件的形式放在局域网上，或者以维基网页的形式，还是以一本专门的管理体系手册的形式。"

"没错，对弗兰克来说，这也是一个绝好的熟悉公司工作流程的机会。不过在这方面我需要监督哪些内容呢？"

"首先，当然是这本手册到底是否存在。您需要注意，手册里不需要包含太多的流程，因为这些流程也需要管理，这容易造成不必要的冗余办公环节。您可以用阿尔迪①超市的商品宣传册作为样本。超市宣传册最多只包含 700 种商品，如果有新产品被添加进来，那就意味着老产品从手册中被划掉了。您最多规定 5~7 个流程就够了。您自己要对这个上限很清楚，并且规定它在任何时候都不可以改变。假如在未来的某一天，这个上限需要上调，这也就意味着您的公司有些太复杂了。一般来说，这也意味着您的战略是有缺陷的，也不够明确。"

"现在我感觉好多了。对于自己应该如何与弗兰克进行磨合，我也有了一个比较清晰的思路。

"不过之前您还顺带提到了一点小问题，这个问题我一直没有想通。您之前说过，我们还可以把商务讨论课程供应商以及其他一些课程供应商也囊括进我们的目标人群。这个潜在市场太大了！我想世界范围内的课程市场大概有几千亿美元的规模。

"如果是这样的话，在信息门户方面，我也可以去争取像亚马逊这样的大服务商。因为大部分商务书籍的作者之所以出书，只是为了把他们开设的课程销售出去。所以我为什么不能同亚马逊做这笔生意呢？他们完全可以在备注栏里写道，'该作者开设了某课程，还有旅游网站，在某地开设有以下课程……'"

我沉默了一会儿，然后兴奋地继续说道："太多了！我们可以把服务

---

① 阿尔迪：德国著名的超市品牌。——译者注

推向全球，我们可以成为专门搜索课程的'谷歌'。"

拉迪斯先生若有所思地点了点头："是的，但是我有些担心。"

"担心？"我惊讶地问道。

"是的，担心！您觉得这片大洋里生活着多少条鲨鱼？或者您能保证自己游得足够快，不会被吃掉，可是这种可能性太小了。或者您就得强化对户外运动课程的服务，这样您就必须更加独树一帜，与众不同。"

"您说得有道理，"我回答道，"如果有人想复制我们的体系，在足够资金的支持下，他只需要花上 2~3 个月的时间。而且我的价值观与商务讨论课程不是很相符。那么我们现在应该做些什么呢？"

拉迪斯先生思考了一会儿："我们现在可以把价值观稍微放下。为什么一名做销售的员工要去参加销售课程呢？为什么一名经理要进行演说训练呢？为什么一名独立职业者要进行行动机训练呢？"

"很简单，他们想变得更好，他们也想突破极限。"我似乎明白了一些东西。这些与我们的企业核心价值也很合适呀。可是户外运动与它们又有一些不一样，至少我是这样认为的。不过在接下来的两个月之内，我还会继续思考这个问题。

"现在来讨论我们的目标群体吧。从他们存在的问题和需求方面来说，这两个目标群体之间有区别吗？"

"我对商务讨论课程并不是很了解，"我谨慎地回答道，"不过它们的价格更高。目标人群也不一样，它们通常更多地针对企业而不是个人。可是我觉得这些还不是最主要的区别。"

拉迪斯先生若有所思地搔了搔头："您必须找出它们的区别！如果有可能，您应该先从小市场开始，并且尽可能迅速地成为行业领头羊。您必须集中您所拥有的能量，这样您才能够继续扩张。"

"拉迪斯先生，网络行业所适用的法则是不一样的。请您看看 eBay 和谷歌吧！"

"那些在庞大市场中成长壮大的企业，您用一只手就能够数完，"拉迪斯先生心平气和地说道，"而且他们都能从投资方那里获得数千万的资金。除了您所看到的这些成功案例之外，还有数以千计的企业运用同样的战略，拥有同样多的资金，可是最终失败了。几乎所有真正运转良好的网络运营公司都是小型专业服务提供商，他们在各自的小市场中无一不是领跑者。"

"您这些话说服不了我。我们在这片大市场中大有可为，所以我们应该抓住这个机会！"我抗议道。

"我不能够阻止您这样做，可我还有一个问题——我想您肯定已经对课程供应商们进行过全面的了解，对课程的预订一般会从什么时候开始？"

"对于户外运动领域来说就是现在，3~9月。"然后我想到了一个绝妙的主意，"对于商务课程以及很多其他课程来说，现在肯定没有课程安排，所以，我们有一个夏季空当期。现在一切都清楚了——我们从比较局限的目标群体起步，并且在这里集中我们的全部力量。等到8月中旬之后，我们就可以为比较大的市场做准备了。

"在这段时间之内，我们也应该找出二者之间的区别。根据下一步的走向，我们可以利用这些区别，把我们的小市场分割开。或者我们也可以为商务课程开发一项专门的产品，然后投放市场。"

拉迪斯先生点了点头："听上去还比较可行。现在您需要积聚您的力量，然后我们才好根据您的成果做出调整。现在您有两个月的时间成为户外运动领域的行业领跑者，这时间非常紧。另外，您已经为客户把门槛放到了最低，可以说是不存在门槛了。考虑到互联网行业的发展很迅速，所以我想只要您全力以赴，就一定会成功。

"到8月中旬，您就会知道这个战略是否有效。到时候您以行业龙头企业的地位，想要进军其他课程市场也会更加容易。"

我简直要被这种美好的想象冲昏了头脑：在两个月之内成为行业龙头老大！不过毕竟我们有共同的价值观，我们有一个明确的、着力解决客户最急迫问题的战略理念，而且客户不需要负担初始成本，也不需要承担任何风险。既然这样，我们为什么不会成功？"是的，我们会做到的，"我肯定地说道，"为了以防万一，从下下周开始我就会让整个研发团队也承担一部分的销售工作。我指的是那部分可以通过网络完成的工作，例如，收集电子邮箱地址、在论坛里做宣传等。

"现在我还有一件事情需要请教您，我如何能够在短时间内进军国际市场？"

拉迪斯先生摇了摇头："我想只需要一位强有力的美国合作伙伴。从8月中旬开始，您应该委托专家为您寻找一位这样的合作伙伴。"

我点点头："我想，我们已经把下面几周内最重要的事情都讨论完了。我可能下周末还会与您见面，向您汇报流动资金问题的解决情况。如果这件事情真的成功了，那我就太感谢您了。"

拉迪斯先生笑了："只要您全力去做这件事，就是对我最大的感谢。"

5.3 我和我的企业获得新生

接下来的2个月过得飞快。弗兰克是一位强硬的谈判对手，不过到周一的时候，他就接受了我的提议，并且走马上任。短短几周之内，他就在公司里建立了一套完备的体系，以至我基本上不用再操心管理方面的工作。除此之外，我感觉他几乎认识所有的户外体育课程供应商。

我也与竞争对手进行了谈判，试图把那位总是与我们发生不愉快的客户转让给他。过程并不容易，不过结果很快就确定了。虽然3.5万欧元还不能与保留这位客户而给我们带来的长期收入相比，不过总归要比我与拉迪斯先生估计的价格要多出1万欧元。

真正棘手的是同银行的谈判。银行根本就弄不懂我们公司到底准备干什么，所以他们也不准备对我做出让步。我实在很怀疑，他们也许根本就不想搞懂这一切。

经过艰苦卓绝的谈判，他们松口说，只要我能再找到一位投资人，他们就同意把缩减贷款额度的时间延迟6个月。对他们来说，弗兰克的参股还不够分量。

在那一刻，我完全不知道应该找谁。不过我还是毫不犹豫地对他们说，我有一位非常合适的投资人选，他会在几天之内发传真给银行。事实上我的脑子里根本就没有任何一个可能的人选。我只是想起了拉迪斯先生在一次午餐时引用过的一句话。这句话来自一位非常著名的冰上曲棍球选手韦恩·格雷茨基①，虽然在那之前我从未听说过这个名字。他曾经说过"很多选手非常优秀，可是他们总是在追赶那个球，只有我会去那个球将要出现的地方"。

而我的"球"则会出现在我将要与某一位投资人见面的地方。因此，我把拉迪斯先生为我列的那张单子又拿了出来，企图找出还能够为我们提供资金的人。这时候我再一次看到了"其他企业家"这一条。在我看来，只有这群人才有可能在短时间内摇身变为我的投资人。可问题是我根本就不认识什么富有的企业家。

刚开始我想列一张单子，把所有名字都写上去，然后再逐个筛查。可是当我开始列单子的时候，我的脑中闪过三个名字：第一个是三月份把我介绍给拉迪斯先生的那位熟人，其余两个分别是伯尔特拉姆先生以及拉迪斯先生本人。于是我立即逐一给他们打电话。当我告诉他们，我们的其他资金都已经或即将到位，而且银行那边也很有把握的时候，他们三个人竟然都同意了。于是我从他们三个人那里各获得了 2.5 万欧元的资金。

现在，我手里的资金比之前预计的还要多出 5 万欧元，于是我第二天又轻松愉快地去了银行，把三份传真放在了那位目瞪口呆的客户经理面前，然后告诉他，鉴于他的怀疑态度，我决定向他提供三位投资人的承诺保证。并且向他确认，这是否已经足够达到要求。

这的确足够了，显而易见：阳光再一次洒满大地，他们又可以毫无限

---

① 韦恩·格雷茨基：加拿大著名的冰球运动员。——译者注

制地向我们提供雨伞了。

剩余的资金被我们投入了地址数据库、客服中心以及聘用专业的营销和公关团队方面。这样我的研发队伍就不必再被迫承担销售工作了。事实上，他们也没有时间去做那些事，因为在项目启动之后不久，就涌来一大批希望加入我们系统的预订和申请，而且这个数字在稳步提升中。依照我的想法，我们为信息门户网站提供了一条收入渠道，而且这条渠道并不与他们的浏览点击量相关联，因此也不受不可控的谷歌排名系统的影响。因此，希望加入我们网络的信息门户数量简直成几何式地增长。到了 6 月中旬，我们就不得不宣布两周之内暂缓接纳新客户，因为服务器已经不能承受这样庞大的数据量了。所有的工程师夜以继日地进行系统优化，以提高我们的承载量。最终我们得以在 8 月 1 日，也就是我们重新开始接纳新信息门户网站的日子，让门户网站的数目翻了 3 倍。

因为在 7 月初的时候，我们已经预计到 8 月 1 日前的销售收入会达到预计收入的数倍，所以我们当时就开始准备招收两名熟悉商务课程市场以及课程供应商的销售人员。其中一人在 8 月 1 日就可以开始工作，而且通过他，我们还能够争取到一些大型的商务课程供应商。

对于我们的客户来说，他们课程的订购量普遍比原先提高了 30% 以上。当他们向周围的人宣传这一点的时候，我们的客户数量又得到了飞跃式的增长。

在这种情况之下，萨宾娜在 8 月初的时候找到我。她告诉我，现有的服务器已经不堪重负了，我们要对 50%~70% 的系统进行重新编程，而且从开始就要做出比原有系统大很多的规划。

这对我来说简直就是当头一棒。正在高速发展的时期，我们的系统却要崩溃了。在进行了数次紧急会议之后，我们拟定了一个方案，这个方案能够使我们的原有系统继续坚持大约 2 个月的时间。可是想要建立全新的系统，我们还没有足够的资金。

正在我想打电话给拉迪斯先生，向他争取更多资金的时候，玛丽亚在内线里告诉我，有一位叫施纳特的先生正在线上等我。他坚持一定要与我通话，说有紧急的事情找我。"好吧，把他接进来。"我有一些生气地回答道。我根本就不认识什么施纳特先生。

草草打了一个招呼之后，我有一些不高兴地问施纳特先生，他想干什么。然后我又告诉他，我很忙，请他长话短说。

施纳特先生没有在意我的无礼，他开口道："我的订单人听说了您的成功事例。既然您现在这么焦躁，我想我的订单人的猜测恐怕是正确的，您现在应该需要资金吧。假如您有兴趣，我和我的两位同事希望能在明天上午拜访您。"我目瞪口呆地盯着我的电话听筒，我们约定了一个时间，然后他就把电话挂断了。

这同拉迪斯先生说得完全一样：当您拥有一条着眼于收益的好战略时，资金问题自然而然就会迎刃而解。可是它竟然是以这样一种方式解决的，这让我感到惊讶不已。

第二天，当我拨通拉迪斯先生的电话时，我的手还一直止不住地微微颤抖。尽管在过去的半个小时之内，我什么都没做，只是望着窗外，喝了一杯咖啡，可我还是没有办法让自己平静下来。

"拉迪斯先生。"当他的助理为我转接电话之后，听筒里传来他那熟悉的声音。"您现在有时间吗？"

"当然有时间。威尔曼先生，发生了什么事情？"

"刚刚有三位先生拜访了我。他们来自一家专门进行公司收购业务的公司。"

"有人想收购您的公司？"拉迪斯先生打断了我的话。

"是的。"

"哪家公司？"

"他们还没有对我说收购者的名字，不过那是一家国际巨头。也许是谷歌、亚马逊或者是雅虎。这真是太棒了，简直不像是真实发生的。"

"我想，您应该还没同他们谈到收购价格吧？"

"没有，当然没有，"顿了一会儿，我又继续说道，"我当然需要资金，可是我根本就不知道自己是不是应该把公司卖掉，特别是现在它才刚刚走上正轨。

"我想那三个人可能误解我的小心谨慎了，他们认为只要把选择摆在我的面前，我就不得不接受。他们既接受整体收购，也接受部分持股。"

"看来他们很认真啊！"

"是啊，他们甚至暗示了一个大概的出价范围。所以我现在感觉不是很好，甚至可以说糟透了！我不知道自己应该干什么了，所以我才打电话给您。"

拉迪斯先生沉默了很久，然后他笑出声来："威尔曼先生，每当我的被保护人向我提出这种问题的时候，我都感到由衷的高兴。虽然它们与先前的问题相比并没有那么复杂，可是它们更加让人愉快。"

停顿了一会儿，他严肃地继续说道："您知道自己的价值观和愿景，因此您有多条路可以走。第一条，您可以把公司卖掉，然后在一个风景优美的地方安度余生。第二条，您可以把公司继续运营下去，不管是独立运营还是接受别人的入股都可以。或者您还有第三条路可以走，把公司卖掉，然后利用这些资金使您的愿景再上一个台阶。您也知道在面对这种未来不确定的局面时，应该采取什么样的决策方法。现在请您自己选择吧。一切都是可能的，这是您自己的选择！"

突然间，我放声大笑："拉迪斯先生，我知道您不会直截了当地向我指明一条我应该走的路。不过我还有一个很重要的问题——假如我把公司卖掉了，那我们所有关于价值观和长期愿景的努力不就白费了吗？我将永远也不可能实现它们了。"

"威尔曼先生，每一位企业家都必须知道，但其实只有极少数人能够理解的事情是：您的企业不等于您。确切而言，这二者截然不同。当您把公司出售之后，您个人还继续存在于这个世界上。所以，我们所有的关于价值观和愿景的结论仍然适用，只要您希望它们仍然适用。"

我思考了一会儿："没错，您说得有道理。您对我的帮助实在是太大了。非常感谢！"

　　现在我知道自己应该做什么了。所以，在 8 月 10 日这一天，我在这家面对着上柯尼希峰的旅馆里预订了一间绝好的房间。我坐在阳台上，为大自然壮美雄奇的景色赞叹不已。我需要作一个决定。是的，我很清楚那个进行决策的方法。而且我也知道，自己一定能够做出一个好决定。

　　当我开始第一重冥想的时候，有很多事情已经很清楚了：安度晚年的选项首先出局了，这简直就是在背叛我所重视的东西。我的梦想是帮助他人超越极限，而现在我还不想同这个梦想说再见。

后　记

　　为什么我会写作本书呢？在每100家新成立的公司中，有大约20家能够成功地度过前5年。在剩下的这20家公司里，有4家还能再撑5年。这些公司大部分在建立初期都拥有很多能量，创始人的热情也十分高涨，有一些甚至拥有极好的经营理念。基本上，所有公司的创始人都抱着为社会作贡献、创造出优秀产品的美好愿望。他们属于把命运掌握在自己手中的那一小部分人。

　　可是尽管如此，在1年、2年、5年或者7年之后，这些公司中的很大一部分就出局了。有一些直接就关门大吉，还有一些濒临破产。公司的所有人和创始人通常自己也会破产，因为他们通常都为了维持公司而负债累累。

　　在5年多以前，我曾经拥有一家公司——蓝橙网络有限公司。当时，我持有公司的大部分股份，而这家公司则属于占全部新成立公司16%的第二等公司（历史长于5年，但短于10年的公司）队伍之一。

　　5年前我破产了，而且负债累累。因为自己的破产，我把自己看成一名极其拙劣的企业家。可是我的脑子里刚刚冒出为别人打工的想法，这个念头立刻又被我打消了。如果我去为别人打工，我就不仅仅是失败了，还浪费了从失败中学习经验教训的机会。那样我不仅跌倒了，而且没能爬起来。①

同样地，我也从来没有考虑过向国家申请补贴扶持。因为那意味着我放弃了对自己的责任，走上了一条我不情愿的道路：把自己归入那群牢骚满天的那类人中。（我当然不可能把过错全都推到那群讨厌的雇主身上，因为我自己就是他们中间的一员。可是人类的大脑往往是在找借口和理由的时候才最好用，所以我肯定也能够找到一些诸如经济不景气、政策太落后、投资人太糟糕、员工太没有积极性之类的借口，然后自欺欺人。）

我并没有这样做，正相反，我开始学习。当时我每年大约参加10门讨论课和大会，向企业教练学习，向很多成功的企业家讨教经验，每年读100多本企业管理类的书籍。破产后不久，我就获得了第一个比较大的订单，然后情况越来越好。大约一年之后，我接手了自己的第二家公司，公司的业绩蒸蒸日上。

我经常与相熟的企业家聊天，我们聊得越多，我就越发现他们能够从我的经历和知识当中获益。虽然世界上很多成功的企业家在创业初期经历过多次失败，但是在德国，破产的经历终究是人生的一个污点。可是突然间，这段经历变成了一段无法估量其价值的背景。无数的企业家每天都在拷问自己，我也向自己提出过这些问题，并且一一做出了解答：我还要不要继续下去？面对破产，我该怎么办？我应该怎么向银行和我的员工说明情况？在这种情况下，为什么我晚上还能睡得着？我应该接受朋友和亲戚的借款吗？

在破产前后的那段时间里，我所学到的东西比我在整个11年的企业家

---

① 苹果公司的创始人史蒂夫·乔布斯在其2005年的一次演讲中曾经对这一点进行了很精彩的表述。在20世纪80年代中期，他被自己创建的企业扫地出门。对此他说过："这真是一次显而易见的失败，我当时甚至考虑要逃离硅谷。可是之后我意识到，我一直深爱着自己从事的工作。于是我决定从头再来。虽然当时我自己还不能认识到这一点，可是随后的情况无一不告诉我，被苹果扫地出门实在是在我身上发生过的最好的事情……"——原注

378

生涯中所学到的还要多。这段经历被问及的越多，我就越清楚地认识到自己的使命，那就是与更多的企业家分享我的经历与知识，使他们能够建立起优秀的企业。我与很多企业教练最重大的区别就在于——我自己就是一名企业家。所以凭借自身的经历，我能够更准确也更深入地认识到问题的本质。

因此在2007年，我出售了自己的第二家公司，然后全力投入企业教练有限公司①的相关工作中。

企业教练有限公司以（自我）责任感为中心。我们能帮助企业家构建一个有意义、有价值的梦想，帮助他们进行学习和成长，最后获得成功。

当然，这里也涉及一个问题，那就是那些抽象的、理论化的知识。令人尴尬的是，大约有100万~400万（根据不同标准）名独立职业者和企业家没有接受过很好的教育。虽然现在也有很多机构提供企业管理学成人本科或者MBA等课程，可是这些知识并不能让人成为企业家，而是让人成为经理。

我必须说，我从来没有打算过要为企业家制订某些烦琐、冗长的教学计划。通常来说，只有向真正的企业家学习，才能够学到如何成为企业家。因为这与抽象的理论没有关系，而是关于人们在特定的情况下应该如何行动，以及在情绪上如何应对极端的挑战和压力。

当面对灾难性的结果时，我们应该如何克服自己的麻木和灰心？当企业一飞冲天时，我们如何才能坚持脚踏实地？当我们处在领导决策的位置上，必须为所有问题寻找一个答案的时候，我们如何才能保持开放的心态，容忍自己的不安和缺乏自信，并且能够听得进逆耳的忠言？当企业的境况很糟糕的时候，我们如何才能为企业构建出一幅繁荣的愿景，并且维护这幅美好的愿景？还有许许多多的问题，这些问题归根结底只有一句话：企

---

① 企业教练有限公司的官方网站地址为 www.unternehmercoach.com 和 www. unternehmerbildung.de。——原注

业就是一面能够反映企业家性格的镜子。没有后者的支撑，前者就无法成长。所以，企业家教育在很大程度上说就是对企业家人格的培育和塑造。

在这个社会中，企业家代表着那一类愿意为自己和他人的生活承担责任的人。他们同时也承担着遭遇惨痛失败的风险。如果想要扫除整个社会所面对的那些挑战，就需要三件东西：第一是更多愿意迎接挑战的企业家，第二是企业家们要有更高的效率，第三则是能够促进自身责任感，而不是阻碍或损害它的框架条件。

在这三点之中，前两点我可以，也愿意通过 unternehmercoach.com、unternehmerbildung.de 和我的书来实现。可是只有堂吉诃德才愿意向柏林的大风车发起挑战。我知道马克斯·普朗克曾经说过："新生的科学知识并不能够依靠理性来贯彻，而是必须得等到旧知识的信徒全部消亡之时。"所以，对于所有束缚我们的官僚主义和再分配哲学来说，情况也是一样的。

如果不是因为有这么多人相信我并且支持我，我也不可能走上这条生活的道路。幸运的是，当我动摇的时候，这些朋友也坚定地认为我至少做出了一些正确的事情。

没有朋友、熟人、商业伙伴和客户们的支持，我也不可能写出本书。我特别要感谢安雅·弗雷，谢谢她多年以来与我进行的深入讨论，还要感谢奥拉夫·哈特克、费利西娅·弗雷、约安娜·施托尔贝格、京特·赖默斯、彼德拉·施皮克曼、克丽斯塔·伯尔、安妮特·沙穆恩以及马丁·亨舍给予我行动上和精神上的支持。

此外，我还要特别感谢乌特·伯克、芭芭拉·塞尔克、彼得·阿恩特和苏珊娜·蒙德对我的帮助，感谢他们阅读我的手稿，并且给出了许多评价和建议。没有他们的读后感和反馈，本书不可能达到现在的高度。

此外，如果没有几位顾问、作家和企业家在理论准备方面的热心帮助，本书也不可能面世。他们分别是迈克尔·格伯、沃尔夫冈·梅韦斯、史蒂芬·柯维、博多·舍费尔、汉斯·乔治·豪伊瑟以及安东尼·罗宾。更多贡献人请见参考书目。

最后我还想对一个问题说几句，在我的第一本书《走向成功特许经营之路》面世之后，人们常常问我一个问题。有意思的是，提出这个问题的人都来自出版社，或者企业教练，从来没有企业家问过我这个问题：为什么您选择用讲故事的形式来向大家传授这些知识，而不是直接写一本专业教材？可是我想对企业家们做出这样的回答。

（1）我的目标是让您的生活以及企业管理方式做出一些改变，为此，您必须能够牢记本书的内容。而我们的大脑对于故事的记忆能力比单纯记忆理论要强得多。

（2）为了能够做出一些改变，您必须进行学习，并且把新的行为方式融入您的生活。而最有效的学习方式并不是抽象的理论和教学模型，而是模仿。可是您只可能对行为和故事进行模仿。

（3）为了成为企业家，您必须学会换一种方式去思考、感受和行事。这需要在所有的生活领域中进行。通过一个故事和故事中相应的人物角色，我们能够最好地把各个生活领域统一在一起。

（4）专业书籍都企图告诉人们，世界上存在一种确定的方法，这种方法能够让人获得成功。我们只需要一步一步地按照这种方法前进就可以。如果这个方法最后没有奏效，那么肯定是使用者做错了某些事情，因为他没能够正确地按照预先规定好的计划来行事。我不相信这一点！每一位企业家、每一家企业都是一个有机的体系，而有机的体系就会面临瓶颈。如果人们能够战胜这些瓶颈，那么这些体系就能够继续向前发展。有机体系所身处的环境充满了有益的能量。如果人们能够善加利用这些能量，那体系也能够继续向前发展。所以，行事的步骤和顺序根本就不是由方法决定的，而只能来自瓶颈和周围环境的影响。出于这些原因，只有故事才能够把这一套步骤示范性地展示出来，它能够准确地向人们展示如何解决瓶颈问题，如何利用有益的能量。从整体性来看，这种形式会损害内容的系统性，同一个理念会不可避免地在不同的语境中重复出现。可是通过这种重复，我们也能够学得更快。就这一点来说，看似缺乏系统性的内容却能够带来更大的学习成果。

　　作为作者，我把自己多年来所积累和整理的知识以一个能够承受的价格与您分享。同样，我也很希望能得到您的帮助：一方面，如果您向朋友推荐本书，我会感到非常荣幸；另一方面我也希望能向您学习，您对于我的质疑以及您个人的经历和经验能够对我未来的写作产生帮助。所以，无论您有任何感想或建议，都可以发送邮件至 s.merath@unternehmercoach.com，非常感谢！